一口サイズ5分間でのことばへの言語学の誘い

E.M.リッカーソン
バリー・ヒルトン 編

上田功　大津智彦
加藤正治　早瀬尚子 監訳

ひつじ書房

The Five-Minute Linguist: Bite-Sized Essays on Language and Languages,
Second Edition
edited by E.M.Rickerson and Barry Hilton

© University of Toronto Press 2024
Original edition published by Equinox Publishing

Japanese translation published by arrangement with
University of Toronto Press through The English Agency (Japan)Ltd.

Japanese translation translated by Rika OKUTOU, Risa KANEKO, Rie TAKAMORI, Yoko TANAKA, Tomoko NAKAO, Takuto WATANABE under the supervision of Isao UEDA, Norihiko OTSU, Masaharu KATOH, Naoko HAYASE

訳者はしがき

　本書は、ことばや言語学への誘いの書であり、2012 年に Equinox Publishing Ltd. から出版された、E. M. Rickerson と Barry Hilton の編になる The Five-Minute Linguist（副題 Bite-sized Essays on Language and Languages）の第 2 版を翻訳したものである。

　一般的に言語学の入門書は、音声、形態、統語、意味、語用、というように主要分野を体系立てて解説し、学問分野としての言語学の鳥瞰図を読者に提供するのがオーソドックスな構成であるが、本書はそれとはかなり異なった作りになっている。その本書の特徴を挙げると以下のようになろう。

(1) 各章が短くて読みやすいこと。
　元々本書は、あるラジオ番組から始まっている。番組ではことばや言語学の専門家であるゲストスピーカーが、まったく前提知識のないリスナーにもわかるように、自分の専門領域を 5 分間で平易に語りかける内容であった。本書はそのトークを活字化して、増補したものである。当然のことながら、文体は口語的で読みやすく、もとの番組の放送時間は 5 分間であったので、1 つの章はすべて数ページと短い。

(2) 執筆者は一流の学者・研究者であること。
　語り口は平易であっても、執筆陣は各分野で一流の研究者である。言語学の専門家ならば、執筆陣に自分の知った名前を何人も発見するだろう。つまり、平易な文で書かれてはいるが、内容に妥協はないということである。

(3) 類書では扱われていないトピックが多く含まれていること。

例えば、人間はいくつ言語を習得できるか、実例を挙げて論じた章、ものに取り付かれたとき、例えば宗教的恍惚の中で発することばに関する章、さらに、昔テレビで人気番組だった、Star Trek（邦題「宇宙大作戦」）の中で敵役であった極悪非道のクリンゴン星人の言語に言及した章などが、本書をさらに魅力的なものにしている。（ただし、これらは、言語習得とは何かとか、恍惚時のことばの性格付けとか、人工言語の歴史など、「真面目な」問題との関連で論じられている。）

(4)個別言語と言語教育について紙幅が割かれていること。
　本書はもともと多言語の使用や学習を推奨する立場から書かれている。そこで、これまで様々な言語に関してまことしやかに巷で伝わってきた誤った先入観を払拭し、その言語の特徴や学ぶに足る価値など、正しい知識を与えることも1つの目的としている。ラテン語、イタリア語、スペイン語、ポルトガル語、アイスランド語、ヘブライ語、アラビア語、中国語、日本語などについて、簡にして要を得た解説がなされている。また2言語常用や小学校での外国語教育などについても章が設けられている。

(5)さらに進んだことばの世界に読者を導く工夫がなされていること。
　どの章にも、興味をもった読者に対して、「さらに知りたい読者のために」として、本書内の相互参照や発展的な学習のための著書、論文、インターネットサイトなどが紹介されている。

　以上が主たる特徴であるが、もちろん原著はアメリカ合衆国で編まれたものであるので、言語使用の状況や方言などは合衆国に関するトピックが中心となっており、また個別言語についても、アメリカと関連する文脈で語られることが多い。しかしながら、それはそれで、ヒスパニック系移民の激増にともなう言語問題等、アメリカ合衆国が抱えている言語や言語教育に関する現状や、その問題点が浮き彫りになり、興味深く読める。
　本書が対象とする読者であるが、基本的にはまったくことばに関して学問的な知識がない読者を予想しているが、ことばに関する専門家、例えば言語

学研究者、語学教師などが読んでも十分裨益するであろうし、また章の取捨選択をすることにより、大学の入門級の教科書として使用することも可能である。

　本書の読み方であるが、目次を見ていただき、どこから読んでいただいても結構である。ソファに寝ころがりながらリラックスして読んでもらってもかまわない。また他の概説書ほどではないが、章の配列はある程度のまとまりが保てるように工夫がなされているので、通読していただければ、ある程度は体系的な知識を得ることができるであろう。とにかく、短い各章は副題にもあるように一口サイズのオードブルなので、おいしい章があれば、さらに進んで、本格的な料理を召し上がっていただきたい。

　最後におことわりしておかねばならない点がある。本書にはあふれんばかりの情報が詰まっているが、今日の社会では、情報は目まぐるしく変化し、それを提供するソースも移り変わってゆく。本書で述べられている記述や数字も現在では変わっているものもあるであろうし、また本書で紹介されているウェブサイトも、すでにアクセスできないものもある。あくまでも原著が執筆された、2012年の時点での情報であるとお考えいただきたい。しかし、読者自身が本文中のキーワーズを使って検索することによって、最新の情報に辿り着くことは、さほど困難ではないと考えられる。

　本書の翻訳は、ひつじ書房の松本社長から、最初に上田が依頼されたものである。精読してみて、翻訳の価値がある一冊であると思ったが、分野が多岐にわたり、ひとりではとても無理であると考えて、大阪大学の同僚である、大津、加藤、早瀬に監訳者を依頼した。そして各章の内容の多様性と情報量の多さを考慮して、監訳者に加えて、言語学のさまざまな領域で活躍しておられる方々にも翻訳のご協力をお願いした。しかし最終的には、すべての原稿に監訳者が目を通している。訳出においては、固有名詞の解説や専門用語の定義などに関して、注をつける煩雑さを避けるため、監訳者の判断で本文に訳を埋め込んだり、かっこ書きで説明を入れたりしている。また最終段階では用語の統一など、煩雑な作業を奥藤里香さんにお願いした。ご尽力

に感謝したい。また終始根気強くわれわれを励ましていただいた松本社長にも、ここに深謝申し上げたい。訳者一同、与えられた時間で可能な限り正確を期したが、いたらぬ点が残っていることを恐れている。どのようなことであれ、読者諸賢のご指摘を心よりお待ちしている。

2024 年 8 月　監訳者

まえがき

　この本はことばについて、またことばの性質について疑問をもつ人に向けたものである。つまりはほとんど我々すべてに向けた本といってよいだろう。ただし専門家向けの学術的かつ無味乾燥な本ではない。本書「5分間で言語学」はことばに関する題材の第一人者達が執筆しているが、一般読者も基本的事柄をわかりやすく探検できるようになっており、言語学ことはじめとしてぴったりの本である。読者の皆さんには予備知識は必要なく、単にこの本で示される話題への興味がありさえすればよい。いわゆる「1口サイズ（各章はほんの数ページ）」の各章からは、言語についてよく尋ねられる質問に対し信頼できる回答を得られるし、またどの章もわかりやすい語り口で語られていて、楽しく読める本である。

　本書の主な目的は情報提供だが、言語の研究を促進し地球上のさまざまな言語の性質や多様性を知ってもらうことも目指している。だからこそ、全米外国語教育協会(ACTFL)のプログラムでも特別に注目されているのである。ご存じかもしれないが、アメリカ合衆国の上院および下院議会では2005年を「言語の年」と位置づけており、言語教育の重要性とその効用に注意を向けようとしている。ACTFLは2005年の1年をかけて言語についての緊急性に目を向けさせようとした。大学では講義や映画上映が行われ、小中高ではポスターコンテストが開かれ、高速道路では広告が、そして言語についてのコンテストが州レベルで行われ、エッセイコンテスト、民族的なお祭りや文化的な催し、国レベルでの円卓会議など、さまざまなイベントが催された。サウスカロライナ州のチャールストン大学では新しく「言語文化国際情勢学部」が設立されるくらいであった。もっと野心的な企画としては、「トークについてトークする (Talkin' About Talk)」と呼ばれるラジオのシリーズが、国中の公共および商業ラジオ放送局や、大学のラジオ局で流れ

た。ACTFL の理事会メンバーやスタッフがそのプロジェクトに参加したし、ACTFL はこのプロジェクトを支援する一環として全国向けのウェブサイト（www.actfl.org）にすべてのシリーズの音声ファイルを掲載した。読者の皆さんが今手に取っている本書は、そのラジオシリーズを編集したものであり、元々の 52 本の放送に数本の新しいエッセイを加えた拡充版になっている。

　なぜ言語学習を促進する必要があるのだろうか。高尚な理由もある中で、とても現実的な理由を挙げよう。アメリカの子ども達は普通、1 か国語しか知らずに高校を卒業するが、そんな国は先進国の中でアメリカだけである（アメリカ人が 1 カ国語しか話せないというステレオタイプはあながち間違いとはいえない）。最近の大学入学者への調査によると、小中高で外国語を学んだことのあるアメリカ人は 3 人に 1 人しかいないことが分かった。一方で、アメリカ政府には翻訳されないままの資料の在庫が膨大にあり、どこを見ても言語の専門家は不足しており、最も重要視されている言語でさえ、その成熟度レベル（readiness level）は 30% しか達成されていない。9.11 以降の世界情勢では、グローバルな商取引はもちろんのことそれ以外の分野でも、英語以外の言語に対する関心が不足していると、実に深刻な結果が引き起こされることになる。経済の安定のため、また国の安全保障のため、これまで以上に貿易相手国や同盟国や敵となる可能性のある国との明晰なコミュニケーションが必要とされる時代となっている今、アメリカ人は外国語や外国の文化を学ばずにいる余裕などないのである。

　言語能力増強のために合衆国は、人生の早い時期から言語（特に外国語）を学び、大学生活にわたってその学びを続行するような学生を次々に生み出すようにしていかなければならない。すべての学生、特に小学生に、言語（外国語）学習の機会を与える必要がある。州や市町村レベルの公務員は、言語学習は優先的にこなすべき課題だと認識するべきであり、言語を学校のカリキュラムでも「補足的」な扱い、予算が厳しければ簡単に削減できる科目だとする考えをやめるべきである。そのような考え方はもはや古いのだ。毎日アメリカ人の 70% が英語以外の言語を母語とする人と交流をしている。グローバル経済においてはどんな仕事を求めたにしても、サウスカロライナ州

の企業に対するのと同じようにサウス・コリア(韓国)の企業とも商取引をする可能性が高いのである。

　他の国の人がどのように考え、なぜそのように考えるのかを理解できれば、アメリカ人にとってもその他の人々にとっても、世界規模で互いにすばらしい友人や交渉相手となれる。外国語はその重要な手がかりとなるのだ。

　しかし外国語の重要性に対する認識を変えるのはたやすいことではない。悲しいことに、この本の初版が出た 2006 年から状況はあまり変わっていない。合衆国での「言語の年」は最初の大きな一歩であった。ACTFL は「言語を発見し、世界を発見しよう (Discover Languages...Discover the World!®) キャンペーン」を引き続き行うことを通じて国民を教育する試みを続けている。また中国語の授業では、大学レベルでも高 3 レベルでも履修割合が大幅に増えている。しかしそれ以外の多くの外国語プログラムは、地方学区での予算削減によって閉鎖という結果になっている。

　しかしそれでも楽観できる材料もある。英語以外の世界の言語に単に「触れさせる」だけでなく、それを使えるように訓練することで、自分の子供が世界規模の市場で有利な立場に立てる、という認識をもつ親がどんどん増えている。国防総省やその他の政府機関は、我が国の安全保障にとって言語がとても重要であることを認識しているし、言語教育を拡大することを支援し続けている。ますます多くのアメリカ人が、インターネットのソーシャルネットワークで英語以外の言語について語ったり学んだりすることにいそしんでいる。言語の教育者はこういった支援者とつながりを持つ方法を探っているし、ACTFL はアメリカの単一言語状態を正すという目標との連携を促進する役割を進んで果たしている。

　さあ、本書「5 分間で言語学」を読んで、読者の皆さん自身が外国語の推進者となってください。

ブレット・ラヴジョイ (Bret Lovejoy)、専務理事
全米外国語教育協会 (ACTFL)

謝辞

『5分間で言語学』を世に送り出すにあたり、多くの人々や機関のお世話になった。

まず、この第2版は国立ことばの博物館とアメリカ言語学会両者の力強い援助をいただいた。特に感謝したいのが、同博物館の名誉館長アメリア・マードックと博物館の理事会である。彼らはこのプロジェクトを最初から見守ってくださった。そしてアメリカ言語学会の事務局長ポール・チョピンと、ラジオ版、活字版、あるいはその両方に寄稿いただいた多くの学会会員の皆さんに感謝する。チャールストン大学、言語文化国際情勢学部を設立した学部長のサミュエル・M・ハインズ博士には、同学部の機材や施設を提供いただいたおかげで、そこでラジオ番組シリーズの基本的な仕事ができた。ジル・ロビンズには第2版のレビューアーとして、私たち編者にとってたいへん貴重な情報を提供していただいた。特別な感謝を捧げたい。また、本プロジェクトを快く支援していただいた、以下に列挙する語学と言語学関係の諸団体に謝意を表します。全米外国語教育協会（ACTFL）常任理事であるブレット・ラブジョイには本書のまえがきを寄稿していただいた。同協会の教育担当理事であるメアリー・アボットはラジオ番組に原稿を書いてくださり、このプロジェクトを変わることなく支援してくださった。さらに、以下に述べる全米規模の語学団体にも、このラジオ放送の計画を支持し、実現にあたって応援していただいた。米国現代語学文学協会（Modern Language Association）、応用言語学センター（Center for Applied Linguistics）、国立外国語センター（National Foreign Language Center）、全米翻訳者協会（American Translators Association）、国立合同言語委員会（Joint National Committee for Languages）、先住民言語研究所（Indigenous Language Institute）、全米外国語指導主事協議会（National Council of State Supervisors of Foreign Languages）である。本プロジェクトは次のような地区単位の団体にも支援していただい

た。サウス・カロライナ語学協議会（South Carolina Council on Languages）、全米外国語協会に加入している数多くの外国語教師団体（協会の地区支部の多くを含む）、そして特に南部語学教育学会（Southern Conference on Language Teaching）には、特別に「言語の年」賞によって、「トークについてトークする（Talkin' About Talk）」というラジオ番組（cf. まえがき）を認めていただいた。

特にお世話になったお二人として、ジョージタウン大学のデボラ・タネン教授とカーネギーメロン大学のG. リチャード・タッカー教授を挙げたい。国際的にも著名な言語学者であり著作者であるお二人には、初版の最終稿に目を通していただき、コメントをいただいた。そして本書の名付け親であり、アメリカで最も敬愛される言語学者の二人、ノースカロライナ州立大学のウォルト・ウォルフラム教授とロバート・ロドマン教授にも感謝申し上げたい。お二人にはラジオ番組の初期の計画段階から熱心に関わっていただき、計画の推進力であり励みとなっていただいた。お二人とも本書に複数の章をご寄稿くださり、本プロジェクトが困難な状況におかれたときにも、その知恵と経験で、この計画の進行に目配りをしてくださった。

最後に、本書に寄稿いただいた60名の著名な著者のみなさんに、特段の賞賛の意を表したい。『5分間で言語学』の各章が説得力あふれて明快であることは、読者にも自明であろうが、各章を執筆し形作るに当たっての、著者の方々のすばらしい協力的姿勢と無私無欲については、われわれ編者だけが知っていることである。著者は全員、言語学という仕事のために、いささかの躊躇もなく、進んでこのプロジェクトに関わってくれた。著者の方々がこのプロジェクトを心から大切に思ってくれた結果、当初ことばや言語学に対する人々の意識をたかめようという控えめな目標だったものが、最終的にはことばそのものをことほぐ作品となったのである。

目次

訳者はしがき iii
まえがき vii
謝辞 xi
序章 1

1　なぜ言語について学ぶのか？ 5
2　言語学者なのですね？　では何か国語話せますか？ 9
3　世界には、いくつ言語があるのだろうか？ 14
4　方言と言語の違いは何だろうか？ 19
5　最初の言語は何であったのか？ 24
6　すべての言語は同じ源から発生したのだろうか？ 29
7　アダムとイブは何語を話していたのか？ 34
8　言語は必ず変化するものなのか？ 39
9　リンガ・フランカとは何か？ 44
10　ピジン英語はただの下手な英語ではないのか？ 49
11　文字体系は何種類あるのだろう？ 54
12　文字を書き記すことはどこから始まったのか？ 59
13　文法はどこから来たのだろう？ 64
14　すべての言語は同じ文法をもっているのか？ 69
15　赤ん坊はどのように母語を身につけるのか？ 74
16　動物に言語はあるのか？ 79
17　脳はどうやって複数の言語を処理するのだろう？ 85

18	言語は思考に影響を与えるのだろうか？	89
19	語をつなぎ合わせる正しい方法とは何か？	95
20	イギリス英語が最上の英語か？	101
21	どうして人は言語をめぐって争うのか？	106
22	バイリンガルであるということはどういうことか？	111
23	人はいくつ言語を習得できるのだろうか？	116
24	「異言（speaking in tongues）」とはいったい何なのだろうか？	121
25	ことばなしで育てられると、何が起こるだろうか？	126
26	耳の不自由な人々は皆同じ手話を使うのか？	131
27	どうして言語は死ぬのか？	137
28	危機に瀕する言語を救えるのか？	142
29	言語音はどのように作られるのだろうか？	148
30	アメリカ南部の人は、なぜあんな話し方をするのだろう？	152
31	外国語なまりの原因は何だろう？	157
32	母語しか話せない状況につける薬はあるのか？	161
33	言語学習で熟達するのに必要なことは何だろうか？	165
34	言語学習に関する考え方は時とともにどう変わってきたか	170
35	なぜ海外でことばを学ぶのだろう？	175
36	小学校は外国語を教えるには早すぎるだろうか？	180
37	コンピューターのほうが言語を速く上手に教えられるか？	186
38	アメリカ合衆国の言語は何か？	191
39	アメリカ合衆国に言語危機はあるのか？	196
40	アメリカ合衆国でスペイン語の未来はどうなるのか？	201
41	ケイジャン語（Cajun）とはどんな言語だろうか？ その成り立ちはどうなっているのだろう	207
42	ドイツ語はもう少しでアメリカの第1言語となっていたのだろうか？	213
43	ガラ語はどのような言語か？	219

44	方言は死に絶えつつあるのか？	225
45	外国語が好きなだけで飯が食えるだろうか	230
46	辞書はどのように作られているのだろう？	236
47	辞書があるのになぜ翻訳家が必要なのだろうか？	242
48	機械翻訳はどれくらい良いものなのだろうか？	247
49	ことばを使って犯罪を解決できるのだろうか？	252
50	どのようにしたら言語を博物館で展示・保存することができるのか？	257
51	英語はどこからやって来たのだろう	262
52	アメリカ先住民の言語はいくつあるのか？	267
53	ラテン語は本当に死んだのか？	273
54	誰がイタリア語を話しているか？	278
55	スペイン語とポルトガル語はどれくらい異なるのだろう？	283
56	もうそろそろロシア語を勉強してもいい頃では？	288
57	アイスランド語のどこがおもしろいの？	293
58	ヘブライ語とイディッシュ語の違いは何だろうか？	298
59	アラブ人はみな同じ言語を話しているのだろうか？	303
60	スワヒリ語はアフリカで唯一の言語か？	308
61	中国語を勉強するにはマゾヒストにならなければならないのか？	314
62	日本語を学ぶ労力は報われるのだろうか？	319
63	インドの言語って何だろう？	324
64	エスペラントに一体何があったの？	329
65	「クリンゴン語」を話す人はいるだろうか？	334

索引 ... 339
訳者紹介 ... 355

序章

E. M. Rickerson and Barry Hilton

　学問が有益であり、かつ同時におもしろいということはそうあることではない。しかしながら、この『5分間で言語学』は、ことばの専門家による本であり、信頼できる情報が満載なのにもかかわらず、専門外の一般の読者に向けた、ことばと言語学の楽しい入門書を目指して書かれている。各エッセイは、3ページから5ページと短く、拾い読みや斜め読みにちょうど良く、文体は意識して軽くするようにしている。つまり、教科書というよりも、団らんの会話に近い。実際本書は、「トークについてトークする（Talkin' About Talk）」というラジオのトーク番組から始まった。これは2005年がアメリカ合衆国では「言語の年」であったことを祝うために始まった番組である。番組はナレーターがリスナーに語りかける生放送だったということもあり、本書の文体は話しことばに近い。ナレーターの役目は、幅広い層のリスナーに向けて、時に複雑なことばの問題の謎を解き明かすことであり、各エッセイは有益で親しみやすい手ほどきとなっている。毎週ナレーターが、ことばに関係のあるトピックを、くつろいでリスナーと会話するように、「きっちり5分間」で話をした。それが本書のタイトルとなっている。読者が手にしている本書は、紙媒体でも電子書籍でも、第2版である。初版（2006年初出）から各章の内容をアップデートし、不足していたと思われる部分を埋めるため、新たに5つのエッセイを増補している。

　本書ではどのトピックに関しても深く掘り下げるという形式をとらなかったため、私たち編者は、早くからいくつかのねらいを定めていた。ことばを

専門としない人たちは何を知りたがっているだろうか。ことばについての誤解で、代表的なものは何か。もっとも興味をもたれているのは、どの言語や言語のグループだろうか。ことばの習得や使用に関して、読者は何を知りたいのだろうか、等々である。結果的にどの章も、タイトルは疑問文で書かれ、いわばおいしいオードブルの大皿として、読者の食欲を刺激し、さらにメインディッシュへと誘うものになっている。

　元々私たち編者はラジオ番組を本にすることは考えていなかった。また本書がこれほど暖かく読者に受け入れられるだろうとも予想していなかった。ところが本書は、ラジオ番組のリスナーだけではなく、ことばの専門家、非専門家を問わず、多様な人々に気に入っていただいたことがわかった。各エッセイは、言語や言語学の入門級の授業や、人類学の概論の授業で、語学教師の就任前のトレーニングや成人の教育機関で、さらに第二言語としての英語教育や、書き方や話し方等の言語技術のクラスなどの教材として使っていただいた。中等学校では番組を一斉に校内放送したところもあるし、合衆国外務省関係では、世界中の職員にオンラインで提供した局もある。全米外国語教育協会（ACTFL）は語学教師に資するために、番組の音声ファイルをウェブサイトに置いた。読書クラブのなかには、本書が世に出る前に、放送版を会合の前にかけて、議論を盛り上げようとしたところすらあった。「トークについてトークする（Talkin' About Talk）」というラジオ番組（cf. まえがき・謝辞にもある）にとって特に光栄だったのが、アメリカ言語学会から権威ある「言語学、言語と人々」という賞をいただいたことである。

　はっきりと断っておくが、「5分間言語学者」なる人物は実際には存在しない。番組を立案し、ナレーションを務めたのは、リック（チャールストン大学名誉教授 E. M. リッカーソン博士）であったが、ここで言うところの「言語学者」とは、アメリカの25州および英国より集めた60人からなる専門家の集団なのである。彼らは蒼々たるすばらしい人材である。各エッセイの最後にある略歴をぜひご一読いただきたい。多くは自ら著名な著書を執筆しており、本書で論じられているトピックについて、より焦点を絞って、つっこんだ議論をしている。著者のほとんどは大学の教員か、ことばに関係する

専門職に従事する者で、次のいずれかに属する。(1)いわゆる言語科学者(言語学の教授、現地調査にたずさわる言語学者、哲学者、音声学者、心理学者、その他言語理論や言語データに主たる矜持をもつ者)。(2)語学教育者(第二言語教育の専門家や諸言語の教師)。(3)言語を応用的に使用する専門家(翻訳家／通訳、言語行政の役人、辞書編纂者、人類学者、言語教育プログラムと人材供給センターの指導的立場にある者、ロビイスト団体や専門機関の会員)。この大別した3つのグループは、ことばに対する興味という共通点はあるが、活動する領域が異なっている。本書では、いずれかの執筆者によって言語の専門領域すべてがカバーされており、これこそが他書にはない特徴であると信じている。

　多種多様なグループの著者達が、放送であれ、後の活字であれ、ほとんど同じ語り口で話しかけてくるようにすることが、各エッセイの草稿を検討し、編集し、そしてコメントした編集委員会の責任であった。この計画を進めるさまざまな段階で、委員会には、次の方々に加わっていただいた。アメリカ言語学会元会長でニューメキシコ大学名誉教授であるジョーン・バイビー、デューク大学ドイツ語学教授で語学教育工学の専門家であるフランク・ボーチャード、アラバマ大学バーリントン校教授で『外国語年報』(Foreign Language Annals)の編集委員長のシェリー・スパイン・ロング、カリフォルニア大学バークリー校情報学部教授で、ナショナル・パブリック・ラジオのトーク番組「フレッシュ・エアー」の主な出演者であるジェフリー・ナンバーク、ジョージ・ワシントン大学教員でことばの博物館理事、ジル・ロビンズ、そしてフリーランスの執筆家で個人研究者のバリー・ヒルトン(リック・リッカーソンとならんで、本書の共編者である)。委員会の仕事が、集まった原稿から食い違いや繰り返しを取り除くことではなかったことは強調しておきたい。(というのも、活発な研究がおこなわれている分野では、異なった調査が部分的に重なったり、同じ証拠が複数の専門家に異なった解釈を受けることがめずらしくないからだ。)

本書の読み方

『5分間で言語学』は最初から順に読んでいく必要はない。各エッセイは独立しているので、どんな順番で読んでいただいても結構である。だからといって、各エッセイが他のエッセイと無関係だということではない。章が前後の章と関係する場合もあれば、さらに他の部分と関係していることもある。読者に章の関係を把握していただくために、本書の最後の索引と各章の後に、さらなる参照のための勧めを書いている。本書の一口サイズの小論で食欲を刺激されて、もっとしっかりお腹にたまるものを食べてみたい方のために、各章の終わりに、専門家以外の読者でも理解でき、利用できる本や論文、そしてウェブサイトの短いリストを載せている。

本書は形式的には章をグループ分けしていないが、お読みいただければ、その章と前後の章は、似たテーマについて書かれたグループに入っていることがご理解いただけよう。本書のほぼ前半は言語科学的視点からことば一般を論じている。グループ分けされたトピックは、ことばの性格 (1-14 章)、ことばと脳機能や思考との関係 (15-18 章)、社会の中のことば (19-28 章)、ことばの音声 (29-31 章) である。後半では、言語学習と教育 (32-37 章)、アメリカ合衆国の諸言語 (38-44 章)、辞書編纂、翻訳、犯罪捜査等、言語の応用的側面がこれに続く (45-50 章)。最後の 25 章は具体的に言語や言語のグループを選び、これらの問題点を解説している。

1 なぜ言語について学ぶのか？

ロバート・ロッドマン（Robert Rodman）

どの言語が一番古いのかと考えたことはありますか？
また、どのようにして赤ん坊は話せるようになるのかと考えたことは？

　言語は普遍的であり、私たちは自ら成長する過程で話してきた言語を使うことに関しては一人一人みんながある意味で専門家と言える。しかし言語は、単に私たちが日常生活で使用するものという以上に多くの面をもっており、多くの興味深い疑問を投げかけている。エスペラント語は今どうなっているのだろうか？　機械で翻訳ができるのか？　話したり書いたりする方法どうしの間で優劣の差はあるのか？　この本の各章ではこれらの疑問や他の疑問についてたくさん取り上げることになる。
　まず大きな疑問から始めよう。私たちを人間たらしめるものは何なのだろう？　二足歩行することだろうか？　あるいは、社会生活を営んでいることだろうか？愛したり嫌ったりすることができることだろうか？　どれもある程度は答えになっているけれども、どれも人類だけに当てはまるものではない。鳥だって二足歩行をするし、アリも社会生活を営む。そして私の犬だって私のことを愛していて、隣の家の猫を嫌っている。
　私たちと他のすべての生物を区別するのは言語である。人々が集まって何をするにしても——遊びをするにしても、戦いをするにしても、愛し合うにしても、ハンバーガーを出すにしても、家を建てるにしても——とにかく人々は話す。私たちは地上で唯一ことばを話す能力をもった生物なのだ。
　金持ちか貧乏かに関わらず、人間はみんな言語を操る能力をもっている。

英語であってもズールー語であっても、ともかく自分の周りで話されていることばにさらされるだけで、子供はみんな母語を身に付ける。たいていの子供は 10 歳にならないうちに流暢に話すようになるし、ときには 2 つ以上の言語を話せるようにもなる。また同じくらい感動的なことは、子供が成長するといろいろなことば遣いを身に付ける、ということである。就職面接の堅苦しいことばから荒っぽい俗語に至るまですべてである。

　本書で取り上げる問題はさまざまあるが、その 1 つに、言語みたいに複雑なものを子供はとても簡単に習得できるのに対し、大人には非常に難しいのはどうしてか、という問題がある。確かにわかっていることは、脳のある一定の領域が言語専用の領域であり、どんな人間言語でも子供はそれにさらされたなら習得できる能力を生まれながらにしてもっている、ということである。さらに、以下の章で議論するように、成長の過程で言語に触れない状態に置かれた子供は、大人になっても決してうまく話せるようにはならない。そういった証拠に基づき、言語学者の多くは、言語に関する能力は遺伝的なものではあるけれども、そのかなりの部分が大人になるまでに失われてしまう、と信じている。

　ここで論じているのは話しことばに関してである。読んだり書いたりすることを身に付けること、即ち、読み書きの能力はそれとは全く別の事柄である。書くことは、話しことばと密接に関係しているし本書のいくつかの章でも取り上げられているものの、自転車と同じく人間が創り出したものであり、学習して身に付けなければならない。それに対して、話すことは歩くことと同じく生物学的特質であり、自然に身に付くものである。

　本書を読み進めていくうちにはっきりしてくるのは、世界の言語がいかに多種多様であるかということと、言語がいかに時間と共に絶えず変化するかということである。地球上には何千という言語があり、それらはすべて、古い言語から始まり、それが人の移動と共に広まり変化し方言に分かれたものである。十分な時間を経れば、人々の集団及びその人々が話す方言が分かれていくことで必然的に新しい言語が生み出される。ちょうど古代ローマ人が話していたラテン語からフランス語、ルーマニア語、スペイン語が生まれたように。

またこの本で読むことになる問いとして、進化がいつどのようにして発生したのか、それについて言語学者は何を発見したのか、も挙げられる。あなたはどう考えますか？　優秀な祖先が話していた「最初の言語」なるものがあったのだろうか？　それとも音の高低・強弱などを伴ったウーウーうなる声がたき火の周りで言語に進化したのか？　それとも歴史の遥かかなたにおいて他の惑星から来た異星人が私たちの祖先に話すことを教えたのか？　超自然的なものから動物の声の真似まで、諸説いくらでもあるのだ。

　動物は話すのか。明らかに類人猿や他の動物は意思伝達のやり取りをするし、そういった動物に言語に関連する作業をするように教え込むことはできる。しかし人間がもつ言語の柔軟性、即ち、どんなテーマであっても新しい考えを表現することができる私たちの驚くべき能力は、他のどの動物ももってはいない。

　ではコンピューターはどうか？　コンピューターが非常に優れているように思われるところは確かにある。しかし、人間並みに話し理解することができるように機械に教え込むことはできるのだろうか？　完全には教え込むことはできない。コンピューターはその時々に限って人間並みの技能を持っているように見せかけることはできるが、意味のある発話を理解し生み出す能力には限界がある。それに、人間の言語のもつ当意即妙性や創造性というものはもち合わせていない。

　考えてみよう。痛みや怒りの声のような決まり文句や、詩や祈りのことばのような暗誦することばを除けば、人がことばを発する時にはほぼいつでも、それまでに聞いたり話したりしたことのあるどの文とも異なる文を創り出しているものだ。その文は1つ1つ異なっている。そして人はそのような文を毎日何百も、ときには何千も作り出している。言語が特別であるのは、1つには言語が人間の想像力を普遍化した1つの形だからである。幸いなことに、私たちはたとえ偉大な詩人や作家や雄弁家でなくても、ことばを発する時には生きている間毎日創造的な人間になることができる。

　人間の特質のなかで、言語ほど広く浸透しているものはないし、また言語ほど多くの点において利用価値のあるものもない。言語は人間の思考のすべてを表現することができるし、思考に関するさらなる思考さえ表現できる──

まさにこれが本書のテーマである。それでは読み始めてください！

> 著者紹介
> ロバート・ロッドマン (Robert Rodman) はカリフォルニア大学ロサンゼルス校 (UCLA) で教育を受けた言語学者で、現在ノースカロライナ州立大学コンピューター・サイエンス学科の教授である。また、ベストセラーの言語学の教科書 *An Introduction to Language* の共同著者でもある。ロッドマン博士はまた法言語学者 (forensic linguist) でもあり、言語と法律制度に関する問題について裁判官の相談を受けている。

さらに知りたい読者のために

Fromkin, Victoria, Robert Rodman, and Nina Hyams. *An Introduction to Language* (Wadsworth, Cengage Learning, ninth edition 2011). この本は言語と言語学について包括的に扱っており、言語学の予備知識を全く持っていない人のために書かれたものである。軽やかで読みやすい文体で書かれており、風刺漫画、短いながらも核心をついた引用、詩、歌詞などをふんだんに用いて言語について説明を行っている。現在まで100万部以上売れている。

Pinker, Steven. *The Language Instinct: How the Mind Creates Language* (P.S.) (Harper Perennial Modern Classics, 1994; revised third edition 2007). この本は言語に関わる人間の心の本質を魅力的に、軽妙に扱っている。専門的なテーマを扱っているにもかかわらずとても上手に書かれているので、つい引き込まれて読んでしまう本である。言語に関する分野にたずさわる人なら誰にとっても必ず読むべき本であり、言語に好奇心を抱いている人にとっては楽しい読み物である。

2 言語学者なのですね？
では何か国語話せますか？

ポール・チェイピン（Paul Chapin）

言語学とは一体何なのか？
結局のところ、言語学者は実際には何をしているのか？

　すべての職業にはそれぞれ cocktail party moment と呼ばれるものがある、即ち、自分の職業を知られたときに相手から受け取るお決まりの反応のことである。経済学者は小切手帳の帳尻を合わせることができることを褒められ、心理学者はほかの招待客の心理分析をしないでくださいねと言われる。言語学者については表題の質問がそれである。

　ほとんどの言語学者はこのように質問された場合にひるんだ姿を見せないようにする術を身に付けている。彼らの答えは様々な語用論的方策を駆使した結果になっていて、中にはほかの答えと比べて丁寧さに欠けるものもある。「1か国語、ですかね。」と答える言語学者もいれば、「すべての言語ですね、ある基本的なレベルにおいての話ですけど。」と答える言語学者もいるであろう。しかしその質問自体は実に真面目で誠意をもった質問であり、言語学とは一体何なのかということを説明する良い機会を与えてくれるものなのである。従って、誠実な答えは次のようなものになるだろう。

　多数の言語を話す人は多言語使用者（polyglot）と呼ばれる。（多言語使用者についてさらに詳しくは本書の第23章を参照のこと。）多言語を操れる能力は、もっていれば称賛に値する技能であるが、言語学とは別物である。なぜなら言語学とは自然言語の科学的な研究であるからだ。研究対象としている

言語を母語話者並みに話すことができる能力は、一般的には役に立つもので、時には必要なこともあるが、しかし常にそうとは限らない。これはこれで別に構わないのである。そうでないと言語学者が取り組むことができる言語の数と種類が大幅に減少することになってしまう。

従って言語学者だからといって複数の言語を話せるようにはふつうならない。では正確には言語学者は何をしているのだろうか？　言語はとても大きなテーマなので、その問題には細かく分けて答えていかねばならない。以下、その答えのいくつかを見てみよう。

言語学者の中には個別言語の記述に取り組んでいる者がたくさんいる。どんな言語にも備わっているものとして、構造化された音声体系（これを扱う分野は音韻論と呼ばれる）、音声を結合して語を形成する方法の集合（これは形態論という分野で扱う）、語とその意味のリスト（この分野は語彙論と呼ばれる）、そして語を結合して文を形成する規則の集合（これは統語論と呼ばれる領域）が挙げられる。ある１つの言語を記述するということは、これらすべての部門について体系的な報告をすることを意味する。言語学者がその言語の母語話者でない場合には、相談相手役の母語話者と共同して仕事を行う。本書の他の箇所でも取り上げるように、世界の言語の多くが急激に消滅している昨今、言語の記述は特に急を要する課題である。消滅寸前の言語をすべて救うことはできないにしても、少なくともそれらを記録しようと試みることはできる。

言語学者の中には言語理論のもっと抽象的なレベルの研究に取り組んでいる者もいる。今日のほとんどの言語学者は、人間の言語がすべて多くの共通した基本的な特徴をもっていると信じている。理論言語学とはそれらの特徴を突き止め、１つにまとめて、（時に普遍文法と呼ばれる）言語の基本モデルを作り上げようとする取り組みである。大方の予想に反して、普遍文法を構築することは世界中の言語の文法すべてを何らかの方法で１つにまとめることではない。普遍的な特徴はどのようなものでも必ずすべての言語に現れるので、理論的な研究は単一の言語を非常に詳細に分析することで構成されることが多い——これは今日の遺伝学が、ショウジョウバエなどのほんのわずかな生物に的を絞った長年の研究から始まったのとちょうど同じである。

言語は話すものである。発話の研究はそれ自体が科学の一分野になっており、次の2つの主要な部門を備えている。つまり、音声学と言語知覚である。音声学者は言語音の音響効果だけでなく、話すことに関わる身体のさまざまな部位とそれらの部位が共同して機能する複雑な方法も研究している。言語知覚の専門家は、聞き手が耳に入ってくる音を意味のあるメッセージにどう翻訳するのかを研究している。統語論や形態論と違うのは、発話というものが測定可能な物理的現象であるため、音声学者は研究する際に数学、物理法則、高性能の実験器具を含めた自然科学の手段を用いることができる。このためその研究は(他から見れば)羨ましいほど厳密なものになる。

　言語は時間が経過するにつれて変化する。最初は同じ言語を話していたが何世紀もの間お互いに孤立していた人々の集団は、最終的にはもはや互いには意思疎通のできない状態に立ち至る。これらの変化の過程を研究し、他の関連する言語と比較することによって現代語の初期の段階を再建することは、歴史言語学の仕事である。

　言語はこのように人間であることの中心を成す特徴であるので、人間の認識と行動を研究する他の科学の分野が必然的に関心をもつ対象である。従って、言語に対する理解を深めるには学際的な研究が是非とも必要である。言語とは何かということについて総合的に探究するために、言語学者は心理学、神経科学、子供の発達、人類学、あるいは社会学を専攻する同僚と共同研究をしたり、あるいは自分自身がそれらの分野の詳しい知識を身に付けたりする。このような取り組みは心理言語学、神経言語学、社会言語学、等々のように「〜言語学」と呼ばれることがある。

　心理言語学者は、私たちが話したり読んだり人が話すのを聞いたりするときに心の中で起こっていることを研究している。彼らはこの目に見えない過程を見るための非常に巧妙な方策をいくつか編み出している。「心」の代わりに「脳」を使っている点を除けば、これと同じ説明が神経言語学者の行なっていることについても当てはまる。神経言語学の研究は、脳撮像のための新しい器具と技術、特に機能的磁気共鳴画像法(fMRI)の登場以来、大きく進歩した。

　すべての子供は正式な教育を一切受けなくても、実にたやすく完璧に言語

を学習する。それはまるで、歩いたり人の顔を覚えたりすることができるようになるのと同じくらい容易で自然なことである。言語に関する根本的な謎はこの学習がどのようにして行われるかということである。言語獲得に興味を持つ言語学者が、何十年もこの過程を研究してきた結果多くのことが分かるようになったが、しかし解決しなければならない謎はまだたくさんある。

　1960年代までは一般的に言語は文化的現象とみなされていたので、言語学は人類学の一部門であった。言語研究の重心は今やすでに認知の一部としての言語に移行してはいるけれども、言語と文化は互いに深く依存し合っているため、言語人類学は事実依然として研究が盛んな企てである。言語人類学者は文化がどのように言語に表されているか、そして言語がどのように文化に影響を与えるかを研究している。以前はもっぱら産業化以前の社会に焦点を当てていたが、今日ではどのような状況設定にもその技術と考え方を応用しているであろう。

　自分と同じ言語を話し、相手の言うことを理解することも自分の意志を伝達することも全く支障なくできるのに、話し方が自分とは違っているように思わせる人々がいることはよく知られている。その人たちは国内の別の所に住んでいるのかもしれないし、あるいは、単に町内のどこかほかの所に住んでいるのかもしれない。場合によっては違った年齢層の人たちであることもある。この言語の変異性（variation）は社会言語学者が一番関心を持っている事柄である。社会言語学者によって、性、民族、社会経済的階級といった社会的要因が、言語の変異に大いに影響を与えるということが明らかになった。また、この変異が言語変化において重要な役割を果たすということも明らかになっている。

　言語学者にたまたま出会ったときに尋ねてはいけないことは何か、これでもうお分かりだろう。代わりにこう尋ねてみてほしい。「ご専門は何ですか。」そうすればすぐ友達になれるだろう。

> 著者紹介
>
> ポール・チェイピン（Paul Chapin）は 1967 年にマサチューセッツ工科大学（MIT）で言語学の博士号を取得。カリフォルニア大学サンディエゴ校の言語学科に 8 年勤めた後、1975 年に全米科学財団（National Science Foundation（NSF））に移り、初代の言語学プログラム・ディレクターに就任。2001 年に財団を退職し、現在ニューメキシコ州サンタフェ在住。

さらに知りたい読者のために

本書の他のすべての章。言語学の分野の全体像が十分に把握できる。
言語学と言語科学の研究の最前線で今起きていることの一端を知りたければ、NSF の言語学プログラムが行なっている現在の助成金のリストを見ること。www.nsf.gov のページを開き、ホームページの 'Awards' と次の画面の 'Program Information' をクリックする[注1]。'Program' と書かれたボックスに 'linguistics' と打ち込み 'Search' をクリックする。そうすると助成金の長いリストが画面の下の方に現れる。どれでも興味を持ったタイトルをクリックすればそのプロジェクトに関してもう少し情報を見ることができる。

注1　現在ホームページは改編されている。

3 世界には、いくつ言語があるのだろうか？

M・ポール・ルイス（M. Paul Lewis）

言語はいったいいくつあるのだろうか？
だれが数えるのだろうか？
どこで話されているのだろうか？
最も多くの人が話すのは何語なのだろうか？

　いくつ言語があるのか？　それはよくある「条件しだい」という質問である。答えは、何をもって言語とするかによって変わってくる。そして何が言語かと何が言語でないかの間に線引きをするのは思ったほど容易ではない。
　今、あなたのお気に入りの朝食が、小麦粉を練って、薄く丸く焼き上げ、バターとシロップで食べるケーキであるとする。あなたはこれを「パンケーキ」(pancake)と呼ぶ。同じものを好むご近所の人は、これを「グリドルケーキ」(griddlecake)と呼んでいるかもしれない。もしお二人のどちらでも、近隣の町のレストランに行くと、同じものを「フラップジャック」(flapjack)と言って注文せねばならないかもしれない。このようなことが延々と続いていくことを想像していただきたい。数百マイルも行くと、最初は小さな違いであっても、最後には人の言うことが分からなくなる可能性もある。「ハロー」(Hello)という代わりに、「ワサップ」(Wassup=What's up?)と言うことすら考えられる。言語と方言の間の線引きをどこでするのか？ある言語が、どこから別の言語になるのだろうか？
　さほど難しくないケースもある。イラクに住む人々は、アラビア語を話

す。隣国のイラン人はペルシャ語を話すが、この 2 つはまったく異なった系統の言語である。しかしながら言語の違いがわずかで、線引きは政治や社会の問題になる場合がある。スウェーデン人とノルウェー人はお互いのことばを理解できる。しかし、歴史、習慣そして政府が異なるので、2 つの別の国家であり、1 つではなく 2 つの言語を話していると考えているのである。同じ事が、程度の差こそあれ、マレーシアとインドネシア、マケドニアとブルガリアにも当てはまる。国境の向こうに言語上は近しい仲間がいるのに、お互いの言語を積極的に区別しようとする人々もいる。例えば、セルビア人とクロアチア人はお互いの話しことばは十分理解できるのに、異なった書きことばを使用している。またこれとはまったく反対の人々もいる。中国には 10 億もの人が住んでおり、互いに理解できない話しことばを少なくとも 7 つも使っているが、別々の国家だと考えたくないので、どの地域でも使えて、単一の言語で結ばれていると思わせてくれる、長い歴史をもつ独特の文字システムに執着しているのである。

　もうひとつ考慮に入れないといけないのは社会経済面である。一般的に、高学歴で経済的なチャンスに恵まれている人々は、ある種独特の話し方をする。学歴が低く、経済的チャンスも少ない人々は、そのような標準的で世間で評価の高いことばを学ぶことができないことがよくある。高学歴の人々は、自分の社会階層に属さない人のことばを理解することが難しい場合も少なくない。このようなことは、社会階層がはっきりとしていて、それが守られている社会でよく見られるが、これはある程度はどの社会でも起こりうる。あなたが「フラップジャック」(flapjack) と呼ぶものを、同じ社会のなかには、ハイソな「クレープ」(crepe) と呼びたがる人もいるかもしれない。時にはことばの違いが顕著なあまり、お互いの言うことが理解できないような場合もあるので、自分が話さない他の集団のことばを、「自分の言語」であると認めようとしないことも起きてくる。あるいは、格式の落ちることばを話す集団が、帰属意識の表れとして、自分たちのことばを使い、異なったことばを話すことにプライドをもって、こだわることもある。

　だから何が言語で何が言語でないかを定義するのは容易なことではない。つまり言語の数は定義によって決まるのである。いくつ言語があるかは、い

つ数えるかにも左右される。言語も人間と同じように、生まれ、変化し成長し、時には子孫を残し、そして最後には衰えて死んでしまう。だから、いくつ言語が存在するかというような、つかみどころのない質問に対して、正確な答えなどは無い。しかし最も熱心に数える人々の中に、2009年に第16版が出版された「エスノローグ」(Ethnologue)と呼ばれる、世界の諸言語の総覧に係わった研究者達がいる。彼らが話者相互の意思疎通を主たる基準とした計算によると、合計6906の言語が今日世界で話されたり書かれたりしているということである。

言語には消滅寸前で、ごく少数の話し手しかいないものもある。実際、諸言語の4分の1で、話し手は1000人以下であり、約60パーセントの言語では、話し手が1万人を切っている。諸言語の話者の平均値は7560人である。これらの少数言語グループの多くでは、活発にその言語が使用されてはいるが、話し相手が少なくなり、外部の人間とのコミュニケーションのために別の言語が選ばれ使用される時代なので、言語を生き残らせるのは困難になってきている。

消滅危機言語の対極には、非常に支配力をもつ言語のグループがある。次の世紀には、これらの言語は、ちょうどスーパーマーケットが小売店を廃業させるように、確実に何百、いや何千という少数言語を消滅に追いやるだろう。群を抜いて大きい言語は中国語で、中国国内の約9億人が母語として話している。ヒンディー語、英語、スペイン語はそれぞれ3億以上の母語話者がいる。これ以外の主要言語は1億から2億の間の母語話者がいるが、それらはベンガル語、ポルトガル語、ロシア語、インドネシア語、アラビア語、日本語、ドイツ語そしてフランス語である。

単に言語の数を数えるだけではなく、言語が世界中でどのように分布しているかを観察してみるのもおもしろい。私たちはヨーロッパが多言語の地域であるとよく考える。たしかにヨーロッパには234の言語がある。ところが、アジアには、世界の言語の3分の1にあたる2322もの言語があり、アフリカにも2110の言語があり、とても比べものにならないことがわかる。

世界の言語の数は常に変化している。そして世界の言語の多様性には驚かされる。皆が同じことばを話していたとされる「バベルの塔」以前の時代を

懐かしむ人もいる。しかしそれは近視眼的な考えである。言語はそれが使用されている文化や環境状況をのぞき見ることのできる窓であり、それは人間の心を見る窓でもある。さらに重要なことに、どの言語であれ、言語は自分たちが同じところに属し、同じ歴史を共有していると考える人々の帰属意識の印なのである。言語を研究するだけでなく、すべての言語を消滅から守る正当な理由があるわけである。

著者紹介

M・ポール・ルイス (M. Paul Lewis) は SIL インターナショナル (非営利のキリスト教系言語研究組織) の社会言語学コンサルタントで、*Ethnologue: Languages of the World* の編者である。アメリカ合衆国に生まれ、イギリス、ウェールズ、アルゼンチン生まれの両親や祖父母の多言語・多文化の家庭に育つ。彼は約 20 年間グワテマラに暮らし、そこでキチェ語 (K'iche') を研究する。博士号はジョージタウン大学から受けた。現在妻と共にマレーシアに在住。4 人の成人した子がいる。

さらに知りたい読者のために

●この本の中で

世界の諸言語で、アメリカ先住民の言語は 52 章に、ラテン語は 53 章、イタリア語は 54 章、スペインとポルトガルの言語は 55 章、ロシア語は 56 章、アイスランド語は 57 章、ヘブライ語とイディッシュ語は 58 章、アラビア語は 59 章、アフリカの言語は 60 章、中国語は 61 章、日本語は 62 章、インドの言語は 63 章、エスペラント語は 64 章、そしてその他の人工言語は 65 章に説明がある。27 章 (「言語の死」)、28 章 (「言語の救済」)、38 章 (「アメリカ合衆国の言語」) そして 50 章 (「言語の博物館」) は本章の内容と関係する。

●この本以外で

Comrie, Bernard, ed. *The Atlas of Languages: The Origin and Development of Language Throughout the World* (New Burlington Books, 1996). Crystal, David. *Language Death* (Cambridge University Press, 2000). 言語の保護と滅亡といった動的側面や、関係する諸問題についてのすぐれた概説。

Grenoble, L. A. and L. J. Whaley. *Endangered Languages: Language Loss and Community Response* (Cambridge University Press, 1998). 自らの言語の危機に瀕した社会共同体がどのように対応してきたかが書かれている。

Lewis, M. Paul, ed. *Ethnologue: Languages of the World.* (SIL International, sixteenth edition 2009). オンライン版は www.ethnologue.com にて閲覧できる。世界の言語を解説した目録のなかでは、おそらくもっとも詳しいものである。

4　方言と言語の違いは何だろうか？

G. タッカー・チャイルズ（G. Tucker Childs）

言語と方言、どちらを話す方がいいのだろうか。
あなたはどちらを話すだろうか？

　不思議に思えるかもしれないが、「言語」と「方言」を区別するための一般的に確立した方法はない。この2語は言語学者の間でも客観的、科学的と言える用語とはなっていない。一般人においても状況は同じであり、しばしば人によって別々のものを指すために使ったりする。多くの人の認識では、言語とは自分が使うもので、方言は通常、自分より劣る他者によって使われる言語種であると考えられている。その他、言語は一般的に受け入れられた標準語で、政府やメディアによって容認されたものである一方、方言は地域ごとに異なり、標準語をより素朴にした変種であり、ラジオのアナウンサーのような話し方には聞こえないものとして語られる。

　よって、言語の変種というものは、普通、政治あるいはイデオロギーといった非言語的な理由によって言語というよりも方言と呼ばれる傾向がある。方言は国家を動かすほどの力がない人々によって話されるもので、一般的に標準語ほど「良く」はなく、その結果としてほとんど威信を持たないのである。しばしば、方言は書きことばの体裁さえもたない。簡単に言うと、言語・方言の区別は主観的で、判断する人が誰で、どういう視点から見るかによるのである。

　言語学的な観点からは、いかなる方言も本質的に他の方言に劣ることはないし、「言語」という称号を得るに、よりふさわしいというわけでもない。

言語は互いにつながりのある方言からなるグループとして見ることができる。例えば、フランスにおけるパリ方言の優位性はほとんど歴史上の偶然と言ってよい。10 世紀にパリ伯がフランスの王に選ばれた時、彼の宮廷で使われる方言が「標準」フランス語となった。他系統の変種（例：南西部のバスク語と北部のブルトン語）はもちろんのこと、同系統の変種でも軽蔑の対象となった。しかしながら、事情が違えば、マルセイユあるいはディジョンの方言が今日のフランスの国語となっていただろう。

『マイフェアレディ』(*My Fair Lady*) の中でイライザ・ドゥーリトル (Eliza Doolittle) と観客が学んだように、方言は社会的に決定されることがある。ご存知のように、この演劇と映画では、紳士気取りの音声学教授、ヘンリー・ヒギンズ (Henry Higgins) は仲間の音声学者であるピカリング大佐 (Col. Pickering) との賭けで、花屋の普通の娘の話し方を変えて上流社会に出しても恥ずかしくないくらいにできると主張する。後に悔いることになるのだが、教授はこの試みに成功してしまう。（ヒギンズは実存した音声学者ダニエル・ジョーンズ (Daniel Jones)――こちらのほうがずっと魅力的な人であったに違いないが――をモデルにしている。ちなみに映画の中でヒギンズを演じたレックス・ハリソン (Rex Harrison) はこの本の第 29 章を担当する実在の音声学者ピーター・ラディフォギッド (Peter Ladefoged) によって指導を受けた。）

方言はまた政治的にも決定される。言語学者マックス・ヴァインライヒ (Max Weinreich) はしばしば「言語は陸軍と海軍をもつ方言である」と発言したとして引用される。彼の言わんとするのは政治的問題がしばしば何を「方言」もしくは「言語」と呼ぶかを決めるということであった。勢力があるか、もしくは歴史的に重要なグループが「言語」をもち、より弱小なグループは「方言」をもつのである。

時には何が言語で何が方言となるかがひとりの人や政府によって恣意的に決定されることもある。南部アフリカにおいて 20 世紀初頭の宣教師が 3 つの別々の言語をひとつの言語の方言であると宣言して、現在「ツォンガ」(Tsonga) として知られる言語を作った。反対に、南アフリカ政府は明確な言語学的境界がないにもかかわらず恣意的な宣言によってコーサとズールーと

いう2つの言語を作り出した。本当は、コーサとズールーは、「方言連続体」というものの両端に位置し、「方言連続体」のなかでは隣同士の方言はあまり違わないのだが、端に属する方言同士では互いに理解が不可能である。

　方言上の違いは比較的小さいことがよくある。時には発音上の問題であり（「トメイト」と「トマート」）、または語彙の微細な違いである（アメリカ英語では 'elevator' および 'cookie' と言うところをイギリス英語では 'lift' および 'biscuit' と言う）。こういった違いはジョージ・バーナード・ショー（George Barnard Shaw）の、アメリカとイギリスは「共通の言語によって分けられた2つの国である」という有名な皮肉を理解するのに重要である。しかし方言はまたお互いにかけ離れているので理解不可能なこともある。ケルン地方のドイツ語話者と田園地帯のバイエルンのドイツ語話者ではかろうじて相互に理解できる程度である。またドイツ語はスイスの国語の1つであるが、スイス人の話すドイツ語方言はほとんどのドイツ人には理解できない。

　一般の人が「言語」を「方言」と区別するのに用いるテストの1つは、互いに理解できるかどうかである。多くの人の意見では、もし、あまり苦労を伴わずに相互に理解できるならば、同じ言語を話しているということになるだろう。そうならなければ、別の言語を話していることになる。これはよいルールのように思える。ではどうしてケルンのドイツ語とバイエルンのドイツ語は互いに理解できないのに別々の言語と見做されないのだろうか。あるいはどうしてスウェーデン語とノルウェー語はお互いに理解するのに苦労しないのに別々の言語と見なされるのであろうか。

　こういった疑問は方言Aの話者が方言Bの話者を、または時には逆に方言Bの話者のほうも方言Aの話者を理解したくない場合、より難しくなる。こういった場合、一方または両方のグループが、自分たちは別々の言語を話していると主張するのだ。比較的客観的な、言語学的基準で判断すると、彼らは同一の言語の、お互いに理解できる方言を話しているにもかかわらず。

　以上のことから「方言」と「言語」という用語は政治的社会的な色合いが濃いと容易に結論づけることができる。皆さんも自分が言語を話しているか

方言を話しているか自問して頂きたい。これはもちろん落とし穴のある質問である。というのは、結局、すべての言語は方言であるからだ。誰もが両方を同時に話しているのだ。

> **著者紹介**
> G. タッカー・チャイルズ (G. Tucker Childs) は、オレゴン州ポートランドにあるポートランド州立大学応用言語学部の教授である。彼はそこで音声学、音韻論、言語変異、ピジン語、クレオール語、アフリカ系アメリカ英語、社会言語学を教えている。彼は学生数人とともにポートランドの方言に関する研究を行い、'Portland Dialect Study' (www.pds.pdx.edu) と題して発表している。チャイルズ博士はまたアフリカ大陸で話されているピジン語や都市部で使われる新しい変種などのアフリカの諸言語にも関心があり、その分野において直近では *An Introduction to African Languages* (2003) を出版している。比較的最近においてはギニア (www.ling.pdx.edu/childs/MDP.html) およびシエラレオネ (www.pdx.edu/dkb) の死に瀕しつつある言語の記録を続けている。博士は合衆国、カナダ、ヨーロッパそしてアフリカの大学で教えた経験があり、パリにあるフランス国立科学研究センター (CNRS)、Fourah Bay College (シエラレオネ)、University of Conakry (ギニア) で客員研究員を務めた。

さらに知りたい読者のために

●この本のなかで
方言は 20 章 (「イギリス、アメリカ、その他地方の英語」)、30 章 (「アメリカ南部方言」)、40 章 (「アメリカ大陸のスペイン語」)、44 章 (「アメリカ合衆国方言変化」)、55 章 (「スペインとポルトガルの言語」)、59 章 (「アラビア語」)、63 章 (「インドの言語」) で論じられている。

●この本以外で

Alvarez, Louis, and Kolker, Andrew. *American Tongues*（Center for New American Media, 1987）は必ず見るべきである。高度だがわかりやすい（社会）言語学のメッセージを発信しつつ、アメリカ英語の多くの方言を解説してくれる楽しいビデオである。

Lewis, M. Paul, ed. *Ethnologue: Languages of the World*（SIL International, sixteenth edition 2009）. オンラインでは、www.ethnologue.com、既知の世界のすべての言語を分類し、目録にした便利な参考図書。方言に関する情報も含む。

Joseph, John E. and Talbot J. Taylor, eds. *Ideologies of Language*（Routledge, 1990）. 権力やイデオロギーがアフリカーンス語やフランス語などの地位をいかに支配しているかを示した論文集。

Trudgill, Peter. *Sociolinguistics: An Introduction to Language and Society*（Penguin Books, Ltd., 2000）. 言語学の予備知識がないものを対象に言語や方言について詳しくかつ分かりやすく書かれた入門書。

5 最初の言語は何であったのか？

バリー・ヒルトン（Barry Hilton）

言語はいつ、そしてどのように誕生したのか？
最古の人間はどのような言語を話していたのか？

　超自然的な説明が流行っている時にこのような質問に答えるのはずっと簡単だった。言語は感覚や手足と同じく、人間がこの世に最初に現れた時に与えられた天賦の才能だ、と言うだけでよかったのである。「いつ」という問いに対する答えは「アダムとイブがエデンの園に住んでいた時」となる。本書の第7章を見ると、その最初の言語の正体を突き止めることについて、その時代に提唱されていた説がいくつかわかる。

　しかし18〜19世紀頃から、言語の歴史についての別の考え方が発展し始めた。これが歴史言語学である。詳しくは第6章で述べられているが、歴史言語学の専門家たちは現存する言語間の関係を明らかにし、先に存在していた言語から何千年もかけて変化し分化したことを表す「系統樹」の中に、今の言語がどのように組み入れられるかを示した。

　多くの場合これらの系統を研究すると、もはや存在していない祖語にまでさかのぼることができる。歴史言語学者は子孫にあたる言語に残された手がかりをもとに、大昔に消滅した諸言語の祖語を再建する方法を考案しており、この方法を用いることで、子孫にあたる言語に分化したのが大体7000年前までの言語であれば確かな推論ができる、というのが大方の見解である。注意深く調査すればさらにもっと昔まで調べられると信じる者もいるが、ほとんどの歴史言語学者の見解によると、1万年以上前に分化した言語

ではあまりにも変化が大きすぎるので、同じ方法を用いても信頼できる結果が導けない。しかし現生人類はそのおよそ 5 倍ないし 10 倍前にはすでに出現しているのである。

　この結果、埋めなければならない大きな間隙が残ることになる。ことばをもたない初期の人類あるいはほぼ人類といえる存在が、それ以後の私たちのようにことばを話す人類に変わるのに、何が起こったのか？　そして、彼らの話すことばはどのようなものであったのか？　これらのテーマに関する推測は 19 世紀後半からこれまで数限りなくなされてきた。一説では、初期の人間が動物の鳴き声あるいは他の自然の音を模倣し、徐々にそれらの模倣音に意味を付け加えることによってことばを発明したのかもしれない、とされていた。あるいは、感情やつらい作業が原因で発せられるはっきりしないうなり声に意味を付け加えることでことばを発明したのかもしれない、とされていた。実証可能な仮説を生み出してくれるのであれば、こういった推論は科学的研究において正当な手段になるが、しかし適切な具体的証拠を見つけ出す方法が全くなかったようである。好意的な批評家でさえ、「わんわん」説（'bow-wow' theory）、「ごーんごーん」説（'ding-dong' theory）、「ぶーぷー」説（'pooh-pooh' theory）、「えんやこら」説（'yo-he-ho' theory）といった馬鹿にしたような名前を付けた。数十年の間、言語の起源論は人気のない研究分野であった。

　しかし 20 世紀最後の 25 年以来、この疑問に対して費やされる知力の量、およびその種類が次第に増え、再び関心が高まりつつある。

　化石と古代の遺物を研究している古生物学者は、言語が誕生した時期として最も可能性が高いのはいつかということに関して激しく議論をする中で、人類の歴史の初期の頃の年表をより完成度の高いものにしてきた。最初に道具を使った人類と共におよそ 200 万年前に言語は誕生したのであろうか？　それともひょっとすると、解剖学的な意味での現在の人類の出現と時期的に大体一致する、芸術面での繁栄と共に、およそ 5 万年前に誕生したのだろうか？

　他の研究者は、現代において人間の言語の最古の起源に相当するものを探してきた。心理学者は、どのようにして幼児が、ことばをもたない生物から

ことばを話す子供に変化するのかを集中的に研究してきたし、霊長類学者は、類人猿が人間並みの言語行動をどのくらい学習できるのか、あるいはどのくらいできないのかを決める巧妙な実験を考案した。そして神経学者と解剖学者は、人間言語が人間の身体と脳によってどれ程大きく有効化されそして制限されているかを明らかにしつつある。

　特に解剖学者は、言語が使えるようになったのが、人間が言語音を生み出すのに適した声道と、それらの言語音を制御するのに適した神経系の両方をもつようになってからだ、と示唆している。現生人類と、(チンパンジーや初期の人類さえも含めた)他のすべての動物との間にみられる、1つの身体的な差異が決定的に重要であるようだ。それは喉頭が(食道のほうへ)下降していることである。あなたの飼っている犬は素早く2、3口で餌を食べることはできるが、話すことはできない。あなたは話すことはできるが、喉頭につかえた食べ物で息が詰まることもある。人間が言語音を発することができる能力は、息をし、ものを噛んで食べ、飲み込むように設計された身体組織によって与えられたおまけではない——正にその逆である。下降した喉頭(及びそれに関連して咽頭と口に起こった変化)は、口と喉を常に動物のように用いることに対してはハンディキャップになるが、総合的に考えて見ると、発話がもつ「生存価」(survival value)と呼ばれる、生存に有利に働く特性的価値はとても高く、そのハンディキャップよりもはるかに重要である。食べ物をがつがつ食べることができないからこそ話すことができ、文明を分かち合うことができるのである。

　このような学際的な取り組みをもってしても、有史以前の私たちの祖先がどのような語を話していたのか、あるいは彼らの発話はどのように聞こえたのかを再現することはできない。しかし、20世紀後半におもしろい研究が出てきており、それによれば、最も初期の言語の「文法」、即ち文を形成するのに単語がどのように結びつくか、について多少は分かるかもしれない。実は、過去2、3世紀の間に、特殊な新しい言語がいくつか誕生している。第3世界に到着したヨーロッパの入植者は、「ピジン語」(pidgin languages)を使ってその土地の労働者と話をした。ピジン語とは、異なった言語の単語の寄せ集めを用いる、大人用の幼児語のようなもので、それらの単語は初歩的

な文法によって繋ぎ合わされている。子供は母語としてピジン語を話して育つと、それをより豊富な語彙とより精巧な文法をもつ「クレオール語」（creole）と呼ばれる1つの立派な言語にしてしまう。さて、興味深いところは以下の点である。スリナムとハイチとハワイとパプア・ニューギニアくらい互いに遠く離れた場所に見られる、互いに無関係のクレオール語は、語彙が大きく異なっているが、ある研究者に言わせると、文法は非常に似通っているそうだ。このことは、人間の脳が特定のパターンの発話を作り出すように、あらかじめプログラムされているという可能性を示唆している。これはもしかすると、最も初期の言語がどのような仕組みになっていたかを知る手がかりになるのではないだろうか？

著者紹介
バリー・ヒルトン（Barry Hilton）は本書の共同編集者で、本書の元になったラジオのシリーズ番組の審査委員会の委員であった。メイン州在住で、フリーの文筆家／編集者であり、学究的世界から離れて研究を行なう一匹狼の学者でもある。そして小さな出版社のマーケティング・スペシャリストとして働いている。ハーバード大学を優等で卒業し、コーネル大学、イェール大学、ジョージ・ワシントン大学の大学院及び外務職員局（Foreign Service Institute）で研究を行なった後、世界のいろいろな場所を旅行し、ヨーロッパにもアジアにも住んだことがある。アメリカ合衆国政府の様々な任務において、専門家としてベトナム語、中国語、日本語、フランス語、ドイツ語を使いこなした。自分自身を「フィールドワークをしない文献学者で外国語中毒から回復途中の者」と称している。

さらに知りたい読者のために

●この本のなかで
言語の起源と歴史については、6章（「語族」）、7章（「アダムとイブの言

語」)、8 章(「言語変化」)、10 章(「ピジンとクレオール」)、51 章(「英語の起源」)、及び 57 章(「アイスランド語」)でも論じられている。

●この本以外で
Kenneally, Christine. *The First Word* (Viking, 2007). 言語がどのようにして誕生したのかということに関する研究を復活させている学際的な研究を、包括的にそして非常に読みやすく概観したもの。

Bickerton, Derek. *Roots of Language* (Karoma, 1981). 有史以前の言語の起源に関する証拠は今日観察可能なクレオール化(creolization)の過程に見出すことができるという、決して主流とは言えない説を読みやすく、真剣に述べたもの。

6 すべての言語は
同じ源から発生したのだろうか？

アラン・R・ボマード（Allan R. Bomhard）

2つの言語に関連性があるというのはどういう意味だろうか。
すべての言語は関連しているのだろうか。

　ドイツ語やスペイン語、フランス語などを勉強したことがあるだろうか。もしあるならば、同語源の語、つまり音と綴りが英語に似ていて意味も関連性がある単語があるのを有難く思ったことがあるだろう。ドイツ語では両親のことは Mutter と Vater となる。スペイン語では madre と padre だ。フランス語では mère と père だ。
　こういった相似点は外国語の学習をより容易にするだけではなく、言語の歴史についても物語ってくれる。英語とドイツ語がある程度の語彙を共有するのは両者とも、2000年以上も前に北ヨーロッパにいた部族たちが話していた西ゲルマン祖語と呼ばれる言語の子孫になるからだ。時が経つにつれて、民族移動によってその言語は方言に分かれることになり、なかには北海を渡りブリテン島へと移動する部族もいた。15世紀もの間、別々に発達を遂げた結果、ブリテン島ではいくつかの英語の方言へと変化し、ヨーロッパ大陸ではドイツ語の方言へと変化していったのだ。よって、英語とドイツ語は明らかに異なるのだが、互いにあまりに似てもいるので、明らかに同じ語族の一部を成すわけである。
　語族というものは区域を広げ、時間をたどればたどるほど、互いに結合してより大きなグループを構成していく。これは親族が家系図においてそのよ

うになるのと同じだ。英語やドイツ語、その他いくつかの言語が属するゲルマン語族はロマンス語族といういとこを持っており、それにはフランス語、スペイン語、ポルトガル語、イタリア語、ルーマニア語だけではなくラテン語を共通の祖先としてもつ他のいくつかの言語も含まれる。また、ほかにもいとこ関係となる語族がある。

　さて、さらにもう少し時間をたどってみよう。ゲルマン語族とロマンス語族はインド・ヨーロッパ祖語と呼ばれる共通の祖先をもっている。その言語はおそらく黒海の北や東に広がる大草原に今から 6000 年から 7000 年前に住んでいた部族によって話されていた。そこに住む部族たちは、西はヨーロッパ大陸全体に広がり、東と南はイランや北部インドへと広がっていったのである。それぞれの地方へと広がり互いに交渉がなくなるにしたがって、話していた言語はゲルマン語、ロマンス語、ケルト語、ギリシャ語、アルメニア語、アルバニア語、バルト語、スラブ語、インド語、イラン語、そして今や死滅してしまったいくつかの言語へと変化していった。それらすべてを合わせるとインド・ヨーロッパ語族となり、これは今日世界で最も広範囲で話されている語族である。

　インド・ヨーロッパ語族を構成する言語は互いに異なっていたが、古代の語彙や文法の断片をみな共有していた。言語学者達はこれらの断片を利用して互いの関係を解明し、より古い言語を実際に再建してきた。ウィリアム・ジョーンズ卿 (Sir William Jones) が、18 世紀末に行なった古代のインド語サンスクリット語の画期的な分析を通して新しい道を拓いた。それはサンスクリット語がラテン語やギリシャ語といったヨーロッパの言語と同族関係にあることを示すものだった。そして何千年もの間、誰も源となるインド・ヨーロッパ祖語を見たことも話したこともないが、現在では、それがどのような響きをもっていたか相当の程度まで我々は分かっているのである。さらにインド・ヨーロッパ祖語という暗号体系を解くことによって、すべての言語はひとつの祖語から始まる大きな家系図でつながっているのか、という疑問に答える大きな第一歩を踏み出したことになるのである。

　これを解明するために、言語学者達はますます非インド・ヨーロッパ系言語を研究・比較するようになってきている。その際、どういった語族にそれ

らの言語が属するのか、あるいはこういった語族はどれくらい過去までたどることができるのか、などが問われている。明らかに、多くの非インド・ヨーロッパ系の言語はグループとしてまとめることができる。フィンランド語、エストニア語、ハンガリー語はヨーロッパの中心地域にあって、インド・ヨーロッパ系言語に囲まれているがインド・ヨーロッパ語族には属さない。しかし、これらの言語もまたいくつかの他の言語と共にウラル語族と呼ばれる非インド・ヨーロッパ系語族を形成している。同じように、中央アジアでは、トルコ語、アゼルバイジャン語、ウズベク語、ウイグル語、カザフ語、その他いくつかの言語を含むチュルク語族と呼ばれる語族がある。東アジアでは、シナ・チベット語族があり、250以上の言語を包含しているが、中でも最も話者の多いものが北京官話(標準中国語)である。言語学者達は少なくとも200の語族が存在すると考えているが、当然次に生じる疑問は、これらの語族はお互いに関係があるのかということである。

　なかには世界のすべての言語(どこにも属さないと思われるバスク語のような孤立語までも含めて)をノストラティック語族、デネ・コーカサス語族、アメリンド語族といった「マクロ語族(大語族)」(macrofamilies)と呼ばれる少数の巨大な語族にまとめてしまうことが可能だと信じる理論家達もいる。

　しかし、おそらくそこまで主張することはできないだろう。英語の'dog'に対する単語がムババラム語(Mbabaram)というオーストラリア先住民の言語においても'dog'であるからといって、ムババラム語が英語と親族関係にあることを意味するわけではない。それはたまたま似ていたにすぎないのである。中国語でコーヒーkāfēiと呼ぶからといって、中国語が英語と親族関係にあるわけでもない。その語源はトルコ語の単語で、たまたま中国語と英語両方に借入されただけなのだ。

　さらに、言語は常に変化することもわかっている。新しい語が語彙体系に加わる一方、古い語は互いに同語源の語も含めて消えていく。同じことは文法にも起こっている。何万年にも及ぶ変化の後、われわれは自信をもって共通の祖先となる言語を見つけることができるのだろうか。すべての言語は共通の源から発したのだろうか。答えは、そうであるかもしれないし、またそ

うでないかもしれない。それを知るのには、まだ時間がかかるであろう。

著者紹介
アラン・R・ボマード (Allan R. Bomhard) はサウス・カロライナ州チャールストンに住む言語学者である。彼の主な関心領域は、言語の遠戚関係とインド・ヨーロッパ比較言語学である。50以上の論文と7冊の本を出版している。

さらに知りたい読者のために

●この本のなかで
言語の歴史と起源に関する章は5章(「最古の言語」)、7章(「アダムとイブの言語」)、8章(「言語変化」)、10章(「ピジンとクレオール」)、51章(「英語の起源」)、57章(「アイスランド語」)、58章(「ヘブライ語とイディッシュ語」)である。語族に特化した章は52章(「アメリカ先住民の言語」)、60章(「アフリカの言語」)、63章(「インドの言語」)である。

●この本以外で
Baldi, Philip, *An Introduction to the Indo-European Languages* (Southern Illinois University Press, 1983). インド・ヨーロッパ語族のすばらしい概観書。初心者もこの分野に通じている者も興味深い内容に出会うだろう。

Bomhard, Allan R. *Reconstructing Proto-Nostratic: Comparative Phonology, Morphology, and Vocabulary* (E. J. Brill, 2008). 初心者にとってはかなり専門的になるが、今日まで出版された中ではこの題材を最も包括的に扱う。

Comrie, Bernard, ed. *The World's Major Languages* (Oxford University Press, 1987). 今日世界で話されている主要な言語の包括的概説書。

Fortson, Benjamin W., IV. *Indo-European Language and Culture: An Introduction*（Wiley-Blackwell, second edition 2010）．インド・ヨーロッパ比較歴史言語学の網羅的、最新、そしてわかりやすい概説書。初心者はこの本を読む前にまず上記の Baldi の本を読んでおくべきである。

Pedersen, Holger, John Webster Spargo 訳. *The Discovery of Language: Linguistic Science in the Nineteenth Century*（Indiana University Press, 1931）．時代遅れで、より最近の研究成果に関する情報を欠くが、言語研究の歴史に関する最も包括的な入門書であることに変わりはない。

Ruhlen, Merritt. *A Guide to the World's Languages, Vol. 1: Classification*（Stanford University Press, 1991）．この本は存在が知られているほとんどすべての言語の分類に関する包括的で信頼性のある入門書ではあるが、比較的大きな語族のグループ分けに関する提案についてはまだ議論の余地がある。

7 アダムとイブは何語を話していたのか？

E. M. リッカーソン（E. M. Rickerson）

アダムの言語はまだ存在するのか？
神はエデンの園で何語を話していたのか？
アダムとイブはインド・ヨーロッパ祖語（Indo-European）を話していたのか？

　旧約聖書にあるエデンの園の話において、アダムは完全な形をした現生人類として創造され、話す能力も含めてホモ・サピエンスのもつ能力をすべてもっていた。最初の会話でアダムがイブに何を言ったのかについては想像することしかできないが、しかし確かに分かっていることは、二人とも話すことができたことである。イブは口のうまい蛇と運命を変える話をしたし、アダムが地上で行う最初の仕事の1つは言語に関するものであった。「……そしてアダムはすべての家畜と、空の鳥と、野のすべての獣に名前を付けた」（創世記2-19）。しかしアダムは何語を使ったのか？　恐らく、蛇が口にしたことばと同じ言語であり、そしてこの人類最初の夫婦がエデンの園から容赦なく追放された時に聞いた言語と同じものであっただろう。
　その言語が英語ではなかったことは確かである。というのも英語は比較的若い言語だからである。また、中国語やギリシャ語といった世界の言語の中で「古い」と見做されているどの言語でもなかった。最初に言語を使った人々がどのように誕生したかという問題はさておき、現在かなり定着しているのは、すでに5万年前あるいはそれよりも前に人類は生理学的に見て

話すことができた、つまり、発声器官は同類の哺乳類の鳴き声やうなり声以上のものをいつでも生み出すことができる状態にあった、ということである。言語の歴史は初期に書かれた記録までしかさかのぼることができないし、また文字を書き記すこと自体わずか 5 千年ほど前にしか始まっていないので、何千年もの隔たりが存在することになる。そしてその何千年もの間、最初の人類の言語は絶えず非常に大きく変化していた。従って、最初の言語について他にどのようなことが言えるとしても、ともかくはっきりしているのは現在地球上で話されている言語はどれ 1 つとして、伝説上のエデンの園で話されていたものには似ていない、ということである。

　以上のことは現代的な見解であり、宗教的な説明が、根気よく収集された言語資料に屈して以降、言語について分かってきたことに基づいている。しかし 18 世紀までは、つまりキリスト教時代最初期から中世、及び宗教改革までは、アダムが最初の言語を話し、またアダムが用いた lingua adamica と呼ばれる言語が依然として存在している、というのが当然のことと考えられていた。旧約聖書を伝えた言語であったという理由しかないものの、その栄誉に浴する有力候補はほとんどいつもヘブライ語であった。4 世紀に聖ヒエロニムスが、エベル (Eber) の一族だけは、バベルの塔の建設を手伝うような愚か者でなかったと断言した。その結果、神が塔を破壊しそれを建てた者たちを離散させた時、エベルの一族の者たち——Eberites (エベルの子孫)、即ちヘブライ人——は罰を受けず、最初の言語を使い続けた。聖アウグスティヌスと他のキリスト教の教父たちは、ヘブライ語がアダムの言語であることを何の疑いももたずに受け入れ、その後のおよそ千年間ほとんどすべての人がそれと同じ意見であった。この話題についての学問的な議論が、当時ヨーロッパにおいて最も共通語に近い存在であったラテン語で行われたのに、誰もラテン語が最初の言語であったかもしれないと示唆しなかったのは皮肉である。ヘブライ語がアダムの言語であるとする考え方は、ルネサンス期の初めから終わりまでずっと、想像力をしっかりと支配していたし、それ以降もそうであった。

　アダムの言語がどんな特徴をもっていたのかは、16 世紀及び 17 世紀において特に注目を集める話題であった。その当時アダムの言語は神聖な即ち

「完璧な」言語であると考えられていて、単語はそれが特定するものとぴたりと一致するので、人々はその意味を教えられなくても分かるとされていた。しかし、全員が全員、この完璧な言語がヘブライ語である、あるいはヘブライ語であったということを認めたわけではなかった。ヨーロッパにおいてルネサンスが起こると国家意識が芽生え、アダムの言語という考えは、国家の誇りを作り上げる手段としての役割を果たした。ドイツにおいては、人々がルターの訳した聖書で使われている言語を支持するために結集し、ドイツ語がアダムの言語に最も近いと断言した。中にはヘブライ語はドイツ語から派生したと主張する者さえいた。言語的国家主義によって、オランダ語またはフラマン語こそアダムの言語だとする主張も現れた。その説によれば、アントワープの市民は、ノアの大洪水の後バベルの塔ができる前に、北ヨーロッパに移り住んでいたノアの息子ヤペテ (Japheth) の子孫であるので、オランダ語はアダムの言語のもつ純粋さを保ち続けている、ということであった。ケルト語、バスク語、ハンガリー語、ポーランド語、その他多くの言語が神聖な地位をもっているとする奇抜な論も展開された。この時期はスウェーデンが大国として威信を示していた時期であったので、同じくヤペテの物語をもとにして、スウェーデン語もまた最初の言語の候補に挙げられたのは当然であった。こういったことから、私は次のようなお気に入りの説を考えたのである。神はエデンの園でスウェーデン語を話し、アダムはデンマーク語を話し、そして蛇は……フランス語を話していた、というのはどうだろうか。

　理性の時代 (The Age of Reason) になって、哲学的思考を支配していた宗教の力が緩和されてからは、神が言語を授けたとする考え方はそれほど気にかけられることはなくなった。18世紀から19世紀にかけて次第にわかってきたのは、語とそれが表わすものは魔法で結び付けられたりはしておらず、また言語は神によって与えられたものではないということである。言語は天の力の創造物ではなく、人間の共同体によって創り出されるものである。言語は一種の合意で成り立つものであり、音の一定の組み合わせが何を意味するかについては、共同体でその意味が決められたものである限りは、何でも意味することができるように用いられるということが明らかになった。ヨー

ロッパの学者たちは、神学的議論に代わり科学的基準を用いて、一般に知られている言語を比較し、言語同士がどのように関係しているか、そしてそれらが時間の経過とともにどのように発達したかを解明した。彼らがインド・ヨーロッパ祖語を発見したとき、それが最初の言語であると主張しなかったことは、言わずもがなのことであった。その発見で分かったことは、言語の過去の歴史のなかに侵入して行っても、その究極の起源に到達することはできないということである。その瞬間、アダムの言語という考えは詩の題材に過ぎなくなったのである。

著者紹介

E. M.('リック')リッカーソン(E. M. ('Rick') Rickerson)は本書の編集主幹である。チャールストン大学(The College of Charleston)(サウス・カロライナ州)のドイツ語の名誉教授、ならびに受賞歴のある言語教育プログラムの名誉会長であり、アメリカ合衆国政府の言語学習推進センター(Center for the Advancement of Language Learning)の前副センター長であり、国立言語博物館(National Museum of Language)の準会員である。2005年に本書『5分間で言語学(*The Five-Minute Linguist*)』の元になった言語に関するラジオのシリーズ番組(*Talkin' about Talk*)を作った。現在は引退してノース・カロライナ州の山中で暮らしている。Eメール：rickersone@bellsouth.net

---

さらに知りたい読者のために

●この本のなかで
言語の起源と歴史については、5章(「最古の言語」)、6章(「語族」)、8章(「言語変化」)、10章(「ピジンとクレオール」)、51章(「英語の起源」)、57章(「アイスランド語」)、及び58章(「ヘブライ語とイディッシュ語」)でも論じられている。

●この本以外で

Rickerson, Earl. *The Lingua Adamica and its Role in German Baroque Literature*（1969年の未刊の博士論文。UMI Dissertation Service にて入手可能：www.umi.com/products_umi/dissertations）. 第1章〜第3章において、理性の時代以前アダムの言語はどう考えられていたかについて概観が述べられている。

Eco, Umberto. *The Search for the Perfect Language*（Blackwell,1955）. 最初の言語、あるいは完璧な言語という考えが、2千年近くにわたってヨーロッパの思想家たちを引きつけた方法について、包括的で非常に読みやすく述べた変遷史。

Olender, Maurice. *The Languages of Paradise: Race, Religion and Philology in the Nineteenth Century*（Harvard University Press, 1992）. 19世紀において言語の比較研究の発端となった考えを学問的に論述したもの。第1章でアダムの言語について簡単に触れられている。

8 言語は必ず変化するものなのか？

ジョン・マクウォーター（John McWhorter）

なぜ私たちの英語はシェイクスピアの英語と異なっているのか？
英語の綴りは言語変化について何を教えてくれるのか？
言語はどのような変化を受けるのか？
英語が変化するのを阻止することはできるのか？

　これまでにシェイクスピアの劇の登場人物が喋っていることを理解しようとしてくたくたになって、上演途中で外へ出たことがあるだろうか？　そうなったのは単にシェイクスピアの英語が詩的であるという理由からではなく、シェイクスピアの知っていた英語が多くの点で私たちの英語とは異なる言語だったからである。ジュリエットが 'Wherefore art thou Romeo?' と聞いたときには、ロミオがどこにいるのかを聞いているわけではなかった。というのもロミオはバルコニーのすぐ下の所にいたからである。当時 wherefore は why の意味であった［従って「あなたはなぜロミオ様でいらっしゃるの？」と言う意味になる］。言語は絶えず語を捨てているので、今はもうその語は存在しない。そして言語はまた、最近の「ブログ（blog）」のような新しい語も取り入れたりしている。
　言語は常に変化している。これは空の雲の模様が新しい形になるのと同様に避けられないことである。もし今日雲の中にラクダの形が見えて、翌日散歩に出て同じラクダの形が見えたとすると、極めて異常である。言語に関しても同じことが言える。すべての言語は新しい言語へ変化しつつあるのだ。
　英語では、綴りが 700 年前の発音の仕方を保持していることが多いため、

このことが簡単に見て取れる。例えば name という語はかつて 'NAH-muh'（「ナーマ」）と発音されていた。しかし私たちは末尾の /e/ を発音するのをやめ、AH（「アー」）の音（NAHme）は AY（「エイ」）の音（NAYm）に推移したのである。

　変化する領域は発音だけではない。文法も変化する。英語はかつて「動詞が文末に置かれる（... where verbs at the end of the sentence came. のように）」言語であった。即ち、千年ほど前はこのように 'came' を文末に置くものだったのである。また、かつては代名詞の数が現在よりも多かった。You は 'y'all'（「君たち、あなた方」）を意味する時にしか使われず、個人に対して話しかけるのに使われていた単数形は thou であった。さらに、'You only live once.'（「人生は一度きり。」）のような文にみられる、いわゆる「総称の（'generic'）」you は man で表わした。現在ではこれらすべての意味に対して you だけを用いるのである。

　このような変化のせいで、私たちは外国語学習という課題に直面することになる。もし言語が変化しなければ、私たちは皆人類が初めて話し始めた時にアフリカに突然現れた最初の言語を今でも話しているであろう。しかし、人々の最初の一団がばらばらの集団に分かれてしまうと、言語はそれぞれの新たな場所で異なった音、異なった語順、異なった語尾などの新しい形態をもつようになった。その結果、中国語は声調（tone）をもち、オーストラリアの言語には動詞が 3 つしかないものがあり、アフリカの言語には吸着音（click）をもつものがあり、多くのアメリカ先住民の言語は大量の情報を 1 つの語に詰め込み、英語は関係する人が一人であっても二人以上であっても同じ形の you を用いる、という事態が生じた。

　言語がまるで永遠に変化しないものであるかのように思わせる唯一のものは印刷である。なぜなら印刷は確かに永遠に変化しないからである。私たちはラテン語は死語であると見なしている。ラテン語は書き記されたものであり、それはページの上に見ることができるものであり、かつそのページに記された言語を話す者はもはや誰もいないことを知っているからである。しかし専門的に言うと、私たちが教室で悪戦苦闘するラテン語は、現在まで死に絶えずに残っている 1 つの言語の、単なるある一段階であるに過ぎないの

である。ラテン語はただ、フランス語、スペイン語、イタリア語といったいくつかの新しい形態に推移しただけなのだ。私たちはオペラのドン・ジョヴァンニ（Don Giovanni）の言語をいわゆる「品のないラテン語」（'street Latin'）とは見なさないが、それは完全に新しい言語だからである。イタリアの人々が目を覚まして「昨夜はラテン語を話していたが今日はイタリア語を話している」と宣言した日は一日として無かった。雲の形がある日ラクダのように見えていたものが翌日はイタチのように見えることがあるが、それと同じようにラテン語も形を変え続けただけなのである。

しかし、私たちが生まれてから死ぬまでの限られた中では、どうしても言語に生じた変化を間違いであると見なしてしまう。今から 15 世紀もしくは 20 世紀前に、ラテン語が現在フランスと呼ばれている地域の公用語であった時期があった。その地域に住みそれを話していた官僚や学者は、周りで誕生したばかりのフランス語を耳にしたが、彼らにとっては落第点のついたラテン語のようにしか聞こえず、とても独立した 1 つの新しい言語のようには聞こえなかった。グレーゾーンは常に扱いの難しい代物である。従って、若者が 'She's all "don't talk to me like that" and I was like "you shoulda known anyway"'（「彼女は〈あたしに向かってそんな口聞かないで！〉的な感じ丸出しで、オレは〈お前こそ覚えとけよ〉って感じだった」）などと言うときは、新境地に向けて言語を押し進めているのである。ベーオウルフ（Beowulf）の英語からトーマス・ウルフ（Tom（Thomas）Wolfe）の英語になったのはこれと全く同じ変化によるのである。

著者紹介
ジョン・マクウォーター（John McWhorter）はコロンビア大学でも教鞭をとる、*The New Republic* 誌の補助編集者で、1993 年にスタンフォード大学で言語学の博士号を取得し、コーネル大学で教鞭をとった後、カリフォルニア大学バークレー校の言語学の准教授に就任した。専門分野は言語変化と言語接触である。*Our Magnificent Bastard Tongue: The Untold Story of English*（2008）、*The Power of Babel: A Natural History of Language*（2003）、*Doing Our Own Thing: The Degradation of Language and Music in*

America and Why We Should, Like, Care（2003）の著者である。方言と黒人英語に関する著書 *The Word on the Street*（1998）と、クレオール語に関する2冊の著書 *The Missing Spanish Creoles*（2000）と *Defining Creole*（2005）も執筆している。マクウォーター博士は *Dateline NBC*、*Good Morning, America*、*The Jim Lehrer NewsHour* 及び *Fresh Air* といったラジオやテレビの番組にしばしば出演していて、ナショナル・パブリック・ラジオ（National Public Radio）の番組 *ALL Things Considered* の解説を定期的に行なっている。Eメール：jhmcw5@yahoo.com

さらに知りたい読者のために

●この本のなかで
言語の起源と歴史については、5章（「最古の言語」）、6章（「語族」）、7章（「アダムとイブの言語」）、10章（「ピジンとクレオール」）、51章（「英語の起源」）、57章（「アイスランド語」）、及び58章（「ヘブライ語とイディッシュ語」）でも論じられている。言語変化に特に焦点を当てている他の章は、10章（「ピジンとクレオール」）、13章（「文法」）、19章（「規範主義」）、44章（「アメリカ合衆国の方言変化」）、51章（「英語の起源」）、53章（「ラテン語」）及び54章（「イタリア語」）である。

●この本以外で
McWhorter, John. *The Power of Babel*（Perennial, 2003）. 起源となる1つの言語がどのようにして5000の言語になったかの調査を本一冊分の長さにまとめたもので、方言とクレオール語とは何か、及び書き記すことがなぜ言語変化の速度を遅くさせるのかに関する論述も含まれている。

Bryson, Bill. *Mother Tongue*（Morrow, 1990）.（英語を話す人々にとって現在では外国語である）ドイツ語の近い親戚としてスタートを切ってから、英語がどのようにして現在の姿になったのかをしっかり理解するには最適であ

る。機知に富んでいて内容が呑み込みやすい本である。

Ostler, Nicholas. *Empires of the Word* (HarperCollins, 2005). 英語、アラビア語、サンスクリット語のような帝国の言語の誕生と拡散、そして時には衰退を記した年代記で、言語変化がいかに自然で永遠不変であるかということを見事に実感させてくれる。

9 リンガ・フランカとは何か？

ニコラス・オストラ（Nicholas Ostler）

なぜリンガ・フランカ（混成共通語）が必要になるのだろうか。
どんな具体例があるのだろうか。
どのように言語がリンガ・フランカになっていくのか。
そしてどのようにそうではなくなっていくのか。

　私たちには皆それぞれ、自分の言語コミュニティで話されている母語がある。しかし互いの言語を話さない2つのコミュニティが接触して、お互いに話しをせねばならない状況になればどうなるだろうか。時にはそれぞれの言語を、互いに何とか意思疎通できるくらいまで習得できることもあるが、それが実現不能なこともある。例えば3つ、もしくは5つやそれ以上のコミュニティが接触した場合はどうなるのだろうか。多くの場合、どちらの母語とも異なるある種の「架け橋」的な言語、つまりリンガ・フランカを用いることになる。近年の例で言えばフランス語が挙げられるだろう。それは17世紀から第一次世界大戦後まで、ヨーロッパの外交における言語として用いられた。また漢語はそれより長い期間、中国と国境を接する諸国において、外交語としての役割を果たした。今日でいえば、英語は疑いようもなくリンガ・フランカ、つまり共通語の最たる例であり、航空業界からビジネス界、またロック音楽といった分野にいたるまで、国際コミュニケーションを支える言語として使用されている。
　それではここでどのようにしてリンガ・フランカが生まれてきたのか見ていくことにしよう。
　約1万年前頃から、狩猟や採集に代わって農耕や牧畜がだんだんと盛ん

なってくるにつれ、人間の集団も大きくなり、また上下関係ができて、母語が異なる近隣の集団と交流する機会も多くなっていった。時には、地域の有力者や、初期の帝国といった支配的な権力によって、他の集団と接触せざるを得なかったこともあっただろう。また時には、市場というネットワークが誕生するのと同時発生的に接触が起こったかもしれない。それよりも後、5000年ほど前からは、別の動機によって集団間の接触が起こるようになった。つまり、熱心な宗教信者達が、他者に対して自分たちの信仰生活上の貴重な知識を伝えることを義務だと感じるようになったのだ。このように、帝国主義者や商人、宣教師たちは皆、彼らの母語集団を超えたコミュニケーションを成立させようとする動機があったのである。リンガ・フランカとは、グループが大きすぎたり、ごく最近に合体したりしたので共通の言語を持てないような場合に、言語の間の壁を乗り越えるための一種の技術的な解決策であるということができる。このような解決策を実現するのは、この時分に生まれたにちがいない一種の専門家の仕事であった。それは通訳者である。彼らは自分の母語に加えて、その地域のリンガ・フランカを習得し、他の集団の通訳者と意思疎通をはかるためにそれを用いた。

　時にリンガ・フランカは、仲立ちをしているはずの母語に取って代ることがあった。例えばラテン語は、ローマ帝国における兵士たちの入植にともなって広範囲に広がり、徐々に西ヨーロッパ全土の母語となっていった。置き換えられた言語は、イタリアのエトルリア語やオスク語、フランスのガリア語やリグリア語、スペインのタルテッソス語やケルト・イベリア語などである。しかしラテン語がそのような広大な地域で公用語であり続けるためには、それを母語とする集団が互いに接触を続ける必要があったのだが、そうはならなかったのである。5世紀以降のゲルマン民族の侵入により、ローマ帝国は、互いにほとんど関係を持たない別々の地域へと分裂していった。そしてラテン語はついには別々の方言や言語に分かれていった。フランス語、プロバンス語、トスカナ語、イタリア語のコルシカ方言、スペイン語、カタロニア語、ガリシア語などである。

　リンガ・フランカとは、ラテン語やサンスクリット語のように、厳密な規則によって教授され、何世紀にもわたってほとんど変化がなく生き残ってい

くような言語であることもある。しかし一方で、成熟した一人前の言語である必要はまったくない。というのも、リンガ・フランカの重要な下位カテゴリーの1つに、ピジン語、つまり異なる言語を話す者同士で用いられる単純化された言語があるからだ。これは共通の言語をもたない人々がすでに知っていることばを混成的に用いることで新しく作られる言語である。本来、「リンガ・フランカ」ということばから最初に思い浮かぶ具体的な言語は、この種の伝達手段をもつ言語である。それはイタリア語を土台としているが、より単純化され、また非常に混成化された言語であり、西暦1000年頃に地中海東部の沿岸で商人らによって使われていた。このようにおおざっぱな構造しかもたない言語は予測のできない変化をする。ここでのコミュニケーションは、明確に共有された文法や語彙よりも、互いの協力的な想像力や友好関係、また信頼に頼る部分が大きいのである。

　しかしながら互いの好意や信頼は当たり前のものではない。リンガ・フランカは、対立しうる集団間における中立的な架け橋とみなされるものであるが、それと同時にそれを使うのはあくまでも人間であるので、両者が対立してしまうかもしれない。それらは通常、特殊技能をもった一部の者だけに用いられ、相手の集団にとってはそのような人間は自らの利益だけを追い求める不当な特権階級のエリートだと見なされ、恨まれることとなる。これに当てはまるのが、紀元前の終わりころにおける地中海東部沿岸地域や西アジアのギリシア語話者や、中世ヨーロッパで高い教育を受けたラテン語話者のエリートたちである。またこれは今日の英語話者にも当てはまる。最近起こったスリランカの多数派であるシンハラ語話者と、少数派であるタミル語話者との流血の内戦は、シンハラ側のタミル語とその文化を抑圧しようとする法律制定から生じた。それと同時にこの法律は、国家の公用語を英語からシンハラ語に切り替えることも規定していた。これはタミル人がより英語に熟達しており、その結果として、より多くの恩恵を受けると政府側が考えたからである。

　定義からすると、リンガ・フランカを使う人の大部分はそれを母語とはしていない。人々は何か目的を達成するために、意図的にそれを学ぶのである。これはつまりリンガ・フランカが、長い目でその行く末を考えるとき、

富と権力のバランスの変化に影響されやすいということを表している。リンガ・フランカは、元来それを話す民族の母語として生き残ることはあるかも知れないが、共通語として習得したいと思わせるような目的は消えてしまうこともある。帝国は他の帝国によって滅ぼされたり、征服されたりする。そのような理由で、ペルシア語はかつてほぼ千年にわたり中世インドの公用リンガ・フランカであったが、英語を話すイギリス人に領地を奪われた際に消えていってしまった。貿易のネットワークが政治的、もしくは経済的な理由で働かなくなると、彼らのコミュニケーションの媒体も忘れ去られてしまう。例えばソグド語は、何世紀にもわたりイランと中国の交易言語であったが、シルクロードの衰退により、共通語として使われなくなってしまった。宗教は消滅するものだと知られてきたが、それにともない共通言語の必要性もなくなるのである。例えば、ネストリウス派キリスト教の衰退により、西暦1000年までの間に、アジアでのアラム語の使用はほとんどなくなってしまった。ここで我々はある質問にぶつかる。それは、このように伝説や物語などで名高いラテン語やペルシア語、ソグド語やアラム語が数百年か数千年でリンガ・フランカではなくなったとすると、英語はこの役割をもったまま、どのくらい生き残るのだろうか、という疑問である。影響力が急に大きくなったかと思えば次第に消えていくので、この繋がりあった今の世界では、変化の波はものすごいスピードでやってくるかもしれない。

著者紹介

ニコラス　オストラ（Nicholas Ostler）は、オックスフォード大学のベーリアル・カレッジでギリシア語とラテン語、また哲学と経済学の学位を取得し、その後マサチューセッツ工科大学においてノーム・チョムスキーの下で研究を行い、同大学で言語学とサンスクリット語の博士号を取得した。彼は、*Empires of the Word: A Language History of the World*（2005）、*Ad Infinitum: A Biography of Latin*（2007）、*The Last Lingua Franca: English until the Return of Babel*（2010）の著者である。この3冊に加え、著者または編者として、言語史から言語技術、また一般言語学にわたるトピックについて、およそ60あまりの学術論文や、本の章、また書評や

一般誌の記事などを書いている。また現在は危機言語に関する財団である Foundation for Endangered Languages の会長を務めており、英国のバースに居住している。

さらに知りたい読者のために

●この本のなかで
以下の章では、コミュニティ間の溝を埋めるための言語について述べている。10章(「ピジンとクレオール」)、20章(「イギリス、アメリカ、その他の地方の英語」)、21章(「言語紛争」)、53章(「ラテン語」)、58章(「ヘブライ語とイディッシュ語」)、63章(「インドの言語」)、また64章(「エスペラント語」)である。

●この本以外で
Ostler, Nicholas. *The Last Lingua Franca: English until the Return of Babel* (Penguin, 2010). これまでにないほど強力な、今日の英語の地位に特に注目しながら、リンガ・フランカに関する幅広い説明や、歴史の中での役割について述べた本である。

Crystal, David. *English as a Global Language* (Cambridge University Press, 2003). 世界中で英語の影響だけが格段に拡大することになっていった過程を、歴史的視点から探求している本である。

Collitz, Herman. 'World Languages' in *Language* 2.1 (1926), pp 1–13. この論文は、歴史上の国際語について書かれた古典的な作品である。著者はドイツ生まれの学者であり、アメリカ言語学会(The Linguistic Society of America)の初代会長であった。

10 ピジン英語は
ただの下手な英語ではないのか？

ジョン・M・リプスキー（John M. Lipski）

ピジン言語とは？
クレオールって食べ物じゃなかったの？
ピジンとクレオールは同じもの？それって本物の言語？

「ハウ ウナ デ」（*How una dé?*）「ウスカイン ニウス」（*Uskain nius?*）この2つのあいさつは、1つめがナイジェリアから、2つめがカメルーンからで、どちらもだいたい「やあ、どうしてる？」といった意味である。どちらにも英語の単語（how、there (dé)、news (nius)）が用いられているが、その組み合わせ方は新しい。これらは誰かにあいさつするときの「long time no see（久しぶり）」や、友人にちょっと来て見るよう勧めるときの「look-see（ちょっと見て）」、あるいは何かが不可能なときに使う「no can do（できません）」のようなたぐいのことばである。こういったことばを用いるとき、話しているのはもはや英語ではない──英語の単語を基にはしているが、より簡単な文法と語彙を持つ新しい言語である。look-see や no can do は、かつて「中国沿岸ピジン英語」と呼ばれた言語の表現で、この言語は太平洋全域で船乗りや商人によって使われていた。でもこの「ピジン」って何だろう。「ピジョン」が鳩なら、「ピジン」はどんな鳥だろう？

ちょっと想像してみよう。もしこれを読んでいる全員が異なる母語を話し、英語は皆知っているものの、若い時にほんの1年か2年接しただけだったとしたら。もし私たちが皆、無人島に取り残されたら、互いにコミュニ

ケーションをとる唯一の方法は、わずかに知っている英語を使うことだけだとわかるだろう。文法書や母語話者から、誤りを正されたり新しい単語を教わったりすることなく年月が経つにつれ、私たちはこの話し方のサバイバルスキルを磨き、本物の英語母語話者がほとんどわからないような組み合わせを編みだすだろう。

このように、共通の母語をもたず、誰も上手く話せない言語の断片を用いることでコミュニケーションせざるを得ない人々の間で作られた言語を、言語学者はピジン言語と呼ぶ。この用語はおそらく、南太平洋の商人が発音した「ビジネス」に由来している。ピジン言語のほとんどは無人島では生まれない。異なる言語の話者同士が、やむを得ず使用することになった言語の断片を使ってコミュニケーションしなければならないときに作られるのである。その話者とはたとえば、アメリカ大陸のプランテーションの奴隷や、南太平洋諸島の契約労働者、アフリカ都市部の市場の行商人などである。

ピジン言語は断片的な言語として始まるが、ピジン言語を話す親のもとに子供が生まれると何かが起こる。彼らは成長するに従い、まわりで聞こえる言語を吸収して自分のものにする。これはどこの子供も同じだ。ところが他の子供とは違い、彼らは親の言語を習うに従って、それを間に合わせの仲間ことばから、成熟した新しい言語に発展・変容させる。この家族内の次の世代が母語として話す新しい言語は、言語学者に「クレオール」言語と呼ばれる（非専門的な文脈では「ピジン」という名称が引き続き使われる場合もある）。何十ものクレオール言語が世界各地に散在しており、英語やフランス語やポルトガル語といったヨーロッパ言語から生じたものや、アラビア語やスワヒリ語、その他の非ヨーロッパ言語に由来するものもある。英語を基にしたクレオール言語は、パプア・ニューギニアからソロモン諸島までの南太平洋とオーストラリア北部で使用されている。ハワイアンピジン語やサウスカロライナ州とジョージア州で使われるガラ語は、アメリカで発生したクレオール言語で、マサチューセッツ州のカーボベルデ・ポルトガル語系クレオール語や、マイアミとニューヨーク州のハイチ・クレオール語は、アメリカの比較的最近の移民言語である。

クレオール語やピジン語には、英語やフランス語といった言語の話者がそ

れとわかる単語や表現が含まれていることが多いが、意味のほうはだいぶ異なっている。たとえば、西アフリカのピジン英語で「ビーフ（beef）」は、食用にできる動物すべてを指す。そのため豚も「ビーフ」になりうる。パプア・ニューギニアで「メリ（meri）」（英語名の「メリー（Mary）」から）という語は、女性を、それもあらゆる女性を指す語である。クレオール言語の文法構造は、基となった言語のそれに対応する構造よりも単純であることが多いが、クレオール語は基の言語には見られないニュアンスを表現することもできる。決して「本物の」言語の単なる「簡単な」「ブロークンな」バージョンではない——それ自体で正真正銘の言語としての地位を得ている。

クレオール言語には何百万人もの話者がいる。文法書や辞書があり、クレオール言語で書かれた文学がある。学校で教えられ、ラジオやテレビや新聞で使用される。パプア・ニューギニアのトク・ピシン語や、バヌアツのビスラマ語というように、クレオール言語にはそれぞれに固有の名称があり、フィリピンやカリブ海沿岸諸国、南アメリカやその他の地域で、次第に公用語または準公用語としての役割を果たすようになってきている。本章の冒頭で使われた言語は西アフリカの多くの地域で話されており、ノーベル賞を受賞したウォーレ・ショインカ（Wole Soyinka）の小説も含め、アフリカでポピュラー音楽や文学に使われている言語である。

長い書きことばの歴史をもつ言語の話者が、クレオール言語を笑うことがある。クレオール言語やその話者を劣っていると考えるのだ。しかしそのような考えは正しくない。クレオール語は長くても生まれて数百年の新しい言語だが、世界の新国家の多くが苦難の末に誕生したのと同じように生まれ、同じ尊敬に値するものである。

国連の世界人権宣言第1条は、ナイジェリア・ピジン英語に翻訳されて、こう始まる。*Everi human being, naim dem born free and dem de equal for dignity and di rights wey we get, as human being.*（すべての人間は生まれながらにして自由であり、また尊厳と権利とにおいて平等である。）誇りと尊厳をもってクレオール言語を話すことは、この基本的人権の1つなのだ。

著者紹介
ジョン・M・リプスキー(John M. Lipski)
ペンシルベニア州立大学スペイン語・イタリア語・ポルトガル語学科スペイン語学教授(エドウィン・アール・スパークス記念教授)。ライス大学(テキサス州)で学士号を、アルバータ大学(カナダ)で修士号と博士号を取得。ニュージャージー州、ミシガン州、テキサス州、フロリダ州、ニューメキシコ州の大学で、スペイン語学、ロマンス語学、一般言語学、翻訳、言語習得と方法論、ラテンアメリカ文学、各種言語コースを指導する。研究分野はスペイン語音韻論、スペイン語とポルトガル語の方言学と言語変異、バイリンガリズムの言語学的側面、スペイン語とポルトガル語へのアフリカの貢献について。言語学全般に関する著書12冊と論文250篇以上。*Hispania* で理論言語学の編集委員を務めたのち、現在は学術誌 *Hispanic Linguistics* とジョージタウン大学出版局のヒスパニック言語学シリーズの編集長を務める。スペイン(カナリア諸島含む)、アフリカ、ブラジル、ラテンアメリカの全スペイン語圏、フィリピン、グアム、米国内スペイン語コミュニティの多くでフィールドワークを実施。

さらに知りたい読者のために

● この本のなかで
言語の始まり方と発展の仕方については、5章(「最古の言語」)、6章(「語族」)、8章(「言語変化」)、13章(「文法」)、44章(「アメリカ合衆国の方言変化」)、46章(「辞書」)、51章(「英語の起源」)、53章(「ラテン語」)、54章(「イタリア語」)でも議論されている。人工言語が自然言語へと形を変える際に、子供達が果たす役割の重要性については、26章(「手話言語」)で議論されている。

●この本以外で
Todd, Loreto. *Pidgins and Creoles* (Routledge and Kegan Paul, 1974).
ごく基本的な本。一般的な概念に関しては、今なお時代遅れでない。

Holm, John. *An Introduction to Pidgins and Creoles* (Cambridge University Press, 2000).
Romaine, Suzanne. *Pidgin and Creole Languages* (Longman, 1988).
どちらの書も本章のトピックをさらに追求したい読者に向いている。より読みやすいのは Holm で、より包括的なのは Romaine である。

Mufwene, Salikoko. *The Ecology of Language Evolution* (Cambridge, 2001). この本ではクレオール言語の形成を、社会における言語というより広いコンテクストの中で捉えている。

11 文字体系は何種類あるのだろう？

ピーター・T・ダニエルズ（Peter T. Daniels）

種々の文字体系はどのように異なるのだろう？
どの文字体系が一番よく使われているのか？
アルファベット以外の文字体系を用いて、英語を書くことはできるだろうか？

　今日世界中で、30 を少し上回る数の文字体系が、公的に、または広範に用いられている。（様々なローマ字アルファベットはすべて、1 つの文字体系の変種と数える。たとえば英語やフランス語、そしてベトナム語でさえも、同じ文字体系の中の変種である。キリル文字やアラビア文字などのすべての変種も同様である。）これらの文字体系は、今では絶滅してしまった言語を書くためにかつて用いられていた幾つかの文字体系と合わせて、過去 5000 年の間に考案された、半ダースほどの異なる種類に分類できる。
　最もなじみがあり、最も広く用いられているのは、アルファベットである。アルファベットの各文字は 1 つの子音か 1 つの母音を表し、（理論的には）単語の全ての子音と母音が、1 つずつ、左から右へ書き記される。しかし英語を読み書きすると分かるように、英語はこの理想とはかけ離れている。どうして though, through, tough, cough は全て o-u-g-h と綴らないといけないのだろうか？　それは、1475 年にイングランドで印刷が始まった時から英語の綴りはほとんど変わっていないのに、その一方で、何世紀もの間に発音が徐々に変わってきたからである。綴りと発音の対応を維持する点で、スペイン語やフィンランド語、チェコ語はずっとうまくやっている。最初にアルファベットを用いて表記された言語はギリシア語で、今日に至るまで、

ギリシア語はギリシア・アルファベットで表記されている。世界中の他のアルファベットはどれもギリシア由来なのだ。ロシア語や旧ソ連の多くの言語はキリル・アルファベットを用いて表記され、西ヨーロッパの言語はローマ字アルファベットを用いて表記されている。

　最近になって文字をもつようになった多くの言語も同様である。マサチューセット語（現在のマサチューセッツ州にかつて居住していたアメリカ先住民の言語）やマオリ語、ズールー語やゾミ語のような何百もの言語に対して、聖書翻訳を行う宣教師たちが専用のアルファベットを考案した。大抵は、ローマ字アルファベットに幾つか追加の文字やアクセント記号を足したものである。通常、これらのアルファベットは、聖書本文やその関連文書以外で用いられることはあまりない。しかし時には、個人的な手紙や新聞、さらには本やインターネットでも使われることがあり、こうして識字文化が形成されてきたのである。

　アルファベット以前には、私が「アブジャド」(abjad) と呼んでいる文字体系があった。この見たところシンプルな文字は、中東のニュース写真で見ることができる。ヘブライ語の聖書やコーランを開くと、点やダッシュ、カールに囲まれた文字が目に入るが、広告板やプラカードを見ると文字しかない——みな真四角で分かち書きにして並べられたヘブライ文字と、一筆で単語全体を書けるように美しくつなげられているアラビア文字である。（これらの文字は、右から左に書くようになっている。）聖典と街路標識の、あるいは聖典と通常の本の違いは、通常のヘブライ語やアラビア語の書きことばには子音しか含まれていないということである。これらの言語の１つを知っていたら、読みながら自分で母音を補うことができるのだ。しかし聖典では、発音の厳密な正確さはとても重要なので、中世初期の敬虔な学者たちは、読者の手助けになるものを加えたいと考えていた。彼らは受け継いだ綴りを変えようなどとは思わなかったので、文字の周りに点やダッシュを置くことで母音を追加したのだ。

　ギリシア・アルファベットはフェネキア・アブジャドから発達した。インドの文字は近縁のアラム・アブジャドから発達したが、ギリシアの場合とは異なるところがある。紀元前３世紀までに、インドの言語学者たちはとて

も洗練された母音表記法を発明して、アブジャドに改良を加えていた(この結果生まれた文字体系を、私は「アブギダ」(abugida)と呼んでいる)。サンスクリットやヒンディー語、ベンガル語、タミル語やタイ語のような、インドやその近隣の南・東南アジアの言語では、基本形の文字は子音に「ア(ah)」を足して読む。子音に他の母音を足して読みたい場合は、その文字にマークを加える。chakra や Mahatma のように、間に母音を挟むことなく子音を2つ続けたい場合は、1つ目の子音を表す文字の一部を、2つ目の子音を表す文字全体の前に付ける。時には複雑になってしまうこともあるのだ！

フェネキア・アブジャドより前、つまり、文字の始まりまでさかのぼると、最初の文字体系は常に「表語的」(logographic)であることが分かる。つまり、個々の音(子音や母音)ではなく、完全な単語(または「形態素」と呼ばれる単語の要素)が1つの音節記号で表されるのだ。今日でも唯一用いられている、表語的原理の文字体系は中国語だ。中華料理のメニューにある文字をよく見てみよう。英語の料理名と比べてみると、どれが 'kung pao'(宮保「ゴンバオ、四川料理で鶏肉とピーナッツの唐辛子炒め」)に対応し、どれが 'chicken'(鶏)や 'shrimp'(エビ)に対応するか分かるかもしれない。表語的文字体系では単語を「綴る」ことをしない。それは、それぞれの文字が、完全な単語や単語の一部に対応するからだ。このやり方はとてもうまく機能するが、たくさんの文字を必要とする。なぜなら、事実上その言語の単語それぞれに対して、1つか2つの文字が必要で、そしてどの言語にも、幾千もの単語があるのだから。中国語の場合、3000 から 4000 の文字(漢字)を学習すれば、今日出版されているほぼすべてのものが読めるようになる。

次は日本食のメニューを見てみよう。中国語の文字に似た(実際のところ中国語の文字なのだが、それぞれの文字は日本語の単語を表している)複雑な文字に並んで、大抵の場合、もっとシンプルな文字(ひらがなやカタカナ)が見えるだろう。これらは単語の語尾を表し、それぞれ完全な音節、つまり子音プラス母音を表している。これらの記号は 50 個あるだけだが、それは日本語の音節がそれだけシンプル(1子音プラス1母音)だからである。たとえば su-shi, sa-shi-mi, ki-mo-no といった具合に。

ネイティブ・アメリカンの言語であるチェロキー語やリベリアの言語であ

るヴァイ語のように、他の言語もこの種の音節文字で表記される。英語には'strengths'や'splint'のようにとても複雑な音節があるので、音節文字を用いるのは困難だろう。これらすべてを表記するのにたくさんの異なる文字が必要になってしまうからだ。

　これまで考案された中で最良の文字体系と思われるのは、中国の音節ベースの手法とインドの子音・母音文字の手法を組み合わせたもので、朝鮮語の文字、「ハングル」がそれだ。韓国料理のメニューを見ると、シンプルな漢字のような、正方形の文字がある。しかしよく見てみると、たった40個のシンプルなデザイン（文字）が組み合わされてブロック（音節）になっていることに気づくだろう。小さなスペースに大量の情報を入れることができるのだ。

　異なる種類の文字体系は異なる言語に対して、程度の差はあれ、うまく機能する。しかし、言語は時とともに変化する一方、文字体系は変化しない傾向があるので、時が経つと文字体系はうまく機能しなくなってゆく。次章では文字の歴史を少し見てみよう。

著者紹介
ピーター・T・ダニエルズ（Peter T. Daniels）は文字体系の研究を専門とする世界でも数少ない言語学者の1人。様々なジャーナルや論文集で論文を発表し、幾つかの百科事典への寄稿もしている。*The World's Writing Systems*（1996）をウィリアム・ブライト（William Bright）と共編し、また*Encyclopedia of Language and Linguistics*（2006）では文字体系セクションの編者を務めた。

さらに知りたい読者のために

●この本のなかで
書きことばについては、他に8章（「言語変化」）、12章（「文字の歴史」）、58章（「ヘブライ語とイディッシュ語」）、59章（「アラビア語」）、61章（「中国

語」)、62章(「日本語」)で触れている。

●この本以外で
Diringer, David. *The Alphabet* (Funk & Wagnalls, third edition 1968).
Jensen, Hans. *Signs, Symbol and Script* (George Allen & Unwin, 1969).
この2冊は入手が難しいが、文字の歴史を余すことなく示している。Diringerの方は読みやすく、Jensenの方は信頼でき、学術的。

DeFrancis, John. *Visible Speech: The Diverse Oneness of Writing Systems* (University of Hawai'i Press, 1989). 全ての文字は言語の音を基盤にしていると強調。

Daniels, Peter T., and William Bright, eds. *The World's Writing Systems* (Oxford University Press, 1996). 過去と現在の文字体系の詳細についての標準的な参考書。

Gnanadesikan, Amalia. *The Writing Revolution: From Cuneiform to the Internet* (Wiley-Blackwell, 2009). 世界の主要な文字体系に関する、うまく書かれたコンパクトな要約。

Rogers, Henry. *Writing Systems: A Linguistic Approach* (Blackwell, 2005). 文字に関する数少ない教科書のなかで、勧められる1冊。

12 文字を書き記すことは
  どこから始まったのか？

ピーター・T・ダニエルズ（Peter T. Daniels）

いつ書きことばは始まったのか。
どのように始まったのか。
書きことばは1度ならず何度も考案されたのか。

　世界中で何世紀にも渡って、何十もの筆記体系が途方にくれるくらい多種多様の様式で使われてきた。左から右、右から左、上から下、そして下から上に書かれるものさえある。文字もたくさんの形や大きさがある。筆記よりも何万年も前の話しことばの起源は不明である。しかし、いつどのようにして筆記が始まったかはかなり良く分かっている。最初期の筆記の断片が岩に刻まれた形で未だに残っているのだ。だから時間を追ってその進化をたどることができる。

　書きことばの発明は社会がそれを必要とするまで複雑化した時、ほとんど必然的に起こった。人々が小さなグループに居る限り、みな誰が何を誰のために行ったか知っている。しかし、人々が街に暮らすようになると、人同士のやりとりがもっと複雑になる。陶工は陶磁器を作り、織工は布を作り、行政は税金を集める。ある時点で、ひとりひとりの社会への貢献を記録する必要性が生じる。記録は紐に設けた結び目で付けられたかもしれないし、木の棒に刻み目を入れたかもしれない。そして、どこにおいても人々はものを表すために絵を描いた。石器時代の洞穴では獲物となる動物の絵を描いた。現代では買ってもらいたいものを絵に描いたりする。

書きことばを発明する第二の条件は、ある種の言語、つまり、単語がたった1つの音節でしか成り立っていないような言語であるということだ。なぜなら、アルファベットを用いた読み方を知らなければ、音節を個々の子音や母音に分析する方法がわからないからである。そこでもし、ある言語の単語もしくは形態素のほとんどが、1つの音節だけからできているならば、単語を表すために描いた絵がその単語の意味を表す絵となり、同時にその音の記録にもなる。似た音を持っているが絵に表すのがそれほど容易ではない別の単語を書く必要がある時、その絵は役に立つ。

　こういった条件により、われわれが知る限り少なくとも3回、筆記体系が生まれた。そしておそらく、跡形も残さず消えた筆記体系がさらにあるだろう。書きことばは5000年以上前に現在では死語となったシュメール語を表すために古代メソポタミア(現在のイラク南部)に現れた。中国では全く違った筆記体系が現代中国語の祖先を表記するために4000年近く前に作られた。そして中央アメリカでは紀元4世紀頃、また別の体系がマヤ諸語を書き留めるため開発された。その体系は数世紀後、マヤ帝国の滅亡とともに使用されなくなった。それで、今日の世界のすべての筆記体系はたった2ヶ所に起源をたどることができる。中国と古代イラクである。

　書きことばはとても便利なものであることがわかった。ある民族がそれを発明したら、近くにいる民族もそれを取り入れる傾向があった。日本人は漢字を採用し、日本語を漢字で書き始めた。地球の裏側では、シュメール語の筆記が紀元前2500年から1000年の間にたくさんの言語に採用された。その際、早くから形が、絵から容易に書ける抽象的な文字へと変化していた。シュメール語は神殿や霊廟に見られるエジプトの象形文字を生み出すきっかけとなった。また、象形文字はアルファベットやアブギダ(abugida)を世界にもたらすことになったフェニキア文字アブジャド(abjad)の素材となった。(11章ではこれらの用語を説明している。)

　今日ではこういった文字が何百と使用されている(例えばローマ字ならばその変種を別々に勘定しての話だが)。ヨーロッパや西半球以外にも、それらは南アジアと東南アジア全域で使用され、さらにその先のオセアニアでも使用されている。そのほとんどが20から30の記号を使う。しかし、文字

の数ではソロモン諸島の言語に使われるアルファベットの 11 文字から、カンボジアのクメール語に使われるアブギダの 74 文字まで幅が広い。これらの文字は英語、ロシア語、ヘブライ語の文字が異なるのと同じくらい互いに異なって見える。しかし、すべてのアブジャド、アルファベット、アブギダが——上に名前を挙げたものだけでなく他の多くの文字も含めて——地中海東海岸に生まれた古代フェニキアを共通の源として持っていることは、かなり容易に示すことができる。

フェニキア人達はアブジャドをギリシャ人にもたらした。ギリシャ人は（偶然にも！）それをアルファベットに変え、エトルリア人を経由してローマ人に伝えた。そして、そのローマ人たちがわれわれの使っている文字に今日の形を与えたのである。ギリシャ語はロシア語や他の言語で使われるキリル文字のように東ヨーロッパのアルファベットのモデルにもなった。フェニキア文字のもう 1 つの子孫はアラム語のアブジャドである。そして、そこからヘブライ語やアラビア語のように、違ってみえる言語の筆記が発生した。またインドやその先の地域のすべての筆記体系も同じである。

書きことばは人間や人間社会のかなり基本的な特質から生じた。しかし書きことばはどこにでも見つかるわけではない。それは明らかに利用価値があるにも関わらず、世界の言語の中で筆記体系までも備えているものは半分にも満たないのだ！ほとんどの言語は話しことばのみだ。しかし、宣教師や言語学者が筆記——ほとんどの場合ローマ字——を世界中の途上国に広めているので事情は変わりつつある。

書きことばがなければわれわれはどうなっているだろうか。筆記は言語、そして人間の歴史の注目すべき一部を成す。筆記がなければ、そもそも歴史も存在するのだろうか、という疑問が出ても不思議ではない。

著者紹介

ピーター・T・ダニエルズ（Peter T. Daniels）は筆記体系の研究を専門にしている世界でも数少ない言語学者のひとりである。様々な学術誌や論文集に論文を投稿し、いくつかの百科事典にも寄稿している。ウィリアム・ブライト（William Bright）とともに *The World's Writing Systems* (1996)

を共編し、*Encyclopedia of Language and Linguistics*（2006）の筆記体系の項の編集長を務めた。

さらに知りたい読者のために

●この本のなかで
書きことばを扱う他の章には 8 章（「言語変化」）、11 章（「文字」）、58 章（「ヘブライ語とイディッシュ語」）、59 章（「アラビア語」）、61 章（「中国語」）、62 章（「日本語」）がある。

●この本以外で
Diringer, David. *The Alphabet* (Funk & Wagnalls. third edition 1968).
Jensen, Hans. *Sign, Symbol and Script* (George Allen & Unwin, 1969).
この 2 書は見つけるのに少し苦労するかもしれない。しかし、両書とも筆記の非常に詳しい歴史を提供してくれる。Diringer の方が読みやすく、Jensen の方はより信頼性が高く学術的である。

DeFrancis, John. *Visible Speech: The Diverse Oneness of Writing Systems* (University of Hawai'i Press, 1989). すべての筆記は言語の音に基づくと強調する。

Daniels, Peter T., and William Bright, eds. *The World's Writing Systems* (Oxford University Press, 1996). 過去と現在の筆記体系の事実に関する定評ある参考書。

Gnanadesikan, Amalia. *The Writing Revolution: From Cuneiform to the Internet* (Wiley-Blackwell, 2009). 世界の重要な筆記体系に関しコンパクトにしっかりとまとめた概略書。

Rogers, Henry. *Writing Systems: A Linguistic Approach* (Blackwell, 2005).
筆記に関する数少ない教科書の中では好ましい。

13 文法はどこから来たのだろう？

ジョーン・バイビー（Joan Bybee）

文法は変わるものだろうか？
そもそも文法とは何だろう？
どんな言語にも文法はあるのだろうか？

　どんな言語にも文法があるものだ。ここで言う文法とは、文法機能を表す短い語（the, a, will, some）や現在・過去・未来を表す接頭辞や語尾のことである。また母語を使う時に私たちは難なく首尾一貫した形で語を並べることができるが、その方法も文法に含まれている。たとえば英語では the dog is sleeping on the couch（犬がカウチの上で眠っている）とは言うけれども、is dog ingsleep couch the on とは並べないはずだ。この事実も文法の1つの現れである。私たちは、語が変化するものだとわかっているだろうが、文法の方はそれに比べて安定して変わらないものと考えがちだろう。しかし実際には、文法も常に流動的なものなのだ。

　「言語警察」と呼ばれるうるさ型は、文法が失われることをいつも遺憾なことだと思っている。たとえば、もはやいつ whom という語を使えばよいのかわからなくなっていると言って嘆いたりする。しかしながら、それと同時に言語が新しい文法をも発達させていることにはほとんど気づいていない。しかしそんなことにはおかまいなしに、言語はいつでも、新しい文法を作り出しているのだ。

　たとえば、英語には will や shall という語を使って未来時制を表す、昔ながらの方法がある。しかし今日ではアメリカ英語の話者やイギリスの若者た

ちは shall という語をほとんど使わなくなっている。また be going to + 動詞という表現をもとに未来のことがらを表す新しい方法がここ数世紀の間に進化してきた。It's going to rain.（雨が降りそうだ）と言えば、未来の出来事への単なる予測を意味するのであって、誰か何かがどこかへ「行く (go)」ことなど表してはいない。しかしシェークスピアの時代に going to を使ったとしたら、いつでも文字通りの意味、つまり誰かがある場所から別の場所へと目的を持って移動することを表していたのである。

　この変化はどのようにして起こったのだろうか？　これは言語学者が「文法化 (grammaticalization)」と呼ぶプロセスである。この文法化を通じて、語や be going to のような語の連鎖が意味の変化を受けて文法機能を担うのだ。この変化はとてもゆっくりと長い時間をかけて起こるもので、通常は同時に複数のことがらが生じている。

　意味の変化の多くは、推論がある言い回しに結びつくことで始まる。たとえば、I'm going to visit my sister.（妹を訪問しに行くところだ）と言えば、「どこへ移動して行くのか」と「私の意図が何か」の両方を伝えている。やがて時がたつと、この意図に関する意味の方が移動の意味よりももっと重要になってくる。今度は、この意図的意味を元に、将来何が起こるかについて推論を働かせることができるようになる。その結果として、未来の意味で be going to を使えるようになるのだ。

　人は一般に他人が何を意図しているのかに関心を払っているものなので、意図を表明することは空間の移動の表明よりもずっと重要な情報となる。このため、be going to が意図の意味で使われ始めると、その使用頻度はさらに高くなった。ある表現が高頻度で用いられると、その本来の表現効果がいくぶん失われ、元の意味が漂白化されて消えていくようである。またそういう表現はスピードもさらに速く発話される傾向があり、発音はますます不明瞭になっていく。そのため、going to が未来を主に表す表現としていつも使われるようになると、次第に gonna という短い表現に変わっていく。ここに新しい文法が1つ誕生したことになる。今のところみんながみんな gonna を未来時制を表す標識であると認識しているわけではないが、特に話しことばにおいてはあきらかにそのように機能している。もう 100 年もすればきっと

定着して文法書に載っていることだろう。そしてまたその先は更に他の未来表現が発達していくことになるのだろう。

　文法化はすべての言語で何度も繰り返し生じている現象である。実際、go に相当する動詞を用いた表現で未来を表す言語はとてもたくさんある。スペイン語、フランス語、(ナイジェリアの)マルギ語、クロンゴ語、(中央アフリカであるギニアやリベリアの)マノ語や(東スーダンあたりの)バリ語などのアフリカ言語、(アマゾン川上流域の先住民のことばである)コカマ語やズニ語などのアメリカ先住民の言語、アチン語のような太平洋地域の言語、その他にも多くある。複数の言語が互いに似ている理由は、1つには何世紀にもわたって大変よく似た変化をしているためだろう。

　このような発達を見せるのは未来標識だけにはとどまらず、あらゆる種類の文法標識に見られる。たとえば(a dog などにみられる)不定冠詞 a/an が one を表す語から発達しているのはよく知られていることだ。英語では今でも one の語尾の n の音を an apple の an に見つけることができる。またスペイン語、フランス語、ドイツ語やその他の印欧語では one に相当する語と a/an に相当する不定冠詞との関係はその形式から一目瞭然だ。なにしろスペイン語では un/una、フランス語では un/une そしてドイツ語では ein/eine と、すべて one および a/an の両方を表しているのだから。

　また前置詞についても考えてみよう。at, over, with, above, through などの短い語は、名詞と結びついて、何かが完遂した時、場所、様態、などを表す(at ten o'clock, over the bridge, with daring speed など)。これらの前置詞もまた「文法」の一部と考えられていて、意味や使い方の変化を受けている。たとえば before/behind は昔の前置詞 be- と、「前」を表す fore や、「体の背後」を意味する hind との組み合わせから成り立っている。これらの前置詞は初め空間に関係する意味から始まった (before the castle (城の前方)、behind the ramparts (城壁の後ろ)) が、今では時間の意味でも使われている (before noon (正午前)、I'm running behind schedule. (予定より遅れ気味だ))。

　文法の特徴的な性質の中には何が起源なのかが分かっていないものも多くある。しかし文法化はごく一般的に見られるプロセスなので、文法機能をもつすべての語や語の一部が、すべて他の語から生じたと考えて差し支えない

だろう。

このように考えると、一番初期の言語がどのように文法を獲得していったのかが説明できる。おそらく初期の言語は、かなり「電報文」のような性質のもので、個々の語の集合体が身振り手振りで補われて意味を伝えていたと考えられる。しかし、語を記号として用いることができるようになり、2つの語を共に結びつけて使えるようになってまもなくすると、人々はその中である特定の結びつきをとても頻繁に用いたに違いない。推論と、発音上必然的に生じる変化を通じて、文法がどんどん発達し始めたのである。これは素晴らしいことであった。学校で苦労をした人々には文法の評判は悪いものだが、まさにこの文法が存在してくれたからこそ、語がつながりあった流暢な発話が可能になったのだから。

著者紹介
ジョーン・バイビー (Joan Bybee) (Ph.D, UCLA) はニューメキシコ大学の特別名誉教授 (言語学) である。ニューメキシコ大学では副学部長および学科長を務めた。2004 年にはアメリカ言語学会の会長にも就任。バイビー教授は言語使用が言語構造にどのように影響を及ぼすかについての先導的研究者である。音韻論、形態論、言語類型論、言語変化についての著書や論文多数。著書 *The Evolution of Grammar* (1994) では 76 の言語のデータベースを用いて言語が新しい文法構造をどのように自然発生的に発達させるかを研究している。

さらに知りたい読者のために

●この本のなかで
文法について議論しているその他の章は、14 章 (「普遍文法」)、16 章 (「動物のコミュニケーション」)、25 章 (「言語の剥奪」(cf. p.72))、52 章 (「アメリカ先住民の言語」) である。8 章 (「言語変化」) と 10 章 (「ピジンとクレオール」) では文法が時代を超えてどのように変化するかについて議論している。

●この本以外で

Deutscher, Guy, *The Unfolding of Language* (Henry Holt and Company, 2005). 言語変化の視点から言語学を紹介した、文体が生き生きとしていて評判の良い入門書。

Hopper, Paul and Elizabeth Traugott. *Grammaticalization* (Cambridge University Press, 2003). 言語学の学生に向けた、文法化についての教科書。

14 すべての言語は同じ文法をもっているのか？

マーク・C・ベーカー(Mark C. Baker)

すべての言語の基礎となる普遍文法は存在するのか？
英語と日本語とモホーク語(Mohawk)の共通点は何か？

　すべての言語が同じ文法をもっていると主張する者は、恐らく誰もいないであろう。しかし、言語学者の多くは、すべての言語がある一定の基本的な設計上の特性を共通にもっており、この概念がしばしば「普遍文法」(Universal Grammar)と呼ばれていて真剣に研究する価値があると信じている。

　仮に、すべての言語の基礎となる規則の集合が実際に存在するとしよう。言語が誰でも獲得できるもっとも複雑な知識の体系の1つであるにもかかわらず、子供は大学院の課程も政府資金も受けずにどんな言語でも母語としていとも簡単に習得することができるのだが、先の仮定はこの習得の方法を説明するのに果たして役立つであろうか？

　ことによると役立つかもしれない。しかしすべての言語の共通点は一体何かということは、簡単には分からない。西ヨーロッパの言語は共通の歴史をもっているため類似点が多いが、それ以外の言語を見た場合は特に難しい。使われている語が言語ごとに明らかに異なっているし、同様に、語を組み合わせて句や文を作り上げるための規則や型も、言語ごとに明らかに大きく異なっている。ヨーロッパの言語以外の例をいくつか見てみよう。

　英語では 'John gave a book to Mary.' という言い方をする。それに当たる日

本語は「ジョンがメアリーに本をやった。」である。'book' 及び 'gave' に当たる語(「本を」及び「やった」)そのものが違っているのはもちろん、文中でのそれらの位置もまた違っている。英語では動詞 'gave' は文の前から二番目の語であるが、日本語では文の最後の語である。英語では 'book' は動詞の後ろに来るが、日本語では動詞の前に来る。英語では贈り物の受取り手 'Mary' は前置詞 'to' の後ろに来るが、日本語では受取り手は「に」('to' に当たる語)の前に来る。日本語を話すためには語の新しい集合だけでなく、語と語を結合する方法に関する規則の新しい集合、即ち、新しい文法も習得する必要がある。

　モホーク語は(日本語の場合とは)別の点で英語と異なっている。'The man gave a blanket to a baby.'(「男は赤ちゃんに毛布を与えた。」)という文はモホーク語では *Owira'a wa-sh-ako-hsir-u ne rukwe* と表せる。モホーク語において語順は文法的に重要ではない。*Owira'a* ('baby')、*wa-sh-ako-hsir-u* ('he-her-blanket-gave')、*rukwe* ('man') はどこでも好きなところに置けて、それでも同じ意味が得られる。モホーク語において重要なのは動詞の形である。*wa-sh-ako-hsir-u* を *wa-h-uwa-hsir-u* で置き換えると、語をどのような順に並べても 'The baby gave a blanket to the man.'(「赤ちゃんは男に毛布を与えた。」)の意味になる。さらに奇妙なことに、これらの文において直接目的語 'blanket' は独立した語にすらなっていない。それは *hsir* によって表されていて、*hsir* は動詞の語根 u と結合して複合動詞('blanket-gave')を作り上げている。このようなことは英語でも日本語でも通常はできない。実際、*washakohsiru* のようなモホーク語の複合動詞は、'He gave a blanket to her.'(「彼は彼女に毛布を与えた。」)を意味する1つの文として独立して用いることができる。

　このような著しい差異があるにもかかわらず、異なる言語の文法は見た目よりずっと似通っているということが、言語学の研究によって判明しつつある。

　日本語の主語は、英語と同じく文頭に来る。それに加えて、日本語の語順が英語の語順とは鏡に映したように左右正反対であることに気付いただろうか？　受取り手 'Mary' はどちらの言語でも 'to' を意味する語の隣に来ているし、直接目的語 'book' もどちらの言語でも 'gave' を意味する語の隣に来て

いる。総体的に見て、英語と日本語どちらにおいても同じ種類の語が互いに結びついて同じ種類の句を形成している。唯一の違いは文法体系がもたらす語順の違いであり、(英語のように)動詞と前置詞がそれぞれの形成する句の先頭の位置に置かれるのか、それとも(日本語のように)そのような句の末尾の位置に置かれるのかである。そういうわけで、諸言語の文法はほぼ同じであると言ってもよい。というのも、ある画像とそれを鏡に映した鏡像(mirror image)とは、たとえ画素(pixel)が1つも一致していなくても完全に異なっているとは言えないし、それどころか、それらはほぼ同じ像なのである。私たちはこの真理をうまく利用して、(鏡を見ながら)歯を磨いたり髪をとかしたりできるのである。

　語順が問題にならないように思われるモホーク語についてはどうだろうか？　動詞が主語に応じて形を変化させるスペイン語やイタリア語を学んだことがあれば、語順が自由に変えられるというこの特質はそれほど奇異には感じられないだろう。主語は文中の様々な位置に生じうるが、それでも主語がどれかは分かる。しかし、モホーク語で直接目的語を動詞の一部として編入するやり方についてはどうだろうか？　実はこれでさえ全く見聞きしたこともない特徴とは言えないだろう。直接目的語は英語と日本語どちらにおいても動詞の隣に生じるが、それはモホーク語の場合とちょうど同じである。唯一の違いは、(英語と日本語のように)動詞と目的語が緩やかに結合して動詞句(verbal phrase)を形成しているか、それとも(モホーク語のように)固く結合して動詞的な語(verbal word)を形成しているか、という点である。

　実のところ、英語であっても動詞と目的語が結合して単一の語を形成することがある。'dish-washer'(「食器洗い機」)や'man-eater'(「人食い動物」)のような名詞複合語(noun compound)を考えればわかるだろう。それぞれ通常の名詞('dish', 'man')と、動詞('wash', 'eat')から形成された名詞とを結合している。ここで注目してほしいのは、'man-eater'が人を食う(サメやトラのような)ものを指し示しているのであって、ものを食べる人を指し示しているわけではないことである。即ち、名詞'man'は常にeat(食べる)の目的語であって主語ではない。このような英語の語形成(word-formation)の特徴は、モホーク語の複合動詞(compound verb)、及び英語と日本語の動詞句に見られ

る特徴とよく似ているのである。

　このような、動詞が常に主語よりも直接目的語と密接に結合する、という事実は、文法の一般法則の良い一例である。ここでの一般法則とは、人間の言語すべてに当てはまるように思われる法則のことであり、そのような普遍的な法則が他にもたくさん存在するということが分かる。実際この数十年間で、言語学者はそのような法則を何十も発見している。それらの法則は言語の基本的な骨格を与えるものであり、個々の言語は様々なやり方でその骨格に肉づけをしているのである。

　一皮むいてしまえば、諸言語はその構造に関して、相違点もあるけれども同じくらい多くの類似点ももっているようだ、ということが判明しつつある。従って、すべての言語が同じ文法をもっているというのは、絶対的な真実とは言えないまでも、一般に考えられているよりはずっと真実に近いのである。

著者紹介

マーク・C・ベイカー（Mark C. Baker）はマサチューセッツ工科大学でノーム・チョムスキー（Noam Chomsky）の指導の下言語学の教育を受けた。現在はラトガーズ大学（Rutgers University）の言語学及び認知科学の教授で、あまり研究されていない言語、特にアフリカと南北アメリカで話されている言語の語構造と文構造を専門に研究している。

さらに知りたい読者のために

●この本のなかで
文法を扱っている他の章としては13章（「文法」）、16章（「動物のコミュニケーション」）、25章（「言語の剥奪」）、52章（「アメリカ先住民の言語」）がある。

●この本以外で

Baker, Mark. *The Atoms of Language* (Basic Books, 2002). 専門術語を用いずに言語間の類似点と相違点について本一冊分の長さで論述したもので、見かけが異なる言語がほぼ同じ文法規則からどのように派生されるかを本章よりも詳しく説明している。

Pinker, Steven. *The Language Instinct* (HarperCollins, 1994). 第8章では諸言語はどのように異なっているかという疑問が取り上げられており、言語は人間の脳にプログラムとして組み込まれている本能であるとする大局的見方を背景にしてこの疑問を扱っている。

Whaley, Lindsey. *Introduction to Typology* (SAGE Publications, 1996). 歴史的に無関係な数多くの言語を比較することから得られる歴史と主な結果をいくつか教えてくれる入門書。

15 赤ん坊は
どのように母語を身につけるのか？

ロベルタ・マクニック・ゴリンコフ（Roberta Michnick Golinkoff）
キャサリン・ハーシュ・ペセック（Kathryn Hirsh-Pasek）

赤ん坊はいつ話せるようになるのだろう？
どのようにして？
赤ちゃんは周囲で話されているどんな言語でも獲得できるのだろうか？

　多くの人が思い浮かべる「赤ちゃんことば」のイメージとは異なり、言語獲得は、赤ん坊が最初の語や喃語を発するずっと前から始まっている。子宮にいる子供は、耳が聞こえるようになるとすぐ、音に反応するのである。赤ん坊は花火のような音に反応して跳びはねてみたり、生まれる前に、母親の会話をすべて盗み聞きしたりしている。生まれてすぐの赤ん坊でも、われわれがうまく方法を工夫すれば、赤ん坊が、子宮にいたときに聞いていた話や歌だけではなく、人間の声のなかから母親の声を聞き分ける能力があることを明らかにすることができる。（赤ん坊は常に聞き慣れた音を他の音より好むのである。）赤ん坊にとって、最初言語はメロディーのようなものである。しかし赤ん坊は約7千ある世界中のどの言語であっても、獲得する準備を完了してから、この世に生まれてくるのである。

　そのメロディーが刻み込まれている状態で、赤ん坊は、自分に押し寄せてくる音声の流れの単位を見つけ出すことに、最初の問題として直面することになる。1つの語がどこで終わって、次の語がどこから始まるのか？（読者は、外国語を学び始め、母語話者が早口でしゃべりまくるのを聞いた時、同

じような問題を経験したことがあるかもしれない。)赤ん坊は自分の名前が分かるようになる生後4か月半までに、語と語の境界が分かりはじめる。最初の手がかりは強勢である(「アーヴィング」(IRVing)は明らかに「アネット」(AnnETTE)とは異なる)。しかしすぐにアーヴィングちゃんは自分の名前と同じところに強勢のある他の名前、例えば「ウィルソン」(Wilson)を区別できるようになる。次に赤ん坊は「ママ」のようによく使われる他の語も分かるようになる。これは言語音声の流れのなかで、さらなる目印として働く。生後6か月で、赤ん坊は自分の名前の後に発音された語が分かるようになる(しかし自分以外の誰かの名前の後に続いた場合は分からない)。

　周囲に流れる言語音の流れの中で、語という単位が分かるようになれば、次はこの単位が何を意味しているのかを理解する必要がある。当然のことながら、赤ん坊が理解する最初の語には、「ママ」(mama)や「ダディー」(daddy)が含まれている。研究によると、赤ん坊は6か月までには、たとえ話せなくても、「ママ」という語を、他の女性ではなく、自分の母親に結びつける。「ダディー」も同様である。しかし語彙が増えるにつれて、語の意味を学ぶのは難しくなっていく。当地の言語をほとんど知らない状態で、外国にいることを想像して欲しい。ウサギが横をピョンピョン走ったとする。そしてその土地の人々が、「ゾクシル」と言ったとする。この「ゾクシル」は何を意味するのだろうか。「ウサギ」はかなり明快な推測だが、正しいとは限らない。「見て」とか「ぴょんぴょん走る」とか「耳」と言っているのかもしれない。ことばを身につけていくには、こんな風に選択肢をふるいにかけて、「ゾクシル」を語彙に追加していくので、時間がかかる。赤ん坊も同じ状況にいるわけである。しかし12か月までに、赤ん坊は、語は対象物の「ラベル」であると解釈するようである。普通は「耳」などの一部や、「ぴょんぴょん走る」のような動作ではなく、「ウサギ」のようにその物全体を指すと解釈する。

　赤ん坊が語という単位を発見し、いくらか意味を知った後に、本当に言語を獲得しているとわかる段階が訪れる。つまり文を作るためには、どのように語をつなげばよいかを学び始めるのである。ちょうどあなたが外国語を話せる以上に理解ができるのと同じように、赤ん坊も話せる以上に自分の言語

についてよく知っている。だから最初の発語は生後12か月前後であるにもかかわらず、赤ん坊はその時には何百もの語を知っているのである。赤ん坊は、生後18か月までは、一度に話せるのは1語か2語ではあるが、5、6語からなる文が理解できるようになっているのである。

特大のテレビ画面を2つに分割して、左半分では、セサミ・ストリートに登場するクッキーモンスターがビッグバードを抱いていて、右半分ではビッグバードがクッキーモンスターを抱いているのを見せるとしよう。赤ん坊は夢中で画面を見ている。そして「ビッグバードがクッキーモンスターを抱いているのはどっち？」と聞かれると、左半分より右半分を見る。驚くべき事に、話すことがおぼつかないにもかかわらず、赤ん坊は、誰が誰に何をしているのかを判断するために、文法、すなわち英語における語の並びかたをすでに使っているのである。

ということで、ここに1つパラドクスが生ずることになる。赤ん坊は自分で靴のひもも結べないし、赤ん坊を30秒もひとりで放っておくこともできない。ところが一方では言語の獲得ということになると、赤ん坊はスポンジのような吸収力をもっている。今度あなたが、赤ん坊を植物みたいだと考えたくなったら、思い出して欲しい。赤ん坊は耳を澄ましている。そして自分より年上で賢い両親よりも、もっとうまくことばを身につけることを思い出して欲しい。

著者紹介

ロベルタ・マクニック・ゴリンコフ (Roberta Michnick Golinkoff) はデラウェア大学教育学部で、H・ロドニー・シャープ記念主任の職にあり、心理学科と言語学科の教員である。彼女は「幼児言語プロジェクト」の責任者であるが、その目的は、驚異的とも言える子供の言語獲得の解明にある。コーネル大学で博士号を取得した後、彼女は100を超える論文や本の章を執筆し、世界中で教鞭をとった。彼女は、有名なJohn Simon Guggenheim Fellowship と James McKeen Cattell Sabbatical award の受賞者であり、新聞や雑誌でしばしば取り上げられ、またGood Morning America をはじめ、朝のローカルテレビ番組等にも出演

した。彼女は *Child Development* の副編集長でもある。ハーシュ・ペセック (K. Hirsh-Pasek) と共に、彼女は Distinguished Service Award と Urie Bronfenner Award for Lifetime Contribution to Developmental Psychology を受賞している。

キャサリン・ハーシュ・ペセック (Kathryn Hirsh-Pasek) は、ペンシルベニア州テンプル大学の Stanley and Debra Lefkowits 記念教授であり、幼児言語研究所の所長を務めている。またゴリンコフ (R. Golinkoff) と共に、CiRCLE（幼児学習教育再イメージセンター）の共同設立者である。彼女の幼児の言語獲得や認知の分野における研究は、米国科学財団や国立小児発達研究所の基金を受け、12冊の著書と多数の論文として結実している。彼女は、*Today, 20/20* をはじめ、全米のテレビ番組に出演し、新聞や雑誌でもよく取り上げられている。彼女はアメリカ心理学会の特別会員である。

さらに知りたい読者のために

●この本のなかで
幼児の言語獲得を扱った章は、10章（「ピジンとクレオール」）、17章（「言語と脳」）、25章（「言語の剥奪」）、26章（「手話言語」）、そして36章（「子供と第二言語」）。

●この本以外で
Golonkoff R. M. and K. Hirsh-Pasek. *How Babies Talk: The Magic and Mystery of Language in the First Three Years of Life* (Dutton/Penguin, 1999). これは言語獲得の最新の知見を概観し、親へのヒントを教えてくれる、読んで楽しい一冊。

Hirsh-Pasek, K. and R. M. Golinkoff. *Einstein Never Used Flash Cards:*

How Our Children Really Learn and Why They Need to Play More and Memorize Less (Rodale, 2003). 読書や感情表現、そして学校でうまくやっていくことに、いかに言語が大切かを説明している。「人生を豊かにする書籍」賞 (Books for a Better Life Award) を受賞。

16 動物に言語はあるのか？

ドナ・ジョー・ナポリ（Donna Jo Napoli）

動物たちは仲間同士で話したりするのだろうか？
もしそうならどうやって話しているのか？
また彼らは人間の言語に似たものをもっているのだろうか？

　オウムは話す。だから動物たちがことばを使うかという質問の答えはイエスだ、そうでしょう？　しかし早合点はいけない。次のように 2 つの問題がある。それはどちらも言語学的な観点から見て興味深い。1 つは、動物たちが仲間同士でことばを用いるのかということと、もう 1 つは彼らが人間の言語を学習することができるのか、という 2 点である。これらを議論する前に、まず何を言語と見なすのか決めなければならない。

　人間の言語には、明確に定義された特徴がある。1 つ目は、体系的であるという点、つまり我々が文法と呼ぶ規則にすべてのっとっているということである。（'Chased dog the nasty a cat' という語の羅列は、英単語でできているものの、英語の文章とは言えない。これは単語が不規則に並べられただけで、英語の文法に従っていないのである。）

　人間の言語はまた、生得的なものである。子供には言語を習得する回路が生まれつき備わっている。誰も教える必要がないのである。とは言っても、この能力は幼児の脳の柔軟さによるものだが。子供は 5 歳までの間に身近で言語に接することができなければ、言語の完全な習得はできなくなる。

　3 つ目の印象的な特徴は、言語学者が言うところの、いわゆる「超越性」(displacement) である。つまり人は次の文中の「男性」のように、今、目の

前に存在しないものについても話すことができるのである。'The weird man you followed last week told me he's considering writing an exposé of existentialism.'（あなたが先週後を追った奇妙な男は、私に実存主義に関する解説を書こうと考えていると話した。）

またもう1つの人間言語の特徴は、抽象的な考えを述べることができるという能力である。例えば先にみた'weirdness'（奇異さ）や、'exposé'（解説）、'existentialism'（実存主義）等がその例である。

最後の特徴であるが、上の文は、私が今までに用いたことのない初めて作った文である。おそらく読者も同じように初めて聞いた文だろう。このように人間の言語はすべて、新しい表現を創造する力をもっているのである。

動物は、以上述べてきた人間言語の5つの基準（体系性・生得性・超越性・抽象性・創造性）のうち、いくつかを満たしてコミュニケーションをする場合もあるが、5つすべてを満たすことはない。この事実から、たいていの言語学者は、動物は言語を用いることはできないという方に賛成するのである。

ミツバチは非常に複雑なダンスにより、仲間のミツバチたちに食糧源の場所と質について教える。このようなダンスの軌道とスピードは、明確なルールに従っている。具体的には、踊るハチの頭の方向と、尻振りの激しさが重要となる。ダンスによって伝えられることは、目の前にない食糧についてであり（これは「超越性」を満たしている）、またそれがどのくらい良質のものなのか（ここでは「抽象性」を満たしている）ということである。研究者たちには、このミツバチの尻振りダンスは、「生得的」なものだと考えられている。しかしながら、このダンスには、「創造性」が欠けている。というのも、伝えられる情報の量が極端に限られているからである。例えば彼らは、その食源源が、別のすでによく知っているものの近くにあるかどうかや、他のハチがすでにその食糧に近づいており、もしそれを手に入れたければ急いだほうがよい、といったことを伝えることはできないのである。

鳥のさえずりにもまた法則がある。例えばコマツグミという鳥は、ある決まった順番（つまり文法規則のようなもの）でモチーフ（小旋律）を並べて鳴く。そうでなければ、仲間には理解できない歌になってしまう。このさえず

りは生まれながらの能力であり、生まれてから数か月以内に歌に接することがなければ、この鳥に特有の求愛・縄張りのための歌を習得できなくなってしまう。鳥のさえずりはまた感情さえも伝える。だから感情の程度までならば抽象的な概念を伝えることができるということである。しかしながら、鳥のさえずりに「超越性」は見受けられない（例えば、納屋の向こう側で恐ろしい目に遭ったと互いに言い合うことはできないようだ）。また新しい歌を作ることもできない。しかし鳥にはまだ数多くの種類があり、そのほとんどが研究されていないこともまた事実である。

　クジラやイルカも、歌を歌い笛のような音を出す。彼らの歌の型もルールに従っている（クジラの中には込み入った歌を奏でるものもいて、それが丸一日続くこともある）。また苦痛や警告といった限られた意味を伝えることもできる。しかしここでもまた人間言語のような新しいことを伝える「創造性」を示す証拠はない。

　チンパンジーは、仲間に食糧源の場所を教えたり、獲物をしとめたことを知らせたり、警戒心や警告を表現したり、互いを識別したり、満足の意を示したりするのに、低いうめき声や吠え声、あえぎや泣き叫び声、笑い声やキーキー声、ワーワーとわめく声や叫び声などを用いる。また彼らの立ち居振る舞いや、顔の表情、身振り手振りのほうが、より意思疎通に重要な役割を果たすことも多い。しかしながらこれらが文法のような規則に従ったものだと示すものは何もない。

　それでは2つ目の問題に移ろう。これまでに人間は何度も、鳥や海洋哺乳類、そして霊長類に言語を教えようと試みてきた。アリゾナ大学のアイリーン・ペッパーバーグ博士（Dr. Irene Pepperberg）は、ヨウム（アフリカに生息する大型インコ）のアレックスの研究を、2007年にアレックスが亡くなるまで、30年間にわたって続けてきた。アレックスは幅広い語彙をもっていた。彼は、物の素材や色、形や数によってそれを識別し、それに相当する単語を指摘することができた。彼は目の前にない食べ物を要求することもできたし、不作法に振る舞ったときは謝りもした。彼はことばを器用にしゃべり、いくつかの語の意味は明確に理解していた。しかし彼の言語活動は、とても幼い子供よりもずっと、不規則で不安定なものであった。

イルカは、手の動きに反応するように教えられ、新しい指示でも正確に理解できるようになる。例えば、「人　サーフボード　取って来る」という順序のジェスチャーが、「人にサーフボードを持ってくる」という意味であると理解したイルカは、「サーフボード　人　取って来る」という順序のジェスチャーが「人をサーフボードのところに連れて行く」という意味だと簡単に理解できたのである。これはイルカが体系的規則を理解し、それを使うことができたということである。

チンパンジーやゴリラ、ボノボなども、身振り言語を使い、またそれに反応するように教えられてきた。ワショーという有名なチンパンジーは、トレーナーから簡単な手話を習い、ルーリスという養子にその手話を教えていたという。またココと名付けられたゴリラは、1,000語以上の手話を覚えていると報告されている。ボノボのカンジは、語や行動を意味する約200個の絵文字が書かれているキーボードを使ってコミュニケーションすることを習得した。また彼は500以上の英語の話しことばを理解できたという。

そしてより最近になって、犬のボーダーコリーも言語に適切に反応することが報告され、中には1,000語以上の語を識別する犬もいるという。

このような実験は、研究室の環境で、あるいは厳しい訓練のもとにおいては、ある程度の言語活動のような振る舞いを学ぶ動物もいるということを示している。ただし彼らの現実生活の中でのコミュニケーションで、この能力が大いに使われているという兆しはないのが実情である。

何か見落としていることはないだろうか？　まったく異なった方法で人間の言語の5つの特徴を実現して、コミュニケーションをしている動物はいるだろうか？　例えば、地面を踏み鳴らしたり、フェロモンなどの鼻で感知できるものを噴射したり、電気による信号を使ったりするような新しい手段を通じてである。いずれも不可能ではない。しかしながら数十年にわたる研究の中では、動物が「体系性」や「創造性」という点において、人間の言語に相当するようなものをもっているということは発見されていない。だから現在も、言語というものが動物と人間を区別する決定的な違いであり続けているのである。

> 著者紹介
> ドナ・ジョー・ナポリ（Donna Jo Napoli）は、ハーバード大学とマサチューセッツ工科大学で教育を受け、現在はスワースモア大学（Swarthmore College）で言語学の教授を務めている。理論言語学についての著書を幅広く発表しており、それらは主としてイタリアとアメリカ手話言語の構造についてのものである。著書の中には、レイチェル・サトン－スペンス（Rachel Sutton-Spence）と共著の *Humour in Sign Languages: The Linguistic Underpinnings*（2009）や、*Language Matters*（2003）、*Linguistics: An Introduction*（1996）がある。彼女はまた子供向けのフィクションも書いている。詳しくは、以下のサイトで見ることができる。（www.donnajonapoli.com）

さらに知りたい読者のために

●この本のなかで
文法を人間の言語に際立った特徴として考察している章としては、13章（「文法」）、14章（「普遍文法」）、25章（「言語の剥奪」）がある。

●この本以外で
Anderson, Steve. *Dr. Doolittle's Delusion: Animals and the Uniqueness of Human Language*（Yale University Press, 2004）．コミュニケーションと言語の違いをはっきりさせ、動物はコミュニケーション能力をもってはいるが、言語はもたないと主張している。

Bradbury, Jack and Sandra Vehrencamp. *Principles of Animal Communication*（Sinauer Press, 1998）．いろいろな感覚を通じて、動物たちがおこなうコミュニケーションの幅や多様性について考察している。

Hauser, Marc and Mark Konishi, eds. *The Design of Animal Communication*（Massachusetts Institute of Technology, 1999）．コミュニ

ケーションの方法と初期発達を含めて、動物たちの合図や信号と、それに対する反応がどのように発達するかに関する研究を集めた書。

McGregor, Peter, ed. *Animal Communication Networks*（Cambridge University Press, 2005）。コーラスや、また特に盗み聞きといった多くの集団行動についての考察とともに、ネットワークの観点を動物のグループ間におけるコミュニケーションに適用している。

www.cwu.edu/~cwuchci
このサイトは、セントラル・ワシントン大学の The Chimpanzee and Human Communication Institute というチンパンジーと人間とのコミュニケーションを研究する機関を紹介しており、この研究所では研究者とチンパンジーはアメリカ手話言語を用いている。

www.thegenieslamp.com/fun/alex.htm
ケン・カウフマン（Kenn Kaufman）によるヨウムのアレックスと、彼の人間とのコミュニケーションに関する記事が載っている。

http://polarization.com/bees/bees.html
ミツバチの尻振りダンスについてのサイトである。

17 脳はどうやって
複数の言語を処理するのだろう？

ヘンク・ハールマン（Henk Haarmann）

言語を学びすぎるということはあるのだろうか？
脳はどうやって複数の言語を処理するのだろう？

　あなたは今までに、耳にしたことのない、ややこしい情報がやっかいなほどあるという状況に直面し、「頭が爆発しそうだ」というようなことを言ったことがあるだろうか。もちろん私は誰の頭も破裂させたくないのだが、この本の多くの章で掲げる主な目的の1つが、読者やあなた方の子供たちに、新たな言語を学ぶことを勧めることである。よって、頭が爆発しそうだと感じた場合は、人間の脳には素晴らしい柔軟性があるということばで心をなだめてほしい。

　研究者は今日、生まれたときの人間の脳を、いわゆる組み立て式コンピューター・キットにたとえる。キット一式には加工部品がついているが、完全にコンピューターを作動させるためには、それらを接続しなければならない。この考え方によれば、人間はどの言語の習得にも対応できる脳をもって生まれてきているのだが、特定の言語の音や語、文法の習得は、個々の脳神経細胞を新しく結合させながら進んで行くこととなる。このような神経細胞の結合は、よちよち歩きの幼児が 'dog' という語で4本足の動物を連想したり、'milk' という語でカップの中の飲み物を連想したりすることを学ぶときに構築される。あるいは他の赤ちゃんが、その4本足の動物を 'perro' と呼んだり、'leche' で同じ飲み物を連想したりすることをスペイン語から学ぶ

ときに、同様の脳細胞の結合が生じるのである。

　ところで、もし子供がこの両方の言語を聞いていたら、頭が混乱して発話の妨げになるのではないか、とあなたは思うかもしれない。その疑念を和らげる事実がここにある。特に幼少期には、脳は神経細胞を結合させるための無限の能力をもち合わせているのである。3歳までの間に多くの会話に触れれば触れるほど、後の人生での言語の技能もさらに優れたものとなる。実際、多言語の環境を経験した子供は、それぞれの言語での語彙を構築する神経細胞の結合を発達させるだけにとどまらない。この子供たちは、それぞれの状況でどの言語を用いるべきかという選り分けを行う神経細胞の結合をも発達させるのだ。たとえば彼らがミルクをねだる際に、英語話者の母親には 'milk' と言い、スペイン語話者の祖母には スペイン語で 'leche' と言うようになる。

　過去数年において、アメリカ人夫婦が東ヨーロッパの孤児院から乳幼児を養子にしたものの、幼年期に入ってもそのアメリカ人の養母と会話がうまくできない、という悲しい事例を目の当たりにすることがあった。これは、新しい言語を聞いて戸惑っているからではなく、孤児院にいたときに職員の人数が少なかったことに起因する。赤ちゃんを見ている職員は最小限の世話にとどまり、ほとんどあるいは全く赤ちゃんに話しかける時間がなかったのである。赤ちゃんはことばによる刺激に飢えた状態にあって、正常な言語使用のために必要とされる言語刺激を受けられていなかったのである。幼少期にもその後にも、たくさんの会話を聞いてこそ、脳が健全に機能するのである。それは複数の言語が関わっていても同様であると考えられる。

　もっと良い話がある。二言語以上をそれぞれに使い分ける訓練を続けることには認知面でも利点があるようなのだ。最近の研究によると、流暢な発話のために重要な脳の領域は、1つの言語のみを話す人より2つの言語を話す人の方がより発達していて、特に幼少期に二言語を身につけた場合にその傾向が顕著であることが明らかになったのだ。

　それはなぜかというと、バイリンガルの子供が、ある語を表現しようとするとき、脳はもう一方の言語でそれに一致する語をも同時に活性化する。もう一方の言語で無意識にその語を発話することを避けるために、脳はその一

方を抑制しなければならない。このようなコントロールを行わねばならないことによって、発達過程のバイリンガルの脳は、一言語話者が行っていない種類の脳の運動を行っていることになるのだ。

　繰り返すが、幼少時から二言語を学ぶことは、脳にとってとても良いことなのである。(ここからが面白いところなのだが、) 単に話せるようになるから良いというだけではない。カナダのヨーク大学の研究によると、幼少期からバイリンガルである子供たちは、ことばを用いない作業においてもまた、より優れた認知制御力をもっている、とのことである。このことは子供たちに限られたことではなく、中高年の大人にも同様のことが言える。二言語を話すことは、健康なお年寄りを脳の老化というマイナスの影響から守っているようである。これだけでも、バイリンガルの家族に生まれるということ自体が、すばらしいことだとわかるだろう。まだおむつをしている赤ちゃんの頃からもうひとつの言語を学び始めるのだから。

著者紹介

ヘンク・ハールマン (Henk Haarman) は、メリーランド州立大学の高等言語学術センター (Center for Advanced Study of Language (CASL)) の准科学研究員である。認知心理学者であり、言語記憶について、コンピューターモデリングや脳活動の測定を通して研究している。彼はオランダに生まれ、マックスプランク心理言語学研究所、およびオランダのナイメーヘン大学にて博士課程の教育を受け、博士課程修了後の研究をカーネギー・メロン大学で行った。以下のアドレスで連絡を取ることができる (hhaarmann@casl.umd.edu)。

さらに知りたい読者のために

●この本のなかで
人間の脳がいくつの言語に対応できるかについては、22 章 (「二言語使用」) および 23 章 (「多言語使用」) でも述べている。成人の言語習得については、

31章(「外国語なまり」)、33章(「言語の習得方法」)、34章(「言語教授法の歴史」)、35章(「留学」)、37章(「言語教育技術」)で述べている。子供の言語習得については、10章(「ピジンとクレオール」)、15章(「乳児と言語」)、25章(「言語剥奪」)、26章(「手話」)、36章(「子供と第二言語」)で述べている。

●この本以外で
Bialystok, E., F.I.M. Craik, C. Grady, W. Chau, R. Ishii, A. Gunji, and C. Pantev. 'Effect of bilingualism on cognitive control in the Simon task: Evidence from MEG'. *NeuroImage* 24 (2005, pp40–49).

18 言語は思考に
　影響を与えるのだろうか？

ジェフリー・K・パラム（Geoffrey K. Pullum）

言語と思考はどのように関係しているだろうか？
あなたの話す言語ゆえにあなたは今のような思考をするのだろうか？
「雪」に相当するエスキモー語についての本当の話とは？

　表向きには言語について語っていると思われる言説の中には、よく考えると言語ではなく思考に関する言説に違いないものがある。たとえば、一緒に働くことができない人のことを「話していることばが違う」と言い表す時、それはたいていの場合相手の考え方が自分のものと異なっているという意味である。「ことばを失った (speechless)」と言えばまず「驚いた」ことを表しており、決して声帯が機能しなくなったことを表しはしない。他にも類例はたくさんある。

　もちろん、言語と思考は切っても切れない関係にある。言語のおかげで思考を心の中に明示的に表象することができるし、また推論したり計画したり記憶したり意思伝達したりすることが可能である。人々が言語について語る時に話題に上るのは、ほとんどが他人とのコミュニケーションのことである。しかし、私たちの使っている言語が私たちにある特定の考え方をさせているなどということが果たしてあり得るのだろうか？　私たちの話す言語によって、概念の内的表象が、異なる言語を話す人々とは異なるものになっている、などということがあり得るのだろうか？

　たしかに言語が異なればものごとに対して違うことばづかいをする。しか

し、だからといって、ある言語では可能な思考が他の言語に翻訳不可能ということはありうるだろうか？ 残念ながら、この質問にイエスと答える人はそのほとんどが、（翻訳不可能といえば）1つの基本語で言い表せる意味があるかということしか実は念頭に置いていないのである。

他の言語においてぴったりと一語で言い表せる表現がなかなか見つけられない、という語はどんな言語にもすぐに見つけられる。ドイツ語のSchadenfreudeはこの有名な例で、他人の不幸を喜ぶような悪意ある感情を表す語である。しかし、一語でこれに相当する英語を見つけられないからといって、英語話者がこのような感情を自分自身で経験できないとか他人の心の中のそのような感情を認識できないということになるだろうか？ そんなことはあり得ない。なにしろ、たった今、schadenfreudeがどういう意味か説明できたはずなのだから。

もう1つおなじみの例に色がある。言語の中には、基本的とされる色を表す語彙が英語よりもはるかに少ないものがある。（ギリシャ語やロシア語などの）言語には青の色調を表す基本語彙が2つ以上あるが、それ以外の多くの言語では「緑」と「青」の両方の色に同じ語彙をあてて表す。中には色を表す語をほとんどもたない言語もある。そのような言語の話者は、身体能力の点で複数の色を見分けることができない、ということになるのだろうか？ 明らかにそうではないはずだ。1960年代の実験によれば、ニューギニア高地の部族（ダニ族の人々）は色彩語彙としては（濃い色と薄い色の）2つしかもたないが、全色を揃えて並べた色彩票（color chips）から同じと判別される色を選ぶことが、英語話者と変わりなくできたのである。

そして、万が一忘れているといけないので、ずいぶん昔からの言い古された主張にも触れておくべきだろう。エスキモーの人々（北極地方シベリア、アラスカ、カナダ及びグリーンランドに住むイヌイットやユピック族）はさまざまな雪の状態を言い分ける語彙を数多くもっているため世界の見方が異なる、と言われる。読者は落胆するかも知れないが、この言語学的主張には真実性がほとんどない。なぜなら、エスキモー諸語の8言語には、雪を表す語彙は実はそれほど多くは存在しないからだ。偉大なる人類学者のフランツ・ボアズ（Franz Boas）は1911年にカナダ・エスキモー言語の記述を行い、

そこで雪の語彙については4つあると述べている。それによれば、地面に積もった雪を指す一般的な語が1つと、だいたい「雪片」「猛吹雪」「（雪の）吹きだまり」にそれぞれ対応する語、それだけであった。

　ボアズの主張は、語の数やそれが思考に与える影響とは関係のないことであった。彼の主張はむしろ、言語が異なると命名するときに微妙に異なった区別を行うということであった。しかし長年にわたって誇張され尾ひれをつけられた結果、（エスキモーの言語に雪を表す語彙が豊富だという）魅惑的な神話が、エスキモー語に無知な人々によって雑誌や新聞で繰り返され創りあげられてしまったのである。そういった人たちは、エスキモー語に雪を表す驚くほど多くの語彙があるのだと驚嘆を込めて報告するものの、実際にそういった語彙がいくつあるかという具体的な数は書き手によって異なっており、数十という人もいれば何百何千という人もいる。しかし実証的な証拠は提示されていないし、たいていの場合そもそも英語にも雪を表す語がたくさんあることが見過ごされている。なにしろ英語にも slush（溶けかけたぬかるんだ雪）、sleet（みぞれ）、avalanche（雪崩）、blizzard（猛吹雪）、flurry（にわか雪）などの語があるのだから。

　エスキモー言語の語彙は、本当にその話者に特有の知覚の仕方を可能にしていて、それは英語話者とは異なるものなのだろうか？　この可能性については今まであまりに大げさに誇張されてきたようである。著者によっては、あなたのしゃべる言語があなたにとっての世界を創りあげているので、異なる言語をしゃべる人は異なる世界に住んでいるのだとまで主張している。これは、行き過ぎた「概念上の相対性」というものである。

　言語が私たち自身の思考を否応なしに形作ったり決定したりするという考え方は、単なる推測の域を出ないものだ。その推測を支持してくれるものがせめて根本的なところですら何かないか考えても、なかなか思い浮かばない。1つの反例として、言語の力を借りずになされる思考というものが（例えば動物には）確実にある、ということが挙げられる。しかし同時に気づくべきことは、例えばヒンディー語の話者に理解できて英語母語話者には分からない思考がある、と知るためには、そのヒンディー語での思考を説明してもらわなければならないということである。それができないとしたら、

どんなヒンディー語話者も、その理解できない思考とやらが本当に実在することを私たちに納得させられないことになる。

現実には、ものごとは全くそのようではなさそうだ。たとえばヒンディー語の kal という語を考えてみよう。この語はある特定の時間領域を指す。驚くべきことに、kal は昨日も翌日も両方指し示すことができる。文脈によって、どちらの使い方も適切に理解されるのである。だからといってヒンディー語話者が、英語話者と絶対に共有し得ない独特で特別な時間感覚をもっていることになるだろうか？　それは絶対に違うだろう。今私が完全に説明できたのだし、結局は英語話者のみなさんにだってそのことが理解できるのである。

確かに、あなたの世界に対するモノの見方が、母語流に思わずやってしまう世界の分類の仕方に微妙に影響されているということは、全くあり得ないことではない。しかしだからといって、あなたの母語がまるで堅い貝殻のようにあなたの思考のあり方や範囲を制限している、ということにはならないし、ある言語の話者だけが理解できる翻訳不可能な思考がある、ということにもならない。もし難しい思考を理解しようとしているのなら、あきらめて言語のせいにするのは辞めよう。もう少しがんばって考えてみよう。

著者紹介

ジェフリー・K・プラム (Geoffrey K. Pullum) はことばに広い関心を寄せる言語学者である。スコットランドに生まれ、ロックミュージシャンとして 5 年活動した後、ヨーク大学で言語の学士を、そしてロンドン大学で一般言語学の博士号を取得した。1981 年にカリフォルニア大学サンタクルズ校に着任し、言語学の教授に、そして後には学部長に就任する。2003 年にはアメリカ芸術科学アカデミーのフェローに選出された。2007 年にエディンバラ大学に移ってからは言語学英語学科の主任となり、2009 年には英国学士院のフェローに選ばれる。250 にもおよぶ論文や本を言語学のさまざまなトピックで執筆しており、その中には英語の主要な文法書である The Cambridge Grammar of the English Language (2002, ロドニー・ハドルストン (Rodney Huddleston) と共著) がある。こ

の本はアメリカ言語学会のレナード・ブルームフィールド賞を 2004 年 1 月に受賞している。

さらに知りたい読者のために

●この本のなかで
本書で言語と心的プロセスとの関係についての問題を提起している他の章は、15 章 (「赤ちゃんと言語」)、16 章 (「動物のコミュニケーション」)、17 章 (「言語と脳」)、24 章 (「異言」)、25 章 (「言語の剥奪」)、48 章 (「機械翻訳」) である。ヒンディー語についてのさらなる情報が書かれているのは 63 章 (「インドの言語」) である。

●この本以外で
Whorf, Benjamin Lee., ed. by John B. Carroll. *Language, Thought and Reality: Selected Writings* (MIT Press, 1964). ウォーフはおそらく言語が思考を形作るという考え方を広めた最も重要な人物であるが、その著作のうち『理解しやすいもの』を編集した論文集。

Martin, Laura. '"Eskimo words for snow": A case study in the genesis and decay of an anthropological example'. *American Anthropologist* vol. 88, no. 2 (1986), pp419-423. エスキモー語の雪を表す用語に関して生まれた、おかしいぐらいに誇張された様々な話についての評論。

Preston, John, ed. *Thought and Language* (Royal Institute of Philosophy Supplement 42, Cambridge University Press, 1997). 言語と思考の関係について、現代の重要な哲学者たちが真剣に語った論文集。

Lucy, John Arthur. *Language Diversity and Thought: A Reformulation of the Linguistic Relativity Hypothesis* (Cambridge University Press, 1992).

私たちの母語の文法が、現実に対する考え方に影響を及ぼすとする「言語相対性」について、本1冊分にまとめた主要な研究書。英語と、メキシコのユカテク語(Yucatec Maya language)を対比させている。

19 語をつなぎ合わせる正しい方法とは何か？

デニス・R・プレストン（Dennis R. Preston）

言語の「正しい」用い方は存在するのか？
どのような権威がそれを決めるのか？

　アメリカ合衆国では言語の見張り番に事欠かない。ことばの権威を名乗る人々（language pundit）は新聞やテレビ・ラジオの放送において、そして紙マッチのカバーの裏においてさえ、私たちがことばに関して改めるべきところを改めないと好機の扉が閉じてしまうと警告している。自分は「正しい」ものの言い方をしていないかもしれないという不安のせいで、私たちの中には 'between you and me' と言うべきか 'between you and I'[注*] と言うべきかを選ぶときにびっしょり汗をかく人がいる。

　どうして私たちはことばに関してそんなにも自信がないのか？　それは言語はたった1つの正しい形式しかもっていないという考えと、自分たちがその考えに沿っていないかもしれないという不安があるからである。しかし忘れないでほしい。「最も良い」あるいは「最も正しい」話し方を選ぶことは、単に歴史の問題にすぎないのだ。'Between you and me' と言うことは、上着を着てネクタイを締めてスニーカーを履くことがないのと同じく、慣例であって神の掟ではない。権力と金と威信によって言語の1つの変種（方言のこと）が優先される。イングランドにおいては、ロンドンに富と商業と政治が集中しているため南部イギリス英語の1つの変種が最も良いものとみなされた。アメリカ合衆国にはそのような中心地がなかったので、教養のある

高い階級の人々の英語が推奨される変種となったが、時が経つにつれてその変種こそが、人々が自分の考えを述べるのに唯一容認される方法と見なされるようになった。

　いつの時代にも、私たちの話し方を指図し、他人の話すことばの中に自分たちが欠陥だと見なすものを指摘する人たちがいる。規範文法支持者 (prescriptivist) は、推奨される言語こそ唯一容認可能な言語だと考えているので、そのほかの変種は欠陥があるということを証明しようとしているのである。

　例えば、もし 'I don't have no money.'(「お金の持ち合わせがない」) と言ったとすると、そういう人たちは 'two negatives make a positive.'(「否定の否定は肯定だ」) と言ってくるかもしれない。しかし単純な算数でもマイナス2足すマイナス2はマイナス4である。第一、'I don't have no money.' と言う人が言おうとしているのは、自分がほんとうにお金をもっているということだ、などと信じている人が実際にいるだろうか？　そのような言い方をする人々はしょっちゅう誤解されているのか？　そんなことはあり得ない。ある言語が有効かどうかを判断する基準は、その言語において無作為に選ばれた音連続や走り書きが基準を満たしているかどうかではなく、その言語が意思伝達するかどうかである。非の打ちどころのない英語を話す人が理屈に合わない非論理的なことを言うかもしれないし、田舎風の変種を話す人が論理的で几帳面であるかもしれないのである。

　ことばの見張り役を任ずる権威たちは、どういうときに 'who' ではなく 'whom' を使うべきかを私たちに教えようとするのだが、みんなはこの人たちのことをさぞ気の毒に思っているに違いない。そのようなことをしたところで勝ち目のない戦なのに、と。なぜならば、言語をどのように用いるかは規則で規制できるものではないからである。語や、語の組み合わせというものには、なぜそうなっていなければならないのかという「本質的な」(real) 意味などない。そういう意味だと私たちが合意し認めているものを意味しているだけであり、人の集団が異なれば異なる同意に達するかもしれないのである。それに加えて、言語は固定した体系ではなく、進化するものである。昨日軽んじられていた言語の中には今日優先される変種になるものがあるか

もしれない。あなたが過去に推奨されていた変種を話す人であれば、このことを嘆かわしいと思うかもしれないが、しかし大抵の場合言語は進化するにつれて地位の低い話し手の使い方に向かうように調節されるものである。だからといって、言語が間違ったものになることはないし、また欠陥のあるものになることもない。それこそが言語の現状なのである。

そうは言うものの、言語は社会の中で生じるものだ、というのも言語のもう1つの側面であり、また社会というものは常に評価を下すものでもある。英語を話す国の実状として、二重否定を用いる話し手がある一定の人たちから非難され、またその非難する人たちの中には私たちの人生の希望を左右する力をもった人もいる。あなたが推奨される言語の変種を母語として話す人でない場合、その「推奨語」とされる言語を学習した方が社会的及び経済的メリットがある。たとえその「推奨語」が昔からの慣例にすぎなくて、あなたの話し方と比べて特段論理的でもなければ美しくもないとしても、そうなのである。

規範文法支持者は、私たちに母語として変種を話すことを放棄してほしいとさえ思っている。しかし私たちはいじめられることに甘んじていてはならない。規範文法主義 (prescriptivism) は、他の領域と同じく、行動そして言語に画一性を求める気持ちから生じてくる。それはエリート主義や人種差別、そして愚かな行為さえ引き起こしかねない。文を前置詞で終わらせてはいけないと言われたとき、ウィンストン・チャーチル (Winston Churchill) は 'This is arrant pedantry, up with which I shall not put.'(「これは全くつまらない学識のひけらかしで、こんなものを我慢するつもりはない」) と述べたと言われている。私たちもみんなそうすべきである。

注＊ 'Between you and I' は規範文法支持者から誤りであるとされていて、彼らの指摘によれば、'I' は 'me' とするべきで、その理由はそれが前置詞 'between' の目的語だからだという。ここで彼らは言い忘れているのだが、この構造は古い輝かしい歴史を持っているのである。というのも 'All debts are cleared between you and I.'(「君と僕との間の貸し借りはすべて清算された」) と書いたのはなんと言ってもシェイクスピアだからである。

著者紹介

デニス・R・プレストン（Dennis R. Preston）はオクラホマ州立大学の栄誉教授（Regents Professor）であり、ミシガン州立大学の特別名誉教授（University Distinguished Professor Emeritus）である。アメリカ合衆国のいくつかの大学の客員教授とポーランド及びブラジルのフルブライト上級研究員（Fulbright Senior Researcher）の経歴がある。アメリカ方言学会（American Dialect Society）会長、アメリカ方言学会と米国言語学会（Linguistic Society of America）の理事、そして Language、International Journal of Applied Linguistics、Journal of Sociolinguistics その他の編集委員を務めた。研究の中心は社会言語学、方言学、民族誌学（ethnography）、そして少数民族の言語と変種の教育である。民間言語学（folk linguistics）を復活させたことで最も有名で、第二言語獲得を言語変異研究家（variationist）の立場から説明しようとしている。ごく最近出版した書籍としては、ナンシー・ニージェルスキ（Nancy Niedzielski）との共著の Folk Linguistics（2000）、ダニエル・ロング（Daniel Long）との共著の A Handbook of Perceptual Dialectology, Volume II（2002）、Needed Research in American Dialects（2003）、ブライアン・ジョセフ（Brian Joseph）、キャロル・プレストン（Carol Preston）との共著の Linguistic Diversity in Michigan and Ohio（2005）、ジェイムズ・スタンフォード（James Stanford）との共著の Variation in Indigenous Minority Languages（2009）、そしてナンシー・ニージェルスキ（Nancy Niedzielski）との共著の A Reader in Sociophonetics（2010）がある。日本学術振興会（Japan Society for the Promotion of Science）会員で 2004 年にポーランド共和国オフィツェルスキ十字勲章（4 等）（the Officer's Cross of the Order of Merit of the Polish Republic）を叙勲している。

さらに知りたい読者のために

●この本のなかで
言語の規準について触れている他の章としては8章(「言語変化」)、13章(「文法」)、20章(「イギリス、アメリカ、その他地方の英語」)及び46章(「辞書」)がある。

●この本以外で
言語学者でない者にとっては、単純に言語の正しい用い方と間違った用い方があるだけだという信念は非常に強固な考えである。この規範文法主義の歴史とその現状を記録している優れた本がたくさんある。ここで推薦したものは言語学に関する専門的な知識を必要としないはずである。

Battistella, Edwin L. *Bad Language* (Oxford, 2005). 「悪い言語」(bad language)のせいでそれを使用する者までも「悪い市民」(bad citizens)の烙印を押されてしまう経緯を一覧にしたもので、マスメディアが言語に対する一般大衆の見方を表すなかで目立ったものが含まれている。

Bauer, Laurie, and Peter Trudgill, eds. *Language Myths* (Penguin Books, 1998). 言語に関して一般に信じられている21の考えについての専門的な論評——結果的にはそれらすべてが誤りであるということが分かる。

Bolinger, Dwight. *Language: The Loaded Weapon* (Longman, 1980). 言語と一般大衆の慣用法の問題についてアメリカの最も洞察力のある言語学者の一人が著した本。ボリンジャーは悪い言語の正体を教えてくれる。

Cameron, Deborah. *Verbal Hygiene* (Routledge, 1995). 言語使用に関する愚かな意見を積極的に暴露した本。

Finegan, Edward. *Attitudes toward English Usage* (Teachers College

Press, 1980）．1960 年代初めにプロの辞書編集者が言語の実状を敢えて一般大衆に伝えた結果厄介な状況が生じたが、この本はその厄介な状況を徹底的に調査したものである。

Lippi-Green, Rosina. *English with an Accent*（Routledge, 1997）．悪い言語を使いなさい、そして刑務所へ直行しなさい（失業しなさい、最下位になりなさい、等々）。

Milroy, James, and Lesley Milroy. *Authority in Language*（Routledge, 1985）．何が正しくて何が間違っているのかを言うことが許されるのは誰か？ そしてそれはなぜか？

Niedzielski, Nancy, and Dennis R. Preston. *Folk Linguistics*（Mouton de Gruyter, 2000）．20 世紀末期にアメリカにおいて正真正銘の一般人（即ち、言語学者でない人々）が言語について一言言いたいと思っていることを調査し分析したもの。

20 イギリス英語が最上の英語か？

オリン・ハーグレイブズ（Orin Hargraves）

イギリス英語は他の英語よりも優れているのだろうか。
1つの言語の変種間にどのように優劣をつけるべきだろうか。
いったい、誰が英語を所有しているのだろうか。

異星人に聞かせるために人の言語のサンプルを録音する機会を得たと想像してみよう。その場合どんな言語を選ぶだろうか。しかし、その選択の必要性はない。すでに行われたからだ。1977年にボイジャー宇宙探索機が打ち上げられた時、そこには宇宙人のために英語を含む55の言語の短い挨拶を録音したものが積み込まれていたためだ。しかし、どんな種類の英語を録音したのだろうか。

今日の英語は1つに決まっているではないか、とみなさんは思っているかもしれない。英語の書きことばはわれわれだれでも理解できるわけだし、われわれのものとは異なる話しことばの変種だって相当理解できる。英語は1種類のアルファベットで書かれ、その基本的な文法や根幹となる語彙も共通だ。しかし、他のどんな言語とも同じように、英語にはいくつもの種類があり、その内2種類が他より優勢である。つまりアメリカ英語とイギリス英語だ。これらふたつの英語の巨人は、非常に洗練された文明国的な形で、世界一の座を目指して競い合っている。そして、どちらの変種が勝利を収めるかを決定するのに今後数十年が大変重要であろう。

ある意味でアメリカ英語がすでに優位に立っている。英語のアメリカ版が（イギリス英語のたくさんの子孫の1つに過ぎないのに）母語となるブリテン

島の英語を圧倒するとまでは言わないまでも競合するまでに至ったのはなぜだろうか。ことの真相は、アメリカ英語は優勢な立場を力によって得た（そう、イギリス英語の got ではなく、アメリカ英語用法の gotten だ！）のであって、もともと優れているから得たわけではないのである。イギリスは、その輝かしい帝国時代にうまく英語を世界に行き渡らせた功績はある。しかし、それ以降は、合衆国という文化・経済帝国がアメリカ英語を先頭に押し上げた。19世紀、ニューヨークの埠頭でイギリス人作家チャールズ・ディケンズの連載小説の最新編を読むために人々が列をなしたという話を読んだりする。今日では状況は逆転している。たまたま大西洋の反対側に居合わせたアメリカ人達はロンドンのレスタースクエアで最新のハリウッド大ヒット作の封切りを待って人々が列（ここはイギリスなのでアメリカ英語の line というよりはイギリス英語の queue）をなしているのを目にするだろう。

　アメリカ英語は数の上ではほぼ勝利を収めた。しかし、イギリス人は自分たちの英語の方が純粋であると考える傾向がある。言い換えると、新世界は量では勝ったが故国イギリスは質の上では優っているということである。この議論に一理があるだろうか。イギリス人はアメリカの独立宣言を記したインクが乾く前からイギリス英語の優位性を主張してきたが、アメリカ人も同じくらい熱烈にアメリカ英語は世界の英語の旗手となるにどの方言よりもふさわしいと主張してきた。

　不朽の名作を見てみよう。イギリス人は確かにアメリカ人が奪い取ることのできないものをもっている。欽定訳聖書、シェークスピア、ロマン派及び形而上派詩人、19世紀小説家の偉大なる伝統などである。しかし、イギリス英語の立派な業績にもかかわらず、アメリカ人はそれに対して卑屈な態度を示したことがない。アメリカ英語は初めから独自の道を歩んだ。ある20世紀のアメリカ人作家が言ったように、「どうしてわれわれのことばはイギリスから借りてきたものにすぎないというおかしな考え方を続けなければいけないんだ。いつもピカピカに磨いてへこみひとつなく返さなければならない銅のやかんじゃないんだぞ。」

　イギリス人はもちろん、アメリカの言語的独立と革新を違った見方で捉えている。イギリス人の作家の一人が言うように、「まるで自分たちの祖先が

行く手を焼き払う時、貴重な植物が犠牲になることなどお構いなしに森林を切り開き進んだように、アメリカ人達は英語を切り開いて進むことに決めている。」

　質と量の問題を横に置いておくとして、残る問題はこの2つの方言の将来はどうなるかである。実はイギリス人もアメリカ人もその未来を決める最終決定権をもっていない。このゲームにはどのようにでも使えるワイルドカードがあり、それは英語を第二言語もしくは外国語として話す世界中の人々によって握られているからだ。数年のうちにその第三のグループが英語の母語話者を数で上回るだろう。そしてこういった英語学習者達はアメリカやイギリスといった「ブランド」のついた英語はどれも望まないかもしれないのだ。自分たちが使えるものが欲しいだけなのだ。次の事実を考えてみよう。2000年に実施された中国の鉄鋼技術者向けのトレーニング・プログラムでは英語を教えてもらうのにアメリカ人もイギリス人も選ばれず、ベルギー人が選ばれたのだ。中国人たちは、ベルギー人たちが自分たちと同じように英語の母語話者でないことを利点と見たのだ。中国人たちが考えたのは、ベルギー人たちは大人になってから英語を学ぶことの難しさを感覚的に分かっているだろうし、他の非母国語話者と英語で話すこつもわかっているだろうということだった。

　そこで、ベルギー人の英語教師と中国人のエンジニアとの会話を想像してみよう。もし、代名詞が格変化しなくても、それを耳にする母語話者がいなければ、大きな問題になるだろうか。英語の有名ブランド方言の時代は多分終わった。今世紀では、英語に対して第一に求められるものはそれを第二言語として使う何百万人もの人たちのニーズに適応できるかどうかだろう。

　宇宙の住人たちのために録音された例の挨拶はどうかって？　それを運よく解読できた異星人たちは一人の女子生徒の声を聞くだろう。それはわれわれの耳にはロンドンのスローンスクエアよりもフロリダのケープカナベラルの近くに住んでいる女の子の声のように聞こえる。「地球の子供たちからこんにちは」とね。

著者紹介

オリン・ハーグレイブズ（Orin Hargraves）はほとんど純粋なイギリス系アメリカ人の 10 世代目であり、ロンドンに相当長期間、暮らした経験をもつ。イギリス英語とアメリカ英語の違いを探索する *Mighty Fine Words and Smashing Expressions*（2003）の著者である。またアメリカ英語のスラングの第二言語話者向けテキストである *Slang Rules!*（2009）の著者でもある。Berlitz、Cambridge University Press、Chambers-Harrap、HarperCollins、Langenscheidt、Longman、Merriam-Webster、Oxford University Press、Scholastic といった出版社によって発行された辞書や他の言語関係の参考書に数多くの寄稿をしている。メリーランド州のキャロル郡在住。

さらに知りたい読者のために

●この本のなかで
ある言語の異なる地域の変種間における差は 4 章（「方言と言語」）、30 章（「アメリカ合衆国南部方言」）、44 章（「アメリカ合衆国の方言変化」）で論じられている。言語規範については 8 章（「言語変化」）、19 章（「規範主義」）、46 章（「辞書」）で論じられている。

●この本以外で
上で紹介した著者の *Mighty Fine Words and Smashing Expressions* はアメリカ英語とイギリス英語間の微妙かつ広範囲にいたる違いを探るには優れた入門書となるだろう。以下の書籍も推薦できる。

Fiske, Robert Hartwell, ed. *Vocabula Bound* (Marion Street Press, 2004). 英語についてのエッセイを本にまとめたもの。そのエッセイの内の 1 つ（'Who Owns English?' というこの著者による長めのエッセイ）がこの章を生むきっかけとなった。

Bragg, Melvyn. *The Adventure of English* (Hodder & Stoughton, 2003). 本章で扱うテーマを楽しみながら概観できる。

McArthur, Tom, ed. *The Oxford Companion to the English Language* (Oxford, 1992). 英語に関することなら何でもそろっている本である。

21 どうして人は言語をめぐって争うのか？

ポール・B・ギャレット（Paul B. Garrett）

言語は争うに足りるほど重要なのか？
言語をめぐる争いはどのように始まるのだろうか？
その根底にある原因は何だろうか？

　言語をめぐって争うという考えは奇妙に思えるかもしれないが、決して珍しいことではない。なぜ人は時として、他の言語の話者に対して武器を取るほどに、自分たちの言語に強い感情を抱くのだろう？　どうして言語の問題は、何代にも渡って続く緊張状態を生み出しうるのだろう？　これらの問いへの答えは、言語とアイデンティティ（特に文化的・民族的アイデンティティ）の密接な関係性にある。

　私たちの多くは英語のみを話すため、1言語だけを使うことが普通だと考えがちだ。フランスではフランス語が話され、日本では日本語が話される、というように。しかし世界には7000近くの言語があり、それに対し国家は200ほどしかない。つまり言語を2つ以上使用する国がたくさんあるのだ！そして言語は民族集団と一致する傾向があるので、これは多民族国家がたくさんあるということでもある。もちろん、言語や民族の多様さの程度はさまざまだ。一方では日本のように、大多数の人が民族的に日本人であり日本語を話す国がある。他方ではインドやナイジェリアのように、一国内で何百もの言語と民族集団を有している国もある。

　世界の多くの地域では、言語的背景の異なる人々が日常的に交流してい

る。ほとんどの場合、事はうまく運ぶ。しかし時として緊張が生じ、その緊張から対立が起こることがある。特に、ある言語の話者が他の言語の話者に脅威を感じたり、虐げられたと感じたりするときに起こりやすい。このような場合、言語の違いは、社会的・文化的・政治的な違いの強力な指標となる。言語の対立があるところには、必ず領土や宗教、政権等の問題をめぐる争いが見られる。

　これらの争いで用いられる武器は、きついことばだけでは済まないこともある。言語の対立は、騒動や暴動、戦争や大量虐殺にまでエスカレートしうる。1971年のバングラデシュのパキスタンからの独立は、言語をめぐる対立が大きな要因であった。ベンガル語運動として始まったものが、独立を求める9ヶ月間の戦争に発展し、300万人以上が亡くなり1000万人が難民となったのである。

　およそ10年後、スリランカでは、タミル語の話者をメンバーとする分離主義グループ「タミルの虎」が、シンハラ語話者が優位を占める政府に対し武力抗争を始めた。政府が1956年に「シンハラ語国語指定法」を可決し、タミル語の書籍や映画、その他のメディアを禁じていたことは重大なことであった。このほかにもタミル語の排斥・弾圧が行われ、それらに対抗して、タミルの虎はスリランカ北部と東部にタミル族の独立国家を建国しようとした。彼らの武装蜂起はスリランカ内戦に発展し、2009年にスリランカ政府軍が「タミルの虎」をようやく打ち破るまで続いた。4半世紀を超える戦いは10万人もの死者を出し、数十万人のタミルの民間人が難民となったのである。

　世界各地で言語は今も続く争いの中心にある。スペインではETAと呼ばれる分離主義グループが、爆撃や誘拐他の暴力的な戦術によって、祖国バスクの独立を目指している。独立すれば、バスク語が自国語となるだろう。ベルギーはフラマン語を話す北部とフランス語を話す南部で深く分裂している。暴力行為はこれまで無く、これからも予想されていないが、この国は最終的には2つに分裂するだろうと、ベルギーに住む多くの人が予期しているし、期待している人たちもいる。一方アメリカでは、さまざまな背景をもつスペイン語話者（その多くは英語も話す）が、次第に国への影響力をもつよ

うな人口に達し、英語とスペイン語の関係が多くの——時には非常に激しい——議論や政治的行為の的になっている。

　言語の対立がいつも暴力につながるとは限らないが、何年も続く緊張を生み、何百万という人々の生活に日々影響を及ぼす。カナダを例にとってみよう。概して穏やかな場所だが、それなりに言語の対立がある国である。カナダ全体は公式には、英仏の二言語国家であるが、フランス語を話すカナダ人の大多数はケベック州に住んでいる。英語を話す州に囲まれ、彼らは自分たちの言語や文化が包囲されていると感じることが多いが、とりわけケベック州内の英語話者の存在に脅かされていると感じている。

　1977年、ケベックに住むフランス語話者たちは、英語の使用をさまざまに制限する法律を制定することで、自分たちの言語を守ろうとした。たとえば、公共の場にあるすべての看板をフランス語表記に、それもフランス語のみの表記にするよう義務づけた。これが英語話者の怒りを買ったのだが、その中にはアラン・シンガーのような小規模経営者もいた。長年シンガー氏は「Allan Singer Limited—Printers and Stationers（アラン・シンガー社——プリンター・文具）」と英語で書かれた簡素な手書きの看板の下で、ささやかな店を経営していた。ところが、新しい法律の下ではシンガー氏の看板は違法となり、フランス語で書かれた看板に取り替えなければならなくなった。

　しかし、シンガー氏はそれを拒んだ。そして裁判は最高裁まで持ち込まれたのである。裁判所の判決はある種の妥協案であったが、たいていのカナダ人が公正だと思う程度には、カナダ社会の現実を反映していた。裁判所は、シンガー氏は看板の表記を英語のみのままにしておく権利を有さないとの判決を下した。しかし、新法は氏に英語を、あるいはスペイン語や中国語、その他フランス語に加えて氏が使用を望む言語は何であれ排除して、フランス語表記のみの看板に取り替えるよう命じることはできないとした。したがって経営者たちは、看板にフランス語を使うよう義務づけられはしても、二言語または多言語の看板——ケベックやカナダ全体の言語の多様性を反映する看板——を掲げる自由を妨げられることはなかったのである。

　結局、看板をめぐるこの騒ぎによって、カナダは全国民の言語権の保護に対する国の責任を明らかにすることとなった。しかし緊張が解けたわけでは

ない。1980年と1995年の2度、ケベック州の住民は、自州がカナダ人から脱退しフランス語だけを話す独立国となるべきかを投票で決めようとまでしたのである。結果、独立は実現しなかった――しかし、1995年の投票結果はきわめて僅差で、その票差は1パーセントに満たなかった。

　このような争いでは、危機にさらされるのは言語だけにとどまらない。私たちの言語は、私たち自身の一部である。私たちは同じように話す人に対しては強い帰属意識をもち、そうでない人に対しては異なっているという強い意識をもつ。となれば、私たちの言語や、あるいはお国なまりであっても、それが誰かに攻撃されたとき、自分自身が攻撃されたと感じても不思議ではない。そして私たちはそれに応じて反応をするのである。言語を差別したならば、あなたはその話者を差別することになる。私の言語を軽蔑するなら、あなたは私を軽蔑することになるのだ。

著者紹介

ポール・B・ギャレット（Paul B. Garrett）は、テンプル大学人類学准教授で、カリブの、中でもセントルシア島のクレオール言語と文化の調査に取り組む言語人類学者。この島で民俗学的フィールドワークを長期に渡り行ってきた。ほかに、言語接触、言語のイデオロギー、言語の政治経済学に関心を持っている。www.temple.edu/anthro/garrett

---

さらに知りたい読者のために

●この本のなかで
多言語環境における軋轢や対立については、9章（「リンガ・フランカ」）、10章（「ピジンとクレオール」）、31章（「外国語なまり」）、40章（「アメリカ大陸のスペイン語」）、41章（「ケイジャン語」）、42章（「アメリカ合衆国におけるドイツ語」）、43章（「ガラ語」）、63章（「インドの言語」）で取り上げられている。

●この本以外で
Harris, Roxy and Ben Rampton, eds. *The Language, Ethnicity and Race Reader* (Routledge, 2003). アイデンティティや民族の多様性、ナショナリズム、植民地主義、移住といった問題と言語の関係を検討した古典から現代までの論文を集めたもの。

Joseph, Brian D., et al., eds. *When Languages Collide: Perspectives on Language Conflict, Language Competition, and Language Coexistence* (Ohio State University Press, 2003). (通商や移住などによる)世界中の言語接触の事例を調査した15篇の論文集。平和的結果と対立的結果を生む要因を考察している。

Schmid, Carol L. *The Politics of Language: Conflict, Identity, and Cultural Pluralism in Comparative Perspective* (Oxford University Press, 2001). アメリカ国内で話される多くの言語に焦点を合わせ、歴史上および現代の対立と論争を調査している。

22 バイリンガルであるということは どういうことか?

ドラ・ジョンソン(Dora Johnson)

2つの言語ができる人は、皆バイリンガルなのだろうか?
一生バイリンガルでいることができるだろうか?

　もしあなたが1つの言語だけを話すのならば、きっと自分はかなり普通であり、複数の言語を話す人は例外であり、少なくとも少数派であると考えるだろう。ところが実際は逆なのだ。アメリカ人やイギリス人も多く含む、世界中の四分の三の人々はバイリンガル(二言語使用者)か、マルチリンガル(多言語使用者)なのである。少数派はモノリンガル(単一言語使用者)の方なのである。

　二言語使用には、さまざまの異なった意味がある。二言語使用者のすべてが2つの言語を同じように話せるわけではない。例えば、多発テロのあった2001年9月11日の後、アメリカ合衆国政府は、英語とアラビア語両方ができる者を募集し、二言語使用者がそれに応募したが、政府の必要とする能力に達していない者もいた。両言語を流暢に話すことはできるが、十分に読み書きの力が無い者。あるいは片方の言語は完全にできるが、もう一方の言語への翻訳能力は限られている者などである。

　それではどうすればバイリンガルになれるのだろう?　それは年少の時に、家庭で2つの言語が話されている場合に起こることが多い。両親が2つの言語を話す場合であったり、親のどちらかが1つの言語を、もう片方が別の言語を話すケースなどがある。また言語学者が「加算的」二言語使用

と呼ぶものがある。それは大人になってから母語以外の言語を習得して、レパートリーに加える場合である。学校で言語を学習することは明らかにこれに相当する。あるいはあなたが子供の時に、両親がアルメニアに移住し、引き続き家庭で英語を身につけながら、アルメニア語も学ぶ場合などである。

　二言語使用能力は衰えることもある。例えばあなたが新しい国に移って、主たる使用言語が元の言語から代わってしまうことがある。これは「減算的」二言語使用と呼ばれ、しばしば移民の家庭に見られる。例を挙げると、親が「祖国の」言語で子供に話しかけるが、子供は英語で答えているのを聞くこともあるだろう。その子供はレパートリーから、自分の第一言語を減じているのである。これはかなり早い時期に始まる。おおよそ2歳半までには、バイリンガルの子供は使用する言語を選び始めるが、普通は、周りの多数が使う言語が有利である。ベトナムからアメリカ合衆国に移住したカンちゃん (little Quang) を考えてみよう。彼はおばあさんのためにお使いをするが、おばあさんはベトナム語で話しかけ、カンちゃんもベトナム語で答えたりする。しかし友達のいる前では、ベトナム語は使わない。彼は英語をこれから使っていこうと決心したのであり、彼のベトナム語能力は衰え始める。もちろんベトナム語能力は復活できる。一からベトナム語をやり始める者よりは速く再習得するであろうが、彼自身真剣に努力せねばならないだろう。

　親はしばしば子供が異なった言語に接した時に、混乱するのではないかと心配するが、それには及ばない。子供の言語獲得の段階には、親や周りの大人が心配する時期もあるが、家庭内で2つの言語を使用することは、1つだけの場合に比べて、利益が不利益をはるかに上回る。子供はびっくりするほどの「コード・スイッチ」、すなわち2つの言語の使用を切り替える能力をもっている。両方を混ぜて使ってしまうこともあるが、すぐにどちらの言語も正しく身に付けるのである。

　英語だけではなく、自分達の育った土地の先祖伝来の言語を持ち続けて欲しいと願う親は、意識的に取り組まねばならない。子供が学校で親の言語を学ぶ機会はほとんど無い。フランス語やスペイン語ならともかく、例えばスウェーデン語やタガログ語のようなあまり一般的に教えられていない言語な

らばなおさらである。だから地区によっては、放課後や土曜日に祖国の言語保持を助ける特別なプログラムを実施している。子供の時にバイリンガルであるといっても、一生バイリンガルでいることには、必ずしもならないわけである。

　二言語使用は、二ヶ国語教育とは同じものではない。これは英語以外の言語を話す子供を教育する1つの方法である。二ヶ国語教育の趣旨は、そのような生徒に対して、英語を習得している最中に、母語で教科教育を施そうというものである。様々な理由から、そのようなプログラムはこれまで大きな物議をかもしてきた。

　近年、二言語平行教育が一般的になってきたが、これは将来性が見込まれるように思える。二言語平行教育は単一言語使用の子供に2つの言語(一方が常に多数派言語であるが)で勉強をする機会を与えて、加算的二言語併用を促進しようとする試みである。少数派言語の子供も多数派言語の子供も教室では2つの言語を併用することになり、一緒に学び、助けあうのである。

　大人でも子供でも、英語を公用語とする新しい国で英語を身につけることには、当然のことながら、いくつかの重要な理由がある。しかし同じように、彼らが母親の膝元でおぼえた言語を保持し、大切に育て、強化することにも重要な理由があろう。他の国でも同じであろうが、アメリカ合衆国では、新しい移民は時として非常に強く同化することを求められたので、祖国の言語を保っていくのは好まれなかったのである。これはいつどこで起ころうとも、国家的な損失である。私は両方の言語に秀でた人のことを本当のバイリンガルと言うのであるが、彼らは社会にとって大きな財産である。彼らは社会、そしてグローバル化した世界においては、コミュニケーションの橋渡し役なのである。このような人々をもっと増やす方法を考え出す必要があろう。

著者紹介
　ドラ・ジョンソン (Dora Johson) はワシントンDCの私的非営利機関である応用言語学センターの準会員である。そこで彼女は一般的にはあまり教えられていない言語の教育や習得を中心に研究をおこなってい

る。現在彼女はK-12(幼稚園から高校までの13年間の)アラビア語教師のネットワークを発展させるプロジェクトに従事している。

さらに知りたい読者のために

●この本のなかで
言語能力を職業として使う機会と必要諸条件については、2章(「言語学者は何をするのか」)、39章(「アメリカの言語危機」)、45章(「言語に関係する仕事」)、46章(「辞書」)、47章(「通訳と翻訳」)、49章(「法言語学」)、56章(「ロシア語」)、59章(「アラビア語」)に書かれている。多言語に秀でた人に関しては、23章(「多言語使用」)で議論されている。

●この本以外で
Cunningham-Andersson Una and Staffen Andersson. *Growing Up With Two Languages: A Practical Guide* (Routledge, 1999). 親や専門家向けのこの手引きは、世界各地の約50の家族の経験に基づいて書かれている。子供が生まれる前から何を期待し、どう計画すれば良いのかを具体的に助言してくれる。

Baker, Colin. *A Parents' and Teachers' Guide to Bilingualism* (Multilinguial Matters, second edition 2000). バイリンガルの子供を育てる際に、最もよくある質問を挙げて、その答えを教えてくれている。

King, Kendall and Alison Mackey. *Raising Bilingual Children: Common Parental Concerns and Current Research* (Center for Applied Linguistics, 2006). 親、教育者、医者そして療法士がバイリンガルの子供を育てる際に直面する問題に答える正確な情報を提供しようと書かれた2ページの摘要。以下のサイトからオンラインで入手可能。www.cal.org/resources/digest/raising-bilingual-children.html

Pearson, Barbara Zurer. *Raising a Bilingual Child*（Random House, 2008）. 言語獲得についての研究に基づいた情報と、実際の家庭が二言語使用に関して経験したことが書かれている。

The Bilingual Family Newsletter. www.bilingualfamilynewsletter.com から発行されていた季刊誌。現在は発行停止になっているが、明快なことばで書かれた有益な短い記事をアーカイブにして残している。言語習得、二言語使用、二文化共存等に関する最新の研究や情報の要点を伝えるだけではなく、バイリンガルの子供を育てる際に直面する問題に、家族がどう解決していけばよいかについて、現実的な説明が書かれている。

23 人はいくつ言語を習得できるのだろうか？

リチャード・ハドソン（Richard Hudson）

これまで何カ国語をものにした人が最高だろうか？
そんなに多くの言語をものにする人は異常なのだろうか？

　私たちのほとんどは、多くの言語ができる人に感心する。しかし「多い」と言っても、いくつくらいが多いのだろうか？　典型的なアメリカ人やイギリス人はたった1つしかできない。ひょっとしたら、英語以外に、1つか2つの言語の中途半端な知識はあるかもしれないが。だから、もし3つも4つもできる人がいたら、感心するのである。しかしあなたがインドやオーストラリアの奥地に住んでいたら、6つの言語ができても、当たり前なのである。3つでは少ないだろう。
　それならば、人間の頭はどれくらいの言語習得能力があるのだろうか。驚いたことに、誰も本当のことは知らないのである。言語学者や心理学者はことばにハンディーをもつ人について、非常に多くの研究を重ねてきたが、言語の習得に非常に秀でている人に注目した研究者は、ほとんどいないのである。私たちはそのような人達が、どのように習得するのかどころか、いくつ言語ができるのかすら知らない。以下で私が言うことは、ほとんどが推薦図書に挙げている、マイケル・エラード（Michael Erard）のすぐれた本に基づいている。
　「人間の言語習得能力」とはかなり曖昧な言い方であるので、もう少し正確を期して、「通常の言語習得能力」（私たちのような普通の人間はいくつ言

語を習得できるか？）と「卓越した言語習得能力」（言語習得数の世界記録は？）について問うてみよう。確固たる答えはないものの、十分に推測できることがわかる。

　まず、人間は多くの遺伝子をもって生まれてくるのだが、どんな言語習得能力をもって生まれてくるのだろう？　人間のもつ遺伝子はほぼ人類共通といってよい。つまり、結局どんな赤ん坊でも、遺伝的に出生が違っていようと、たまたま自分が育てられることになった社会の言語を身につけるからである。だからどの程度の習得能力が普通であるかを確かめるためには、ほとんどの（あるいはすべての）人が多言語を使用している社会を研究しなければならない。理想的には、インドやオーストラリア奥地のような、多くの言語がほぼ対等に使われる場所が望ましい。ロンドンなどは、数多くの移民の言語が使われているが、英語とはまったく対等ではない条件で使われるので不適である。

　この種の研究はまだ体系的になされたことがないので不完全ではあるが、これまでの研究に基づくと、いわゆる「日常の多言語使用下」では、5つもしくは6つが上限であるように思える。当該の地域では多くの言語が使用されているので、普通の人々でも、学校で正規に教えられなくとも、成長過程で、自然と5つや6つの言語を話すようになるのである。

　言語がよく似ているので、5つや6つでも身につけるのはさほど難しくないのではないかと、あら探しめいたことをいう人がいるかもしれない。一言で言えば、それはノーである。今話題にあげている言語は、少なくとも英語とドイツ語くらいは異なっており、時には英語と中国語ほども違っている。複数の特定の言語が、何百年というような長い間地域社会で使用され続けると、それらの言語の文法が似てくるのは、別に驚くことではない。しかし語彙においては、完全に異なり続ける。なぜならば、それぞれの言語は異なる下位集団（例えば部族や社会階級）に属しており、その集団の一員であることの、もっともはっきりした証であるからである。社会が下位集団に分かれている限り、自分たちの使う言語も他とは異なっている必要があるわけである。

　さらにこんな多くの言語を、どれくらい巧みに操れるかというような詮索

もできるだろう。すなわち、すべての言語をネイティブ並みに、完璧に操れるのかということである。これもまた答えはわかっていないのだが、日常の会話なら何ら問題なくやっていけることは確かである。おそらく語彙や構文の量については言語に差があるだろう。(そして集団ごとに特徴的な考え方があるのは確かなので、より流暢に話せる言語が1つに限られる場合もあるだろう。) そして彼らがすべての言語を読んだり書いたりできないのは明らかである。しかしどの言語の知識も、いわゆる「生半可」ではなく、学校で習うような、とってばかりの不十分な能力をはるかに超えている。おそらく彼らの能力は、「十分に活用できる言語能力」と表現するのが最適であろう。それ以上に、人々の間の接触が定期的で頻繁である限り、彼らの言語がすべていつでも使える状態なので、「さび付く」ことはないのである。

　というわけで、あなたも私も、原則的には少なくとも5つや6つのまったく異なる言語を実際に使える能力が入っている頭脳を親から受け継いでいるのである。この芸当を私ができずにいる唯一の理由は、私の回りでは人々はいつも1つだけしか言語を話していなかったので、一度も複数の言語を学ぶ必要なく社会で生きてきたという理由による。あなたの社会生活は、私とは違っていたかもしれない。それであなたはこの章を今読んでいるかもしれないのだが。もしそうならば、喜ぶべきだ。しかし大切な点は、5つ6つの言語を身につけることは、完全に正常な範囲のことであり、あなたが小さいときに最初の言語を獲得したときに使った能力以外は、何も必要としないのである。私たちは潜在的には多言語をものにできるように生まれてきているのである。

　では、例外的に多くの言語をあやつる、言語習得のチャンピオンは誰だろうか？(その人のことを表すために、私は「超多言語使用者」という言い方を作ってみた。)これは上で挙げたマイケル・エラードの専門分野であるが、歴史上もっとも有名な超多言語使用者は、カルディナル・ジウセッペ・メッゾファンティ(Cardinal Guiseppe Mezzofanti 1774–1849)で、50もの言語を話したと言われ、さらに20言語を理解でき、そして114言語を読めたと言われている。もう一人、ジョン・ボウリング(Sir John Bowring)という19世紀の人は、100言語を話し、さらに100言語を読めたと言われている。この

2 人はそれぞれの時代で有名であったので、多くの別々のソースによる報告が残っている。例えばバイロン卿（Lord Byron）はメッゾファンティを訪ねた時に、いくつかの言語に関する能力は確認しているが、今となっては、いくつの言語を操れたかを確認するのは不可能となっている。

　今日でも本当の超多言語使用者が地球上を歩いている。エラードは何人かをうまく突き止めている。彼らの話す言語の数は 20 から 30 が典型的であり、メッゾファンティに比べると慎ましい数であるが、メッゾファンティとは違って、客観的に納得できるテストによって証明されている。（アメリカ合衆国言語運用能力基準：U.S. government scales of language proficiency などが例である。）この天才達の中に、すべての言語を同じ流暢さで話す者はひとりもおらず、ほとんどの者に、常に使用可能な言語、もう少し上達が必要な言語、そして辞書の助けが必要な言語があることがわかっている。しかし、たとえそうであれ、本当に「超多言語使用者」の名に値する者がいる。例えば、デリック・ハーニング（Derick Herning）というイギリス人は、エラードに 30 言語ができ、その内 12 が常に使える状態であると語っている。（そして 1990 年にその中の 12 言語が、別々にテストされて、運用能力が証明されている。）

　「超多言語使用者」は、どうしてこんなことができるのであろうか？　確かなことは、「自然な」多言語習得の環境に満足していないことである。学者達のなかには、厳しいスケジュールをたてて、本から言語を学び習得する人達がいる。彼らは言語を学ぶのが本当に好きなのである。では何か特別な能力をもっているのか？　それは誰にもわからない。しかしすばらしい事実をお教えしよう。彼らのほぼ全員が人間なのだ。

著者紹介

　リチャード・ハドソン（Richard Hudson）はロンドン大学音声・言語学科の名誉教授であり、1964 年から 2004 年まで教鞭をとった。彼は現代語および中世語を専攻してケンブリッジ大学で学士号を受け、ロンドン大学東洋アフリカ学院（School of Oriental and African Studies）からクシ諸語（Cushitic）のなかの、北東スーダンのベジャ語（Beja）（あるいはベド

ウィー語 (Bedawie))の文法研究により、博士号を授与されている。

さらに知りたい読者のために

●この本のなかで

多言語使用の社会については、9章(「リンガ・フランカ」)、21章(「言語紛争」)、58章(「ヘブライ語とイディッシュ語」)、63章(「インドの言語」)で、また人の多言語使用の発達に関しては、15章(「赤ちゃんと言語」)、17章(「言語と脳」)、22章(「二言語使用」)、32章(「言語学習における成人の利点」)、33章(「言語の習得方法」)、36章(「子供と第二言語」)で、それぞれ論じられている。

●この本以外で
Erard, Michael. *Babel No More: The Search for Extraordinary Language Learners* (Free Press, 2012). この分野の研究(あるいは研究がなされていないこと)を概観するのに適した読みやすい一冊。

24「異言(speaking in tongues)」とはいったい何なのだろうか？

ウォルト・ウルフラム(Walt Wolfram)

異言(speaking in tongues)とは別名グロソラリア(Glossolalia)ともいい、キリスト教の宗派で、宗教的恍惚状態に陥った信者が一種のトランス状態で口にする宗教的なことばのことである。宗教上の祈りを捧げている際に、学んだことのない外国語、もしくは意味不明の複雑な言語を操ることができるという、超自然的な言語知識、およびその現象を指すことばである。信心深い人たちが「異言を口にする」時、いったい何が起こっているのだろう？
彼らの話しているのは本物のことばなのか？自然言語とどのような関係にあるのか？

その発話はその人の口からすらすらと流れてきた。「ラホリヤ　ラハリヤ　ラヘイニーキーチ　アリーキーチ　アラテーリ　ハヤ(La horiya la hariya, la hayneekeechee aleekeechi arateeli haya)。」外国語の詩のように聞こえるが、他には誰もそのことばを話したり、ましてや理解したりする人はいなかった。でもそんなことは問題ではない。このことばを祈りの中で口にする話し手は、神と話をするための特別な言語だと考えていたからだ。初めて目にする者にとっては大変に秘義的で神秘的に思われるだろうが、「異言」(専門用語では「グロソラリア(Glossolalia)」)という言語現象はそう珍しくはない。世界中の何百万人という英語話者がこの異言を話してきたし、他の言語の話者も同じような言語表現形を経験したことがある。この異言はキリスト教にお

いて、また他の宗教においてもおそらく同様に、長い歴史をもつものであり、人間が言語を話し始めたのと同じくらい古いだろう。キリスト教には精霊降臨節もしくはペンテコステと呼ばれる復活祭後7回目の日曜日に祝われる祭があるが、新約聖書におけるこの「ペンテコステの日の異言」以来、文書による異言の裏付けが十分に残っており、20世紀にはこの異言が多く復活したことが認められている。特に、(「キリスト者の完全」論を強調するアメリカのプロテスタントである)いわゆるホーリネス系教会はもちろんのこと、カソリックや英国国教会の会衆といった比較的典礼を好む教派でもよく見かけられた。

　異言はキリスト教以外の宗教や、宗教とは無関係の儀式の中でも記録されている。たとえば、アメリカ先住民の間で見られるペヨーテ(宗教儀式用に用いた幻覚剤)を用いた儀式を執り行う呪術療法士や、ハイチで魔術を行っているシャーマンや、さまざまなチャント(詠唱)を発するチベット僧などもまたグロソラリアに似たタイプのことばを使うと言えるかも知れない。これはいったい何なのか？　これは言語なのか？　もしそうでないなら、自然言語とはどういう関係があるのか？　そして宗教表現において、また社会の中で、どんな機能を果しているのだろうか？

　言語学者はしばらく前から異言の構造を、自然言語の分析に使われるのと同じ手法を用いて研究してきている。その研究対象は、どういう音声が使われているのか、連続する短音をどう音節分けするのか、また分節音をどう配列させると自然言語の語や構文に似たもっと大きな単位になるのか、といったことである。異言のことばとしての流暢さは、ほとんど内部構造をもたずかろうじてうなり声にしか聞こえない音を形作るものから、子音と母音を高度に組織化させた一連の音として実に表現豊かな自然言語に聞こえるものまで、さまざまである。

　異言で発せられる音は、大半はその人の母語にもある音だが、母語にない音を出すことのできる人もいる。しかしその人の母語に比べると、使う音の目録は子どもの発話にある程度似たような、限定されたものである。たとえば、ある言語で意味の区別を表す母音や子音が40あったとしても、グロソラリアで使われる音はそのうちのせいぜい10から20くらいではないだろ

うか。音節も自然言語よりは単純なものを使っていることが多く、単一の子音と単一の母音が互いに交替して生じる連鎖が繰り返される。たとえば、「ラホリヤ(la horiya)」という例では単純に子音プラス母音の交替になっていることに注意したい。しかし一方で異言には情感豊かあるいは詩的なことばの特徴が見られることもある。脚韻や頭韻が発話に見られることもある。たとえば「ラホリヤ　ラハリヤ(la horiya la hariya)」もしくは「ハニーキーチ　アリーキーチ(haneekeechi aleekeechi)」などの例では、韻を踏んでいることに気づいてほしい。

　キリスト教での礼拝の伝統では、礼拝集会でグロソラリアをだれかが口にしたら、他のだれかが引き続いて預言の形で英語やスペイン語などの自然言語に「通訳」することがある。この通訳は通常その宗教集団で共有されている宗教的なテーマを強調するものである。しかし、グロソラリアとその通訳を翻訳理論の手法で分析してみると、この預言的通訳は文字通りの翻訳ではないことがわかった。また見識のある聴衆の報告によれば、グロソラリストの発言はなんらかの外国語(すなわちグロソラリアではなくゼノグロッシア(xenoglossia))だとされるが、そのようなケースを記録した文献を見つけるのは至難の業だということが分かっている。

　言語学的に言えば、グロソラリアは一種の「疑似言語(pseudolanguage)」である。聞き慣れた言語による意味をなさない音節であり、生後間もなくことばを話し始める前の喃語段階を彷彿とさせるものだ。たいていの人々はいったん自然言語を獲得すると、子供時代にはもう、意味をなさない音節を使わなくなる一方で、グロソラリストの場合は逆に、音声が特定の考えを伝達する以外の目的で使われていた段階へと戻っていくのである。もちろん、大人の言語使用者がみんな無意味音節の発話を完全に止めてしまうわけではない。J.R.R.トールキンという英国の作家は『ホビットの冒険』や『指輪物語』などで有名だが、この一連の著作で描かれる創作神話に、現実には存在しない人工言語が多く用いられていたことからもわかるように、生涯にわたってナンセンスな音節を口にする傾向があったし、現代音楽のジャンルにはナンセンスな音節を使用するのが特徴になっているものがある(たとえばジャズのスキャットのようなものを思い浮かべて欲しい)。異言を話すとい

うこともおそらく後天的な能力であり、練習を続ければ一連の音節をもっと流暢に構築できるのかもしれない。たとえば先述の作家トールキンは、どうやら発話の表現効果を高める目的でナンセンスな音節を何度も練習していたようである。

　心理学者は時にこの異言を夢うつつの催眠状態やヒステリー状態、あるいは統合失調症とさえ結びつけてきた。しかしそのように判断するのはあまりに厳しく独善的に思われる。実際、精神状態もいたって問題なく社会適応もよい人たちであっても、個人の祈りや宗教的儀式や礼拝式など社会的に限定された場で異言を口にすることがある。異言に宗教的意義があるとしたら、それはもっぱら宗教的状況であれば話し手が普段の日常的なことばを超越できるということを実証することなのである。

> 著者紹介
> ウォルト・ウルフラム (Walt Wolfram) はアメリカの方言研究で専ら有名だが、異言の研究で社会言語学者としての研究歴をもスタートさせた。1960年代半ばには、公的私的両面でのグロソラリアの使用を録音した莫大な量のテープに基づいて、はじめての言語的分析（の1つ）を行った。それから何十年かたったが、ウルフラムは今でも、自然発生するグロソラリアの事例を収集したことが、（それを録音していることを気づかれないようにするために慎重を期するべきものであったために）自らの経験したフィールドワークの状況の中でも最も神経を使うことだったと振り返っている。

さらに知りたい読者のために

●この本のなかで
社会的文脈が言語の機能の仕方や相互作用の仕方にどのように影響するかという問題については、10章（「ピジンとクレオール」）、21章（「言語紛争」）、41章（「ケイジャン語」）、42章（「アメリカ合衆国におけるドイツ語」）、そし

て 43 章(「ガラ語」)も参照のこと。

●この本以外で
Goodman, Felicitas D. *Speaking in Tongues: A Cross-Cultural Study of Glossolalia*（University of Chicago Press, 1972）. さまざまな文化における異言を比較し、異言を催眠によるトランス状態であると説明している。この心理学的な説明は説得力があるとはいえないものの、異なる文化間でのグロソラリア比較は有益である。

Nickell, Joe. *Looking for a Miracle: Weeping Icons, Relics, Stigmata, Visions, and Healing Cures*（Prometheus, 1993）. 他の超常現象的な宗教上のふるまいと平行させて異言を歴史的、法医学的観点から議論している。超自然現象的な出来事をキリスト教の伝統の中で確立させることの必要性を説明することに力点をおいている。

Samarin, William J. *Tongues of Men and Angels: The Religious Language of Pentecostalism*（Macmillan, 1972）. いくぶん古くなってしまってはいるが、今でもグロソラリアの言語記述としてもっとも包括的なものである。言語を話す前の段階の喃語に似た疑似言語の一種として提示されている。

Samarin, William J. 'Variation and variables in religious glossolalia.' *Language in Society* vol. 1 (1972) pp 121–130. グロソラリアについての簡潔で専門的な言語学的記述であり、主に言語学者と社会言語学者に向けて書かれている。

25 ことばなしで育てられると、何が起こるだろうか？

スーザン・カーティス（Susan Curtiss）

人間から隔絶されて育った「オオカミ少年」のようなものが
本当に存在するだろうか？
ことばなしで育った人間は、後にことばを獲得できるのか？
もう遅すぎる時期というものがあるのだろうか？
耳が聞こえずに育つのと、ことばなしで育つのはどちらが不幸なのか？

　私たちのほとんどは、ことばなしに育つことを想像することができない。ことばは努力なしに幼児期に頭脳のなかで発達し、私たちが人間であると定義するのに中心的な役割を果たし、さらにことばゆえに自分たちの文化のなかで一員となれるのである。それにもかかわらず、ことばを奪われることが時々起こる。この何世紀の間で、オオカミなどの動物に育てられ、人間との接触がなかったといわれる子供達が、荒野に住んでいるところを発見されている。このようなケースの裏にどのような話があったのかは、推測の域を出ないが、ことばに関しては、子供達には驚くべき共通点がある。基本的には、小さいうちに救われた子供しか、ことばを話す能力を獲得できないのだ。約9歳を超えてしまうと、ごく少数の語しか話さず、へたをすれば、ことばがまったく身に付かないこともある。
　もっとも有名なのは、「アヴァロン（Aveyron）の野生児」と呼ばれるヴィクトール（Victor）のケースだろう。これはフランソワ・トリフォー（Francois Truffaut）の手で、『野生の少年』（The Wild Child / L'Enfant Sauvage）のタイト

ルで映画化され、人々の記憶に残ることになった。ヴィクトールは1800年に捕らえられたが、その時10歳か11歳だった。彼をジャック・イタール (Jacque Itard) という若い内科医が詳しく調べて、独創的な方法で根気強く話すことと読み書きを教えようとした。しかしイタールの再三の努力にもかかわらず、ヴィクトールは決して話せるようにはならなかった。彼はほんの一握りの語を話したり書き写したりできるようになっただけであった。

またひどい家庭環境のせいで社会や言語から隔絶された事例もある。最もよく知られているのはジーニー (Genie) であり、極端な養育放棄と虐待の幼年時代をおくった。12年以上、父親は彼女を狭い寝室に閉じこめ、幼児用の便器にハーネスでつないだのであった。ついに彼女の盲目の母が1970年代の初めにジーニーを連れて逃げ出し、生活保護を申し出たとき、警察が動き、ジーニーは子供病院のリハビリ病棟に入院した。彼女は13歳6か月で、ことばはまったくできなかった。

ジーニーは、それからほぼ10年間、言語学者達に調査された。彼女は普通の知的能力をもち、発見後2、3か月もたたないうちに非常に速く語をおぼえていき、すぐに語を並べ始めた。しかし、彼女は時制や一致を示す表示、冠詞、代名詞、疑問詞のように、英語の単語を文法的な文にするための文法要素を使わなかった。彼女の言語獲得は、次々に単語を覚え、それをより長い、意味的につじつまのあった発話に組んでいくことが主たるものであった。文脈があれば、彼女の言いたいことはわかってもらえた。彼女は、主語―動詞―目的語という英語の語順を守らなかったが、語順理解のテストの結果はよかった。例えば、「少女は少年を押している」と「少年は少女を押している」の2文の区別がついた。つまり発話以上によく理解できていたということである。その後長期間が経過しても、文法の知識はほとんど発達しなかった。興味深いことに、ジーニーはジェスチャーなどの非言語を非常に効果的に使った。これは、ことばとコミュニケーションがイコールではないということを示している。

聴覚に障害を持つ子供はジーニーほどハンディーを負っていない。ろうの子供でも言語があり、他人と身振り手振りで意思疎通ができる。もっともこれは言語発達が幼少期に始まる場合で、多くの研究によって、ろう者がアメ

リカ手話言語のような自然言語としての手話に、早い時期に接するほど、より「流暢な」手話の使用者になることが分かっている。言語から隔離された他のケースでも同様であるが、新しい語をおぼえることに関しては、言語に接し始めた年齢は影響しない。しかし文法の獲得は驚くほど影響を受ける。学齢期以降に手話を始めたろう児の研究では、文法の発達には決定的な限界時期が存在し、自然に文法を獲得できる時期はおそらく学齢期の初期に終わってしまうことがわかっている。

　子供は言語発達に特徴的でかつ必要であるものをもたらしてくれることの証左となる事実が、最近ニカラグアの新しい手話の作成に見られた。サンディニスタ人民解放戦線が権力を掌握した1979年以降に初めて、聾唖のティーンエイジャーと大人がろう共同体（Deaf community）を作る機会ができた。（ちなみに、大文字で始まるDeafはろう者の文化やアイデンティティーを示し、小文字で始まるdeafは単にろうであることを意味する。）この第一世代がコミュニケーションのためのジェスチャーの大枠を作った。ところが、10歳以下の子供がこの共同体に加わると、彼らはこのジェスチャーの体系を、本当の言語に変えていったのである。すべての言語の文法を文法たらしめる構造を規定する成分や特徴を取り入れ、盛り込んでいったのである。数年も経たないうちに、この手話言語の文法は、豊かで複雑なものとなっていった。

　一般的にろう者は正常であり、充実した生活が送れるように、守られた社会環境に育つ。これは、特にろう文化のコミュニティーの一員となり、手話を身につける人に当てはまる。これとは反対に、正常な聴力があっても、ことばなしで育った人は、社会とは無縁であり、深いマイナスの心理社会的影響を受ける環境に育つことが多い。そのため、ろう者として育つと生活面で困難はあるが、ことばなしで育つ方がはるかに問題は大きい。ことばは人間にとって根源的であるがゆえに、それがない場合は一生社会から隔絶され、孤立してしまうのだ。

著者紹介
スーザン・カーティス（Susan Curtiss）はカリフォルニア大学ロサンゼル

ス校の言語学科教授である。彼女は 100 本近い論文や本の章に加えて、*Genie: A Psycholinguistic Study of a Modern-Day 'Wild Child'* の著者である。彼女は多くの言語テストを編纂しているが、中でも、CYCLE と呼ばれる、カーティス・ヤマダ総合言語評価 (Curtiss-Yamada Comprehensive Language Evaluation) は、アメリカ合衆国や海外の多くの研究者に使用されている。彼女の研究は、言語と心の研究から、第一言語獲得における「臨界期」、特異的言語発達障害、精神発達遅滞、成人の失語症、進行性認知症、そして言語の遺伝学にまで及ぶ。現在の研究対象は、幼児の脳半球摘出手術後の言語発達である。

さらに知りたい読者のために

●この本のなかで
子供の言語獲得を論じた章としては、10 章(「ピジンとクレオール」)、15 章(「赤ちゃんと言語」)、17 章(「言語と脳」)、26 章(「手話言語」)と 36 章(「子供と第二言語」)がある。完成された言語能力の一部としての文法の重要性は、13 章(「文法」)と 14 章(「普遍文法」)、16 章(「動物のコミュニケーション」)で論じられている。

●この本以外で
Curtiss, S. *Genie: A Psycholinguistic Study of a Modern-Day 'Wild Child'* (Academic Press, 1977). 本章の執筆者自身の「ジーニー」との経験およびその研究と、予想される影響を解説したもの。

Lane, H. *The Wild Boy of Aveyron.* (Harvard University Press, 1976). 「ヴィクトール」の事例とそれがもたらす問題とを詳しく、読みやすく説明している一冊。

Newport, E. L. 'Maturational Constraints on language learning' in

Cognitive Science vol. 14 (1990). アメリカ手話言語に様々な年齢で接した聾唖者(成人後に接した者も含む)の文法習得におよぼす年齢の影響についての研究を論じたもの。

Senghas, R. J., A. Senghas, and J.E. Pyers. 'The emergence of Nicaraguan Sign Language: Questions of development, acquisition, and evolution', in J. Langer, S.T. Parker, and C. Milbrath, eds., *Biology and Knowkedge Revisited: From Neurogenesis to Psychogenesis* (Lawrence Erlbaum Associates, 2006). ニカラグアでの、まったく新しい手話言語の発達と、子供がその習得にもたらした新たな特徴が書かれている。

26 耳の不自由な人々は皆 同じ手話を使うのか？

レイラ・モナハン（Leila Monaghan）

手話というのは本当に言語なのだろうか？
そしてどの国に行っても同じ手話を使うのだろうか？

　手話に関して、一般に広く行き渡った2つの神話がある。1つはそれがまったく言語ではないというものである。そしてもう1つはそれが世界共通語であり、世界中どこへ行っても、使用者間では理解できるというものである。しかしそのどちらも間違っている。

　手話が本当の言語ではないのではないかという疑惑を抱いてしまう理由を理解するのは簡単である。なぜなら手話は、私たちがよく言う「話しことば」とはずいぶん違うからである。というのも手話は聴くものではなく、見るものだからである。手話の中には、表すものをそのまま手まねのように表現するものもあり、このような面が、手話は単なるジェスチャーにすぎないと簡単に片づけられてしまう要因でもある。しかし1960年にウィリアム・ストーコウ（William Stokoe）が、アメリカ手話（American Sign Language, ASL）に関する初めての科学的な説明を発表したことにより、このような見方には異議が唱えられることとなった。ストーコウはギャローデット大学（Gallaudet University, 世界で唯一の、ろう者のためのリベラル・アーツ大学）の英語学部の教授であったが、彼の周りで使用されていることば、つまり手話が他の自然言語と同じように、体系的で規則的な文法をもっているということに気付いた。そして彼は、手話は、音声以外の話しことばの言語的な特

性をすべてもっているということを示した。

　話しことばでの単語は、当然のことながら口と舌によって作られた音声からなっている。アメリカ手話では、手がどのような形を作り、それをどこに置いて、またどのように動かすかによって単語が構成される。例えば「リンゴ」と「キャンディー」を意味する手話は同じ場所、いずれも口の横で作られるが、手の形が異なる。「リンゴ」の場合は人差し指を曲げるが、「キャンディー」の場合、人差し指はまっすぐである。手話は複雑な文法をもっているので、単語は連なって文になり、また文は重なって文章になる。手話によって、具体的なことから抽象的なことまで、また巷で話されているスラングから物理学のことまで何でも話すことができる。このことについてもし何か疑いを感じたら、最近あなたが見た公共の行事を思い出してほしい。手話の通訳者が政治のスピーチから演劇まで何でも訳すところを見れば、手話が言語でないと誰が信じることができるだろう。

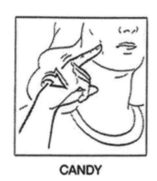 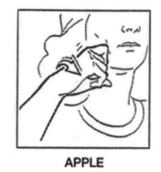

CANDY　　　　　　　　APPLE

　2つ目の神話であるが、人々は、手話が他の口語と同じようにバリエーションがあるということに気付かないことがよくある。人間の集団が時間や空間で隔てられれば、必ず異なる言語、もしくは少なくとも異なる方言が形成される。これは話しことばと同様に手話についても言えることである。例えばアメリカ手話にも異なる方言が存在する。方言は口語英語と同じよう

に、地理的、あるいは社会集団によっても異なってくるのである。また手話のバリエーションというのは、国際的な比較によってその差異がさらにいっそう明らかになる。例えばイタリアで使われる手話は、アメリカ手話を用いる手話者には、にわかに理解できず、また逆も同様である。また関連しているだろうと考えられる言語同士の手話でさえ、実際は関連している場合もあれば、そうでない場合もある。例えば音声言語においては同じ英語を用いていながら、イギリス手話言語とアメリカ手話言語は互いに関連がないのである。これはイギリスとアメリカのろう者社会が異なる歴史を持っているからである。実際には、アメリカ手話言語はフランス手話言語と関連がある。というのもフランス人ろう者であるローラン・クレーク（Laurent Clerc）が、アメリカのろうの子供たちのために、黎明期に多くの学校の立ち上げに貢献したからである。またすべての種類の手話言語で、いくつかの手話は類像的、つまりそのジェスチャー自体がアイコン的にそのものを表象しているのだが、そのような類像的な手話ですら手話言語間で異なることがある。例えばアメリカ手話では、「木」のサインは指を広げた片手を上げることで表現されるが、デンマーク手話では両手の手のひらで木の輪郭をなぞるようにして表される。どちらの手話も標準的な葉の生い茂る木のイメージを基にしているのだが、手話自体は、まったく違って見えるのである。

アメリカ手話の「木」

デンマーク手話の「木」

人々が実際に顔を合わせていながら、何かの理由で話したり書いたりすることによるコミュニケーションを取ることができない場合、必ず何らかの手話に頼ることになる。例えば修道士たちが、神に沈黙(誰とも話さない)の誓いを立てている最中に、修道院の務めに協力しなければならないときや、オーストラリアのあるアボリジニーの種族において、未亡人たちが喪に服すため、長い期間口をきかない例を考えてみよう。このような場合に発達する手話は、修道士や未亡人たちが知っている、彼らが話そうと思えば話すことができる言語の文法を反映したものである。しかしこれらは例外である。ほとんどの手話は、その周りにある文化の中で用いられている話しことばに基づくものではない。

　世界には何百万人もの手話使用者がいる。例えばアメリカには最低でも50万人のアメリカ手話使用者がおり、もしかするとその数は200万人にのぼるかもしれない。またそれは国全体にわたって日常的に教えられており、50州すべてが何らかの形でアメリカ手話言語を認めている。最新の数字では147のカレッジと大学が、語学の必修単位として、アメリカ手話言語の選択を認めている。またイギリスには約37万人の手話使用者がいると推定されており、2003年3月18日にイギリス政府はイギリス手話(BSL)を公的な言語として正式に認めた。

　手話は、まったく異なる人間の能力を使いながら、話しことばが言い表すすべてを表現することができるので、驚異的である。手話言語を学んでいる健聴者によると、手話を通じてコミュニケーションをすることは、異なる文化への扉を開き、まったく違った物の見方、特にろうの人々がどのように世界を認識しているかについての理解を与えてくれるという。だからもしあなたがこの次に何か新しい言語を習得しようと思うのなら、手話を学んでみてはどうだろうか。

著者紹介

レイラ・モナハン(Leila Monaghan)は、ワイオミング大学とメリーランド大学ユニバーシティ・カレッジ校で、人類学と障がい学(Disability Studies)を教えている。彼女は言語人類学の博士号をカリフォルニア大

学ロサンゼルス校(UCLA)で取得したが、その論文はニュージーランドの、ろうコミュニティについてであった。彼女の著書には、共編である Many ways to be Deaf (2003) や、2002 年に *Annual Review of Anthropology* に掲載された、ろうコミュニティに関する、リチャード・ゼンガス (Richard Senghas) との共著論文がある。また他にも 2006 年にコンスタンゼ・シュマーリン (Constanze Schmaling) と共同編集した *HIV/ AIDS and Deafness* という著作がある。彼女はまた言語人類学の歴史についての研究も行っている。

さらに知りたい読者のために

●この本のなかで
使用者自らが考案した言語については、64 章(「エスペラント語」)と 65 章(「人工言語一般」)で述べられている。子供による言語習得に関しては、10 章(「ピジンとクレオール」)、15 章(「赤ちゃんと言語」)、17 章(「言語と脳」)、25 章(「言語の剥奪」)、36 章(「子供と第二言語」)で述べられている。

●この本以外で
Klima, Edward and Ursula Bellugi. *Signs of language* (Harvard University Press, 1979). 有名でかつ読みやすい手話言語学に関する入門書である。

LeMaster, Barbara and Leila Monaghan. 'Sign languages', in A. Duranti, ed., *A Companion to Linguistic Anthropology* (Blackwell, 2004). 言語人類学や社会言語学の分野における手話やろう者の社会研究の入門的論文。またそのどちらの分野においても、単に言語自体に目を向けるというよりは、言語と文化の相互作用について考察しているのが特徴である。

Mathur, Gaurav and Donna Jo Napoli. *Deaf Around the World* (Oxford University Press, 2011). ろう者の国際的な団体と、健聴の研究者や活動家

たちから寄せられた、手話言語学や、耳の不自由な人の人権問題についての最新事情が載っている。

Monaghan, Leila, Constanze Schmaling, Karen Nakamura, and Graham H. Turner, eds. *Many Ways to be Deaf* (Gallaudet University Press, 2004). 14か国におけるろう者の地域コミュニティーの歴史・文化・言語に関して、15の論文を集めたものである。また、500年間のろう者の歴史的概要も含んでいる。

Padden, Carol and Tom Humphries. *Inside Deaf Culture* (Harvard University Press, 2005). ろう文化に関する米国の一流の専門家2人による著書であり、興味深くまた読みやすい一冊である。

加えて以下の興味深いウェブサイトは、手話に関する情報源を提供してくれる。

http://library.gallaudet.edu
www.aslpro.com/cgi-bin/aslpro/aslpro.cgi
www.deaflibrary.org/asl.html
http://bda.org.uk
www.sign-lang.uni-hamburg.de/bibweb
www.signpostbsl.com

27 どうして言語は死ぬのか？

クリストファー・モーズリー（Christopher Moseley）

言語が「死ぬ」とはどういうことなのか。
それはどのようにして起こるのか。
予測できるのか。防げるのか。

　これは楽しいテーマではない。言語を愛するわれわれにとって、言語が急速に死んでいくのを見るのは辛いことだ。世界の言語の半数くらいは10,000人未満の話者しかいない。これは小さな町のサッカー競技場を埋めるほどの数でしかなく、中にはほんのひと握りの話者しかいない言語もある。そういった最後の話者が亡くなる時、その言語も亡くなるのだ。（未だに何百万人もの話者がいるものも含めて）今日世界で話されている言語の90パーセント近くが21世紀の終わりまでに消えてしまうかもしれないと考える専門家もいる。

　どうして言語は消えてしまうのだろうか。簡単に言うと、もはや若い話者に引き継がれず、結局老人の話者ばかりが残り、皆亡くなってしまうからだ。しかし、どうして共同体が話しことばの伝統を若い世代に伝えようと思わなくなるのか。事情は場所によってそれぞれ異なる。いくつかの例を見てみよう。インドの山岳地帯では、近隣の部族との不断の戦争のため遠隔地に追いやられたシュラング族（Sulung）がいる。しかし、もうわずか数千人になっているので急がなくては、彼らに会うことはできない。もし、敵によって殲滅されるような事になれば、彼らの言語は消滅するだろう。戦争が破壊するのは人だけではないのだ。

未だ発見されていない新しい言語があるのではないかという質問が出るかもしれない。驚くべきことに、答えはイエスである。最近、孤立した場所でこれまで外界と接触したことがない民族が発見された時、いくつかの言語が見つかった。例えば、1991 年にゴンドゥク (Gongduk) というこれまで外部との接触がなかった言語がヒマラヤ山脈で見つかった。言語学者たちにとって、これは伝説に名高い失われたシャングリラの谷を見つけるようなものだった。そして、ブラジルの内陸奥深くでは今でも新しい言語が見つけられている。その中には一見したところこれまでに知られたどんな言語にも無関係なものもある。しかし、このような話はまれで、傾向としては圧倒的に消滅の方向にある。

ほとんどの場合、高い山脈、深い渓谷、インフラや道路の不整備といった地理的な障壁は保護の役割を果たさず、それは地球の果てであっても同様である。太平洋のイースター島にいるラパヌイ語 (Rapanui) の話者を例に取ると、世界から 1500 年も孤立していた後、彼らは 19 世紀に南アメリカの海岸沿いにあるグアノ（海鳥の糞が堆積硬化して肥料になったもの）を採集するために島から奴隷として連れ去られた。ほとんど帰ってくるものはなかった。その島では今日、チリから持ち込まれたスペイン語に対抗してラパヌイ語を保持し続けた人々が数千人いるだけだ。

30 年前、ブラジルで農場経営者や非合法的木材伐採業者がジアウイ族 (Jiahui) を昔から暮らしてきた土地から敵対的な近隣部族のもとへと追いやった。残った少数の人達はそれほど敵対的ではない集団に加わったか都市へと流れていった。現在、ジアウイ族の人達は自分たちの土地の幾つかを取り戻したが、何人が生き残っているのか。たったの 50 人である。

あるいはブラジルのマットグロッソ州のリクバツァ族 (Rikbatsá) はどうか。彼らは立派な戦士であったが、イエズス会の宣教師たちによってもたらされたインフルエンザと天然痘の流行には勝てなかった。ヨーロッパから輸入された病気が彼らや何十もの他の南北アメリカの先住民族を死に至らしめた。そして彼らのことばも同時に。

そして、人間の侵略だけでは済まずに、自然自体が言語を飲み込んでしまうことがある。1998 年に恐ろしい津波がパプアニューギニアの北部海岸地

帯を襲い、ワラプ語（Warapu）とシッサノ語（Sissano）の話者のほとんどが亡くなった。その時たまたま現地にいなかったほんのわずかな者だけがそれらの言語を生かし続けている。

最後にいわゆる英語やスペイン語のような「キラー言語」があまりに優勢なため、人々が利便性のためあるいは経済的な理由のため自発的に母国語を捨てることがある。土着の民族は差別から逃れるため、あるいは多数派の文化に適応するため、時には母語を捨てるのである。子供たちが母語を覚えなくなるにつれ、そういった言語はゆっくりと消えていく。

どうしてわれわれはこのようなことを気にかけるべきなのか。それは1つの言語が失われると代々受け継いできた知識、1つの世界観が失われるからである。わたしはそれが天然資源や動物種の消失に例えられるのを聞いたことがしばしばある。確かに、言語学者は残存する証拠から消えてしまった言語を再建する方法をもっているが、それで得られるものは紙の上に記された単語くらいのものである。われわれは、死の世界からその言語を話していた社会や、その背後にある遺産と文化を取り戻すことはできないのである。一度言語が消えてしまえば、それは永久になくなってしまうのだ。言語の絶滅の危機を回避する1番の対策は、幼い頃から教育や読み書きの能力養成を促進することによって、その話者の心のなかに自信を再び植えつけることだ。

世界中で言語が絶滅しかけているという問題の緊急性が認識されるようになったのはここ20年から30年のことだ。言語の多様性を保存するためにできることをしようといくつかの組織が設立された。アメリカに本部を持つTerralinguaとイギリスに本部を持つFoundation for Endangered Languagesがあり、両者とも危機に瀕する言語に関する研究の支持・促進やそういった言語の保存に力を尽くしている。またUNESCO Endangered Languages Projectがあり、最近ではロンドン大学に絶滅危惧言語学科が設置された。

著者紹介
クリストファー・モーズリー（Christopher Moseley）（Chrismoseley50@yahoo.com）は大学講師、著述家、フリーランスの翻訳家、*Encyclopedia of the World's Endangered Languages*（2006）の編者、*Atlas of the World's Languages*

(1993) の共編者である。2009 年には、UNESCO *Atlas of the World's Languages in Danger* の第 3 版の編集も行った。彼は人工言語に特別な興味をもっている。(実際、自身でも 1 つ開発した。)

さらに知りたい読者のために

●この本のなかで
どのようにして言語が消滅するのか(あるいは消滅を免れるのか)については 3 章(「世界の言語」)、28 章(「言語の救済」)、44 章(「アメリカ合衆国の方言変化」)、53 章(「ラテン語」)で議論されている。

●この本以外で
Nettle, Daniel and Suzanne Romaine. *Vanishing Voices* (Oxford University Press, 2000). 世界中の言語絶滅危惧の問題と原因そして結果について、生物の多様性と関連づけながら思慮深く真剣に取り組んだ研究。

Crystal, David. *Language Death* (Cambridge University Press, 2000). 世界の少数言語のための熱のこもった嘆願の書。われわれが失いつつある宝に関する興味深い逸話に富んだ情報が満載。

Evans, Nicholas. *Dying Words: Endangered Languages and What They Have to Tell Us* (Wiley-Blackwell, 2010). 現存する、消滅した、あるいは消滅の危機に瀕する、世界に散らばるあまり知られていない言語共同体のいくつかを巡る非常に興味深い旅。1 つの言語が消えるごとに人が表現するという点においていったい何が失われるのかを解説する。

Abley, Mark. *Spoken Here: Travels among Threatened Languages* (Heinemann, 2004). 著者が世界の少数言語共同体のうち最も小さなもののいくつかを訪れて、今日のグローバル化した社会においてそのような共同体

がどう対応しているかを記した個人的旅行記。

Ostler, Nicholas. *Empires of the Word*（HarperCollins, 2005）. 上記とは正反対のところに位置する勝利者たる大言語の視点から世界の記録に残る歴史を幅広く概観し、次々と勃興した帝国がいかにして自らの「国際語」を当時知られていた世界全体に広めたかを示す。英語はこの長い征服者の系譜のまさに最新の言語である。

28 危機に瀕する言語を救えるのか？

アキラ・Y・ヤマモト（Akira Y. Yamamoto）
マルチェリーノ・ベラルド（Marcellino Berardo）
トレイシー・ヒラタ＝エッズ（Tracy Hirata-Edds）
メアリー・S・リン（Mary S. Linn）
リゼット・ピーター（Lizette Peter）
グロリア・スライ（Gloria Sly）
トレイシー・ウィリアムズ（Tracy Williams）
キミコ・Y・ヤマモト（Kimiko Y. Yamamoto）

消滅しつつある言語や、消滅の危機に瀕している言語を
復活させることはできるだろうか？
また言語の復興にはどのような技術と資源が必要だろうか？
そしてやってみる価値のあるものだろうか？

　言語にも国と同じように盛衰がある。言語の中には、古い世代の話者がわからないほど変貌を遂げながら生き残るものもある。しかし永久に変わらないまま続く言語はない。ある言語を教えられる人と、その言語を進んで習おうとする人の数が少なくなりすぎると、その言語は絶えてしまうのである。今日における世界の言語の大半は、稀少で美しいアメリカシロヅルのように、必死にその存在をもちこたえている状況である。このような言語を守ることは多大な労力を要するが、不可能ではない。
　アメリカ先住民の言語であるチェロキー語（Cherokee）の場合を考えてみよう。過去40年間で、チェロキー語を第一言語として習得する子どもたちの

数は急激に落ち込んでしまい、そのためあともう一世代で消失してしまうかもしれないのだ。しかし希望を与えるシーンもある。オクラホマ州タレクゥアの幼稚園の教室では色とりどりのカーペットの上に 3, 4 歳の子供たちが先生たちと一緒に座り、絵本を読んでいる。これだけならば普通の幼稚園であればどこでも見られる風景であるが、その絵本はチェロキー語で書かれており、その教室で用いられる言語はチェロキー語だけなのである。ここでの希望は、この子供たちが 6 年生になるまでには、先祖のことばに十分堪能になり、チェロキー語話者としての新しい世代を担うことができるようになるだろうということだ。そしてこれは順調に進んでいるようだ。

　このような、幼児のデイケアから高校の授業にまで続く集中プログラムは、各地の先住民族の間、例えばニューヨークやカナダのモホーク族 (Mohawk) の人々や、モンタナ州のブラックフット族 (Blackfoot)、ワイオミング州のアラパホ族 (Arapaho)、またハワイ先住民や他のアメリカ先住民のコミュニティなどの間で成功を収めている。2010 年には、4 つの州の団体が集まって、現地語組織のコンソーシアムである Consortium of Indigenous Language Organizations を結成した。この組織は、教員や言語の支持者が言語のイマージョン教育、つまりその言語に浸りきった状態での言語学習方法を計画し実践するためのトレーニングをするためのものである。

　このようなプログラムが打開しなければいけないもう 1 つの問題は、「恒常的言語使用」についてである。簡単に言えば、言語というものはそれを聞いて、見て、感じて、そしてその中で生活しなければ身に付けられないものである。危機言語のコミュニティにおいては、先祖のことばに触れる機会が十分でないため、その言語を流暢に操ることができるまでには至らないことがある。この手の問題に関して、今までに成功してきた言語復興計画では、伝統的かつ革新的な解決策を見つけてきた。例えばゲール語（アイルランドで復興）や、マオリ語（ニュージーランドで 1987 年に公用語となった）、ヘブライ語（何世紀にもわたり、宗教上の目的でしか使われなかったが、後にイスラエルの公用語として再生された）などは、その成功例である。

　言語を維持することの価値を、世界中の人々が実感するには長い時間がかかったが、この 30 年間で言語復興の波は国際的な運動にまで発展した。こ

の考えは、アメリカ (1990 年と 1992 年に発表されたアメリカ先住民族に関する法令であるネイティブ・アメリカン・ランゲージ・アクト (Native American Languages Acts) を通して) や、国際連合教育科学文化機関である UNESCO (ユネスコ)、危機言語の基金に関する組織である Endangered Language Fund や危機言語財団 Foundation for Endangered Language、そしてロンドン大学東洋アフリカ研究学院のハンス・ラウジング危機言語プロジェクトなどによって採用されている。アフリカではエイズに関するパンフレットが、現地語の読み書きを教えるために使われている。アマゾンの熱帯雨林ではヤノマミ族 (Yanomami) の人々が衛生について、彼らの部族語で書かれた資料を用いて学んでいる。またシベリアの教師たちは、ロシア人とオランダ人の言語学者から、子供たちに現地のことばを教えるようにトレーニングを受けている。

　危機に瀕した言語を存続させようとする何らかの意欲があれば、その言語を話す地域の人々や言語学研究者、また教育者がそれを記録し、説明し、そして使おうと尽力する。また少数の年配の話者だけしか残っていないコミュニティーでも、若い言語学習者がその言語の話者となることができるように、お年寄りたちと日々の家事や農作業、雑用などをその言語を使ってこなしながら一緒に時を過ごす。そして何年もの間その言語が話されていなかった場所は、その言語コミュニティの言語研究者や専門家たちが言語復興のために、記録文書や口述歴史を用いるのである。これは聖書や儀式から、日常生活で話される現代ヘブライ語を再生したのとまったく同じ方法である。カリフォルニア州やオクラホマ州などを含めたアメリカの各地では、「ブレス・オブ・ライフ」('Breath of Life') という言語復活のためのワークショップが開かれ、そこでは地元の言語の研究者や専門家が、アーカイブ化された記録、録音資料を捜し、それらを読み、聴き、解釈し、そしてその資料を言語復興のための作業に用いるように訓練される。言語保存の努力は、ガラ語 (Gullah) のような異文化間で使われる言語形態にさえも広がっている。ガラ語とは、英語と西アフリカの言語要素を組み合わせたクレオール語で、アメリカ合衆国のジョージア州とサウスカロライナ州の沿岸地方で話されている。現地語はアリゾナ州やハワイ州、カンザス州やニューメキシコ州、オク

ラホマ州やオレゴン州の大学でも教えられている。言語復興運動は拡大を続けており、言語の消滅に歯止めをかけることが、私たちのもっとも期待するところである。

　言語学者のケン・ヘイルは言語の消滅を「博物館に爆弾を落とすこと」になぞらえた。というのもそれは固有の文化や知的な財産、また芸術作品を壊すことだからだ。今日存続している言語の多くが、来世紀を目にすることなく消えるかもしれないと聞くと、ハッとさせられるだろう。だからこそ我々は消滅の危機にさらされた言語に気を配る必要があるのである。それらの言語はまるでアメリカシロヅルのように、絶滅が危惧されているのだから。

著者紹介

アキラ・Y・ヤマモト（Akira Y. Yamamoto）はカンザス大学の名誉教授であり、言語と文化の復興計画のために、言語コミュニティと専門家コミュニティを引き合わせる活動を行っている。マルチェリーノ・ベラルド（Marcellino Berardo）は、カンザス大学のアプライド・イングリッシュ・センター（カンザス大学応用英語センター、AEC）に所属しており、アメリカ中西部の言語復興計画に意欲的に取り組んでいる。専門は、言語記述、言語習得における社会的側面、第二言語の教授法についてである。トレイシー・ヒラタ＝エッズ（Tracy Hirata-Edds）は、同じくカンザス大学の AEC に所属しており、チェロキー部族連合の再活性化の取り組みに励んでいる。また現地語組織の1つであるオクラホマ・ネイティブ・ランゲージ・アソシエーション（Oklahoma Native Language Association）を通して、復興のためのワークショップの教師もしている。メアリー・S・リン（Mary S. Linn）は、オクラホマ大学で人類学を研究し、大学が有するサム・ノーブル・オクラホマ自然史博物館に所属している。彼女はオクラホマで、先住民言語の教員とそれらの教育プログラムを研究の対象としている。また上記の博物館では、先住民族言語のセクションにおける管理者として、オクラホマ族との共同作業により、言語資源の収集や、言語復興プログラムの作成を行っている。リゼット・ピーター（Lizette Peter）は、カンザス大学のカリキュラムとティーチン

グ学科に所属しており、第二言語習得の准教授である。またチェロキー部族連合のいくつかの言語イニシアティブに関しての相談役も勤めている。グロリア・スライ（Gloria Sly）は、オクラホマにあるチェロキー部族連合のチェロキー（Tsalagi）・カルチャーセンターの所長であり、チェロキー部族連合のさまざまな言語プログラムを創始し、手ほどきや指導を行っている。トレイシー・ウィリアムズ（Tracy Williams）は、ウィスコンシン州オナイダ部族連合のオナイダ語（Oneida）言語復興プログラムのディレクターであり、アリゾナ大学の博士課程の学生である。彼女は自身の言語であるオナイダ語の復興に従事しており、現在、現地語教育についての博士号の取得を目指している。キミコ・Y・ヤマモト（Kimiko Y. Yamamoto）は、カンザス大学の名誉教授であり、現地の教育者と一緒に文学を発展させる試みをしている。

さらに知りたい読者のために

●この本のなかで
以下の章では、言語の消滅と救済に関してさまざまな観点から考察されている。3章（「世界の言語」）、27章（「言語の死」）、44章（「アメリカ合衆国の方言変化」）、53章（「ラテン語」）、58章（「ヘブライ語とイディッシュ語」）。また52章（「アメリカ先住民の言語」）も興味深く読めるだろう。

●この本以外で
Hale, Ken and Leanne Hinton, eds. *The Green Book of Language Revitalization in Practice* (Academic Press, 2001). 言語復興プログラムに関するすぐに使える用例が豊富に含まれている素晴らしい本である。これは言語復興に興味のあるすべての人のための入門書である。

Hinton, Leanne. *How to Keep Your Language Alive: A Commonsense Approach to One-on-One Language Learning* (Heyday Press, 2002). 著し

く危機に瀕している言語の新しい話者育成に関する、素晴らしく役立つ手引書である。

Nettle, Daniel and Suzanne Romaine. *Vanishing Voices: The Extinction of the World's Languages* (Oxford University Press, 2002). 世界中の言語の消滅に関して、その原因と影響について扱った読みやすく総合的な本である。

以下は活用可能なウェブサイトの一覧である。

http://portal.unesco.org/cluture.
(UNESCO のウェブサイトである。'Intangible Cultural Heritage' を参照のこと)

www.endangeredlanguagefund.org
(The Endangered Language Fund という危機言語に関する機構のウェブサイトである)

www.ogmios.org
(The Foundation for Endangered Languages という危機言語に関する機構のウェブサイトである)

www.hrelp.org
(ロンドン大学東洋アフリカ研究学院のハンス・ラウジング危機言語プロジェクト The Hans Rausing Endangered Language Project of the School of Oriental and African Studies のウェブサイト)

29 言語音は
どのように作られるのだろうか？

ピーター・ラディフォギッド(Peter Ladefoged)

どんな音が言語を作り出しているのだろう？
どの言語にも子音と母音があるのだろうか？
あるならばどの言語でもすべて共通の音だろうか？

　話すときには舌と唇を使うということは皆知っている。言語音を出すときには、声帯が運動することも知っているだろう。英語では「声帯」を表す用語として、最近ではvocal cords（声の靭帯）よりもvocal folds（声のひだ）がよく使われる。というのも、声帯とは、喉の中にあって、空気が間を通過する時に震える二枚の薄い筋肉の「ひだ」(folds)であるからである。声帯を振動させるためには、肺から空気を外に押し出さねばならない。話すためには、声道の部位を動かし、さらに色々なやり方で声道の形状を変えて、母音と子音を出すのである。以下に言語音がどのように作られるか、いくつかの例を紹介する。

　唇は、英語のpea, bee, me等の語の最初の子音を出すときに使われる。[p]音では、閉じた唇の奥で圧力が高まる。声帯は振動せず、普通、唇が開いて、後の母音が始まる前に、（「帯気」と呼ばれる）息が少し出る。この息は、[b]の発音時には見られず、唇が閉じている間に、声が出る（声帯が振動する）こともある。[m]の発音では、息は鼻から出るが、唇が閉じている間は、ずっと声帯が振動している。

　英語の子音[t], [d], [n]と[k], [g], [ng]は、[p], [b], [m]と同じように発音されるが、唯一異なっている点は、[t], [d], [n]では舌の前部が上がり、上歯の

後ろで閉鎖を作り、息の流出を止め、また [k], [g], [ng] では、舌の後部をせり上げて、上あご奥の筋肉質の部位である軟口蓋で閉鎖が起こる点である。他の子音、例えば fie, thigh, sigh, shy の様な語の子音は、完全な閉鎖を作って呼気の流出を止めるのではなく、狭い流出路を形作って、そこを空気が流れる時に、摩擦性の音が出るのである。これらの音では、声帯は振動しない。しかし、move, smooth, ooze, rouge の最後の音のように、声帯が振動する摩擦音もある。

ほとんどの英語の変種では、22 の子音と 13 から 21 の母音がある。[b] と [d] の間に母音を入れてみると、いろいろな音色の母音を聞くことができる。Bead, bid, bayed, bed, bad, bawd, booed, bide, bowed, bode, Boyd, bud, bird 等。舌や唇の位置によって、母音を正確に記述することは難しいが、音響的な倍音によって、容易にどの母音かがわかる。

それでは、世界の言語は使用している音によって、どのように違っているのだろうか？　どの音声言語にも子音と母音があるが、諸言語の音は非常に異なっているので、600 もの異なった子音と様々な高さや声の質によって微妙に異なる 200 もの母音をもちうるのである。

[p], [t], [k] のような音は世界の諸言語の 98 パーセントに出現する。ハワイ語はこのすべてをもたない言語の 1 つである。[t] がないのである。興味深いことに、ハワイ語には、[p], [k], [m], [n], [w], [l], [h] と声門閉鎖音（声帯で呼気を止める）があるが、声門閉鎖音は、Hawai'i という語のようにアポストロフィーで書かれる。

英語にない子音をもつ言語もある。例えばスペイン語やイタリア語には、ふるえる [r] 音がある。上下の唇を使って出されるふるえ音は、パプア・ニューギニアのメルパ語（Melpa）やケレ語（Kele）のような、小規模で危機に瀕した多くの言語に見られる。特殊な [t] に後続する唇のふるえ音が、オロ・ウィン語（Oro Win）にあるが、この言語はブラジルとボリビアの国境近くに住む、わずか 6 人の人が話すだけである。アメリカ・インディアン諸語には、英語にない音がたくさんあり、時には複雑な子音の長い連続がある。モンタナ・セーリッシュ語（Montana Salish）で、「森林ダニ」は英語のスペルで書くと、chchts'elshchen のようなものになる。

肺からの息を使わない唯一の言語音は、中央アフリカから南アフリカにかけて話されている言語に見られる「吸着音」である。吸着音は、お祖母さんの頬にキスをするときのように、口の中へ空気を吸うようにして出す。カラハリ砂漠で話されているコン語(!Xóõ)には、語を吸着音で始めるのに、83通りの異なった方法がある。南アフリカで話されていて、もう少しよく知られているズールー語(Zulu)には、吸着音の基本形が3種類あるが、それぞれが5通りの変化形をもっている。

　ヨーロッパの諸語に目立つのは、母音の多さである。フランス語には、英語にはない母音があり、舌を英語の tea や day の位置に保ちながら、唇は丸めるというもので、「君」(tu)や「二」(deux)という語に現れる。もっとも母音の数が多いのは、オランダ語やドイツ語の方言である。

　世界の言語の音声を記述するのは、音声学者の仕事である。どんな音があるか、どんな規則をもって現れるか、様々な音環境でどのように変化するか等の問いに答えねばならない。非常に多くの言語や方言があり、発音器官は多種多様な音を産出でき、そして自分の言語を話す場合でも、個人個人が異なった話し方をするので、この仕事は困難ではあるがやりがいのある仕事であり、言語の研究で、もっとも魅力的な分野の1つなのである。

著者紹介

　ピーター・ラディフォギッド(Peter Ladefoged)は、カリフォルニア大学ロサンゼルス校の名誉教授。音声学では世界的な権威であり、言語学では20世紀のもっとも重要な人物であった。彼は音声学の様々な理論と実践、そして個別言語の音声面の特徴に関して、10冊の著書と130本もの学術的論考を出版している。彼は2006年初めに他界したが、このエッセイは絶筆となったものの1つである。

さらに知りたい読者のために

●この本のなかで

言語音に触れている他の章は、30章(「アメリカ合衆国南部方言」)、31章(「外国語なまり」)52章(「アメリカ先住民の言語」)、56章(「ロシア語」)、59章(「アラビア語」)、60章(「アフリカの言語」)そして61章(「中国語」)がある。

●この本以外で
Ladefoged, Peter. *A Course in Phonetics* (Harcourt Brace, 1975; fifth edition, Thomson/Wadsworth 2006). この分野の教科書の定番で、何世代にもわたって言語学研究者を訓練するために使われてきた。

Maddieson, Ian. *Patterns of Sounds* (Cambridge University Press, 1984). 世界の300以上の言語にどのような音があるかを記述した役に立つ参考書。どの音がどの言語にあるかもわかるし、逆にどの言語にはどんな音があるか(音の目録)を調べることもできる。

International Phonetic Association. *Handbook of the International Phonetic Association* (Cambridge University Press, 1999). 世界中の言語学研究者が使っている発音記号についての詳しい案内書。音声分析の原理が説明され、併せて発音記号の例が挙げられている。

ラディフォギッド博士が研究した数多くの言語の音声は、www.phonetics.ucla.edu で聞くことができる。

30 アメリカ南部の人は、なぜあんな話し方をするのだろう？

ウォルト・ウォルフラム（Walt Wolfram）

南部の方言はみな同じなのだろうか？
彼らの話し方はどのような要素からなっているのだろうか？
彼らの話し方のルーツはどこなのだろう？

　アメリカ合衆国で南部方言ほど、それだと周りからはっきりと分かり、そして話題にのぼる方言はないだろう。南部では、人は物を持ち歩き（tote objects）、観劇のために（see a show）友人を同伴するのだ（carry friends）。また南部では、電気をつけて（cut on the lights）、機械のボタンを押す（mash the button）のである。最近南部ことばについて書かれた本のタイトルを挙げると、次のようなものがある。『ここじゃ、みんな「あんたら」って言うとるで』（Y'all is Spoken Here）。（これらかっこ内の英語は南部方言に特徴的な表現である。）

　しかし南部のことばはどこでも同じなのだろうか？　カロライナやヴァージニアから来た人に、あなた方は同じように話しますねと試しに言ってみよう。東海岸沿いでは、もっとも南部方言らしい方言が使われている。ノースカロライナ沖に屏風のように海岸線と平行して並んでいるアウター・バンクス諸島（Outer Banks）やヴァージニアの東海岸では、「内海では満ち潮だ。」と言うのに、It's hoi toid on the saned soid.（イッツ　ホイ　トイド　オン　ザ　セインド　ソイド）のように言う人にお目にかかるかもしれない。この海岸沿いの母音がわからない人のために言うと、これは、It's high tide on the

Sound side.（イッツ　ハイ　タイド　オン　ザ　サウンド　サイド）と発音しているのである。あるいは南部の内陸部では、hah tahd on the sound sahd（ハー　タード　オン　ザ　サウンド　サード）となるであろう。

　サウスカロライナ州チャールストンの伝統的な発音は、母音が独特である。So や row の母音は、フランス語やスペイン語の /o/ のように聞こえる。他のほとんどの方言のように、'o' の最後の部分が「オゥ」と変化しない。そして、out や about の「アゥ」は、カナダ英語の oat や aboat のようにやや「オゥ」気味に聞こえる。サウスカロライナからジョージア、そしてフロリダ北部の沿岸に位置するシー諸島まで行くと、混交言語であるガラ方言（ジーチーとも言われる）が話されているが、この起源は、アフリカや西インド諸島から、黒人が移り住んだ米作プランテーションの時代にまでさかのぼる。ガラ方言のリズムは、「リーマス爺や」(Uncle Remus) の物語に登場する「うさぎどん」(B'rer Rabbit) や、ジョージ・ガーシュウィン (George Gershwin) 作のオペラ、『ポーギーとベス』(Porgy and Bess) などで有名になった。ガラ方言は、本土の諸方言よりも、バハマやジャマイカの混交言語に近い。

　ヴァージニア、南北カロライナ、そしてジョージアの西部に行けば、フィラデルフィアから西や南に移動し、南部の山間部に定住したスコットランド系北アイルランド人やドイツ人の確かな痕跡が認められる。山々の急峻な地勢は、ヨーロッパの様々な地方から来た移民の集団の間の壁となり、結果として南部のことばに多様性が生まれたと言える。ノースカロライナ州からテネシー州にまたがる、スモーキー・マウンテン山脈では、「皆さんにお会いできて嬉しいです。」(It's nice to see you guys.) ではなく、Hit's nice to see you'uns. と挨拶されることもあるかもしれない。複数形の you'uns は、いうまでもなく南部で広く使われ、評判のよくない y'all に相当する。そして、it の代わりに使われている hit は、古い英語発音の名残りである。ここでは boomer と言えば「アメリカ・アカリス」のことを指し、南部の他の地域のように、「雷雨」のことではない。山脈地域では、「垂直でない」ことを si-goggling（「サイゴグリング」のように発音）というが、別の地域では、その代わりに、catawampus と言ったり whopperjawed と言ったりする。山間部

の古い世代には、昔コカコーラに微量のコカインが入っていたので、いまだに炭酸飲料のことをdope（興奮剤）と言う人もいるだろう。

さてピードモント高原と海岸部山脈地域のアフリカ系アメリカ人のことばも南部方言に加えよう。そして忘れてはいけないのが、南北カロライナの境界地域に住む、ランビー・インディアン等、先住部族の独特の方言である。ランビー族は、5万5千人以上いて、ミシシッピー川以東では最大の部族である。彼らは、もはやアメリカ・インディアンの言語を使ってはいないが、その方言は近隣地域の白人の方言とも黒人の方言とも異なっている。これまでお話ししたすべての方言を一緒にしてみると、アメリカ合衆国のどの地域よりも方言差異が大きいということになるのである。

何故このような多様性があるのだろう？　まず最初に、いわゆる「創始者効果」なるものがある。世界の方々から人々が集団でやってきて、定住した地域のことばに痕跡を残した。スコットランド系北アイルランド人の影響はアパラチア山脈地方に、ケープフィアー川渓谷周辺の方言にはスコットランド人的なことばが、南西イングランドの方言規則はアウターバンクス諸島に、そしてもちろんアフリカの影響がシー諸島に、という具合である。

しかし文化的要因も存在する。英国では、17世紀あたりには、four、fear、fairのような語の音節末では、rが発音されなくなっていた。南北戦争前の南部貴族階級の子弟は、しかるべき教育を受けるために英国に渡ったが、そこで彼らはこのようなブランドものの英語を見つけ、本国にもち帰ったのである。また一方で、アフリカの言語に由来する、「もち運ぶ」の意味でのtote、「ピーナッツ」の意味のgoober、そして「亀」を指すcooterなどが、チャールストンの港に上陸し、南部方言になった。皮肉なことに、その結果、アフリカ人奴隷のことばと威信のある英国発音がミックスされた方言が形成されたのである。

これまで述べてきた多様性へと向かう流れを考慮すると、本当に1つの南部英語なるものが存在するのだろうか？　実際に、発音にせよ、文法にせよ、語にせよ、アメリカ南部全体に共通する特徴はある。Timeを「ターム」、penを「ピン」、bootを「ビュート」のように発音することは、本土の南部地方全域に広まっている。文法では、I might could be there tonightのよ

うに助動詞を 2 つ重ねることや、意思を表す fixin'to (I'm fixin' to leave in a minutes.「すぐにおいとまするつもりです。」) や、かろうじて回避できたという意味の liketa (I was so scared I liketa died.「恐ろしすぎて、あやうく死にそうになった。」) の使用なども同じである。語彙では、「炭酸飲料」を意味する co-cola や「袋」を表す poke、そして強調を表す plumb (We were plumb tuckered out.「私たちは本当に疲れていた。」) 等の表現に加えて、これまですでに紹介した二人称複数を示す y'all、「伴う」を表す carry、「もっていく」の意味の tote、「(スイッチなどを) 入れる／切る」の cut on/off などがある。

　研究者らの発見によると、驚いたことに、この南部方言の特徴の多くは、比較的新しいものであるという。それは pin と pen の母音が同じになってしまうようなことだけでなく、南部の典型だとされる y'all ですら、そうだというのである。これらの特徴は南北戦争以前の南部にもかろうじて存在していたが、南北戦争後の発達は、南部が文化的に、政治的に、そしてイデオロギーの面でも北部から別れて発展していくのと重なっている。この 150 年以上の間、南部方言は自身で成長し、根を張りながら、さしずめ繁茂力の旺盛な、ことばの「葛」として南部全体に広がってきたのである。(葛は合衆国では、有害と指定されている植物で、「南部を食い尽くすツル」と呼ばれている)

著者紹介

　ウォルト・ウォルフラム (Walt Wolfram) は、ノースカロライナ州立大学のウィリアム・C・フライデー記念教授であり、自分自身を「方言放浪者」と言い表している。彼の方言研究は、大都市のアフリカ系アメリカ人の方言から、小さく孤立した島や山間の集落のことばにおよんでいる。彼はテレビキュメンタリーを数多く製作しているが、それに加えて、20 以上の著書と 300 本もの論文を書いている。より詳しいメディア関係の情報は、以下のサイトで見ることができる。www.talkingnc.com および www.ncsu.edu/linguistics

さらに知りたい読者のために

●この本のなかで
方言に関しては、4章(「方言と言語」)、20章(「イギリス、アメリカ、その他地方の英語」)、44章(「アメリカ合衆国の方言変化」)で述べられている。アメリカの様々な言語は、28章(「言語の救済」)、38章(「アメリカ合衆国の言語」)、39章(「アメリカの言語危機」)、40章(「アメリカ大陸のスペイン語」)、41章(「ケイジャン語」)、42章(「アメリカ合衆国におけるドイツ語」)、43章(「ガラ語」)、52章(「アメリカ先住民の言語」)で論じられている。

●この本以外で
Bernstein, Cynthia, Tom Nunnally, and Robin Sabino, eds. *Language Variety in the South Revisited* (University of Alabama Press, 1997). アメリカの南部方言研究をテーマとして10年ごとに開かれる学会での発表をまとめた論文集。

Nagle, Steven and Sara Sanders, eds. *Language in the New South* (Cambridge University Press, 2003). さまざまなアメリカの南部方言について書かれた論文集で、地域的な多様性や民族的な多様性についても取り扱っている。主要な南部方言についての重要な概説が収められている。

Wolfram, Walt and Ben Ward, eds. *American Voices: How Dialects Differ from Coast to Coast* (Blackwell, 2006). 北米大陸とカリブ海地域で話されている方言について、一般向けに簡潔に紹介した書。南部方言について大きく取り上げられている。社会文化的方言について書かれた第6部や、島の方言について書かれた第7部の中にも、南部方言についての言及がいくらか見られる。

31 外国語なまりの原因は何だろう？

スティーブン・H・ワインバーガー（Steven H. Weinberger）

外国語なまりの原因は何だろうか？
どうして学習者の母語によってなまりが違っているのだろうか？
なまり無しの外国語を身につけられるだろうか？

　外国語なまりは、人類が言語をもったとき以来、ずっと存在してきた。ヘブライ語の聖書には、古代ギレアデ人が、自国に潜入してくる敵、エフライム人の軍隊をどのように壊滅させたかが書かれている。彼らは道路上にバリケードを築き、近づいてくる人に、ギレアデの単語「シボレス」(shibboleth)を言わせた。エフライム人は「シ」の子音を発音できなかったので、「スィボレス」(sibboleth)となり、その場で殺された。
　外国語なまりの結末が常にこんなに劇的であるとは限らないが、私たちは皆、人の話し方からどんな人であるかを見抜くエキスパートである。人のなまりだけに基づいてその人について、即座に偏見のある判断をしてしまうというだけではない。電話でも相手の性やおおよその年齢、そして電話の向こうで、微笑んでいるかどうかまで分かってしまう。そしてギレアデ人のように、ネイティブスピーカーかどうかさえ、たちどころに分かるのである。
　例えば、誰かが 'zeeze seengs'（「ズィーズ　スィーングズ」）という語を含む文を話している録音をきくと、あなたが 'these things' というつもりで話しているのではないかと見抜けるかどうかは分からないが、少なくとも外国人であることは分かるだろう。また別の人が 'deeza tings'（「ディーザ　ティングズ」）と言うのを聞いた場合も、同じような結論を出すだろう。

あなたに、この二人が英語のネイティブではないと瞬時に判断させたのは、彼らの発音の一体どの部分だったのだろうか？ そして二人のなまりはどうして異なっているのだろうか？ 外国語なまりには多くの要因があるが、多くは言語学者が「言語間の転移」と呼んでいるものに関係している。新しい言語を学ぶとき、ネイティブのように発音したいが、自分の母語の特徴を部分的に、必ずその言語に持ち込んで、即ち「転移」させてしまうのだ。

例えば、'zeeze seengs' と言った人は、'these things' と言いたいのだが、その人の母語 (たまたまフランス語だったとしよう) には英語の 'th' の音がない。だからフランス語の音の中で一番近い音を使って、'these' の有声音の 'th' には 'z'、'things' の無声音の 'th' には 's' を代用しているのである。もう 1 つフランス語にない英語の音は 'things' の短い母音 'i' である。だからフランス語を母語とする人は、最も手近にあり、すぐに使える長い 'ee' (「イー」) で代用し、'zeeze seengs' となるのである。

'deeza tings' と発音した人も同じような問題を抱えているが、彼の英語は別の母語 (例えばイタリア語) の影響を受けている。彼はフランス語を母語とする者のように、英語の短い 'i' には問題はないが、彼の母語にもまた、英語の 'th' 音は、有声音も無声音も存在しない。彼は先のフランス語の母語話者が 'th' 音を、'z' と 's' で代用するかわりに、今度は 'd' と 't' で代用するのである。彼はまた、語の最後が子音で終わるのを避けているようである。英語の単語には、語末が 'p'、't'、'k'、'b'、'd'、'g'、'f'、's'、'v'、'z' で終わる語が多く存在するが、イタリア語にはない。だから彼は子音で終わる英語の単語の後に、小さな曖昧母音を付け加える場合がある。それで 'deeza tings' という発音になるわけである。

このような言語転移の特徴を認識して、真似できるからこそ、プロの俳優は外国人の英語を舞台で演じて、時にはおもしろおかしい効果を出すことができるのである。チコ・マークス (Chico Marx) が舞台でイタリア人の飛行士を演じたり、ピーター・セラーズ (Peter Sellers) が類い希なあたり役、クルーゾー警部に変身したりするところを思い出して欲しい。どちらも、いわば自分の英語を外国語の音声のフィルターにかけ、少し誇張してユーモラスな効

果を出しているのである。

　ということは、外国人が英語を話すとき、あるいは私たちが外国語を話すときは、いつまでもコミカルな物まねのような発音になってしまうのだろうか？　もちろん、そうではない。初めはそうでも、少し練習すれば、コミカルに聞こえずに話しを分かってもらえるような発音を身につけることができる。

　ネイティブスピーカーのような発音にはなれないのだろうか？　それに近い程度にはなれる。言語学の専門家によると、「臨界期」と呼ばれる幼少の時期以降に新しい言語を学び始めると、母語の痕跡を完全に消すことはできないという。聞いた者はほとんど、特徴を見抜くことができるし、言語学研究室にある詳細な分析ができる機器を使えば、完全に見破ることができる。しかしたとえなまりなしに話せないという限界が生物学的にあるとしても、言うことを理解してもらえるならば、それには何も悪いところはない。いずれにせよ、なまりがあるからこそ、人間のことばは、興味深い多様性と認識の幅が加わるわけである。

著者紹介

スティーブン・H・ワインバーガー（Steven H. Weinberger:weinberger@gmu.edu）は、ヴァージニア州のジョージ・メイソン大学准教授で、言語学教育課程の責任者である。彼は音声学、音韻論そして第二言語習得の授業を担当している。主な研究対象は、言語の音韻体系や外国語なまりに関する領域である。彼は *Interlanguage Phonology: The Acquisition of a Second Language Sound System*（1987）の共編者であり、*Speech Accent Archive*（http://accent.gmu.edu）を創設し、運営に携わっている。これは数多くの異なった英語のなまりをウェブ上でデータベース化したものである。

さらに知りたい読者のために

●この本のなかで

成人の言語習得に関する章は、17章（「言語と脳」）、32章（「言語学習における成人の利点」）、33章（「言語の習得方法」）、34章（「言語教授法の歴史」）、35章（「留学」）、37章（「言語教育技術」）である。言語音声を論じている章は、29章（「音声学」）と30章（「アメリカ合衆国南部方言」）である。使用言語に基づいて定義されている社会集団間の争いについては、9章（「リンガ・フランカ」）、10章（「ピジンとクレオール」）、21章（「言語紛争」）、41章（「ケイジャン語」）、42章（「アメリカ合衆国におけるドイツ語」）、43章（「ガラ語」）、63章（「インドの言語」）で議論されている。

●この本以外で
Blumenfeld, R. *Accents: A Manual for Actors* (Proscenium, 2000). 80以上の英語変種や方言、外国語なまりの発音ガイド。対象は役者であるが、発音や比較言語学に関する洞察力のある記述を含んでいる。

Lippi-Green, R. *English with an Accent* (Routledge, 1997). アメリカ人の英語のなまりに対する態度を完璧に分析した書。地理や帰属する集団による言語や方言に焦点を当て、公共機関が、いかに言語の固定観念を作り上げているかを見る。

Swan, M. and B. Smith. *Learner English* (Cambridge University Press, 2001). 約22の言語の英語なまりの特徴を取り上げて比較する実践的な参考書。学習者の誤りを予測するのに、「転移」の考え方を採用しており、第二言語としての英語を教える教師には貴重な資料である。

Weinberger, S. *Speech Accent Archive* (http://accent.gmu.edu, 2010). 同じパラグラフを英語の母語話者と非母語話者に読ませたものを注意深く音声記号で書き起こし、音声分析したウェブ版資料。このアーカイヴは、様々な英語の話者のなまりを比較し分析しようとする人が対象である。

32 母語しか話せない状況に
つける薬はあるのか？

キャサリン・スプラング（Katherine Sprang）

大人が新たに言語を習得することは可能なのか？
それは子供が獲得するよりずっと大変ではないか？
習得に何かコツはあるか？

　あなたが最後に外国語を勉強したのはいつだろうか。私たちの中にはその経験を楽しかったと思う人もいれば、もう二度とやりたくないと思う人もいる。もしあなたが17歳以上で、新たに言語を学ぼうとしているか、または学ぼうと思っているならば（私としてはそうであってほしいが）、大人と子供では言語学習の仕方が大きく異なることを覚えておこう。
　外国語学習にどうしてこうも時間がかかるのかと自問するとき、大人の言語学習者としては、すぐに子供を羨んでしまう。子供は世界を知る一環で言語を学ぶ。彼らの頭脳は、遊んだり探検したりするうちに、聞いた単語や句や文を吸収する。それも眼に見える努力無しにである。言語学習は子供にとって、人生の初めの数年に行うエキサイティングなフルタイムの仕事であり、勉強の必要もなければ宿題もない。
　だが忘れてはならないのは、そんなスポンジのように言語情報を吸収する能力をもってしても、母語を習得するために、子供は何千時間もそれを聞いたり使ったりしなければいけないということである。日常会話を幼稚な子供ことばではなく、普通にできるようになるまでに、一般的には10年を越える時間がかかる。大人には普通そんな時間の余裕はない。しかしそうだから

といって、私たちは言語を習得できないとかあまり上手く習得できないというわけではない。大人には子供より有利な面もある。まず、言語には分類したり、分析したり、説明したりすることが可能な部分があり、その部分は、母語を学ぶ子供より速く習得することができる。次に、すでに母語があるので、その知識を新たに学ぶ言語の音や単語や文法の学習に、うまく活かすことができる。新たに言語を学ぶとき、私たちはゼロから始めはしないのである。

たとえば、ある言語に英語にはない音(例えば、burro の巻き舌の r や、nga のような語頭の ng [ŋ] の音)がいくつかあったとしても、おそらくほとんどの音には馴染みがあるだろう。大人はこれを利用して、発音の最も優先させるべきところに、労力を集中することができる。

あるいはその新しい言語は、語順が「男の子は／勇敢な／ライフルで／虎を／獰猛な／撃った (The boy brave with his rifle the tiger fierce shot.)」のようになるかもしれない。英語話者には不自然に聞こえるが、外国語の文法パターンは、パズルのように、理解できず習得できないほど英語と異なるわけではない。これもまた年とともに向上するスキルである。

外国語の語彙を習得するには、どうしてもさまざまな文脈で何度も単語に触れる必要があるが、ここでも大人には、すでに知っている語とつながりのある語を見分けて、それらを新しい言語への足がかりにできる素養がある。大人は接頭辞や接尾辞を見分け、そういった部分が新しい言語の中で果たす役割を理解することができる。特に良い教師や教科書、補助器材の助けがある場合、大人の語学学習者には、知識と経験と分析能力があるので、新しい言語の中で何がすでに理解できて何が母語と異なっているか見分けることができる。違いに注目することで、私たち大人は学習を速やかにスタートすることができる。

対照的に、それ以外の言語の要素は、継続的に繰り返し触れることで身につけなければならない。脳がリラックスし、説明やパターンを見つけようとしていないとき、言語要素についての情報を、意識的な努力なしに分類し整理することができる。このような無意識のプロセスによって最も吸収されやすくなるという言語の側面は、暗示的学習 (implicit learning) と呼ばれるが、

教科書には取り上げられない傾向があり、教師からきちんと説明されることも滅多にない。実のところ、ルールやパターンや単語リストに熱心に取り組むよりも、習得中の言語のテレビを見たりラジオを聞いたりするほうが効果的な場合もある。

　明示的学習（explicit learning）と暗示的学習の2つのアプローチをより上手に組み合わせるほど、より早く効果的に、新しく学ぶ言語の知識を身につけることができる。そして、単に知識を身につけるだけでは十分ではない。外国語を話し、書き、理解することは、ほとんどピアノの弾き方を習うのと同じであり、技術を磨くことである。身につけるにはとにかく練習、練習、また練習である。ここでもまた、心理的な束縛がないというだけの理由から考えても、明らかに子供の方が気楽にやれる。外国語を練習するということは、大人だからこそ感じる恥に対する恐怖、つまり得意でない何かをする不安を乗り越えなければならないということである。あなたは、進んでよその国から来た見知らぬ人——たとえば観光客の一団——に歩み寄り、彼らの言語で会話しようとするだろうか。身につけ始めた言語スキルを進んで試してみる、（たとえ完璧にはできなくても）練習してみる、失敗から学ぼうとする、このような姿勢がある限り、あなたの外国語の能力は伸び続けるだろう。

　20世紀中頃まで、学校での言語学習は、かなりつまらないものであった。単語を暗記し、文法について話し（それも英語で）、耐えうる限りたくさんのパラグラフを訳すばかり。しかしその後、私たちは言語教育について多くを学んだ。1970年代以降には、第二言語習得という、認知科学と応用言語学を組み合わせた学際的分野の学問も新たに現れた。このような学問分野を通じて、言語のどの部分が明示的な教授法によって一番よく教えられ、どの部分がその言語に持続的に触れることで一番よく吸収されるかが、徐々に分かってきている。こういった問いへの答えが研究を通して明らかになるにつれて、言語教育は改善を続け、大人は以前よりも上手く言語を学んでいる。だから、もしあなたが言語を1つしか話せないモノリンガルな大人ならば、そんな悲しい状態を続ける理由はない。モノリンガリズムは治せるのである。

> **著者紹介**
> キャサリン・スプラング（Katherine Sprang）は、第二言語習得を主専攻としてジョージタウン大学ドイツ語科から博士号を取得。語学学習者が優れた外国語能力を得るのに教育の質の高さがどう役立つかに特に関心をもっている。現在は米国務省外務職員局に外務職員局地域プログラム・地域研修の調整官として勤務している。

さらに知りたい読者のために

●この本のなかで
大人の言語学習については、17章（「言語と脳」）、31章（「外国語なまり」）、33章（「言語の習得方法」）、34章（「言語教授法の歴史」）、35章（「留学」）、37章（「言語教育技術」）でも議論されている。

●この本以外で
Byrnes, Heidi and Hiram Maxim. *Advanced Foreign Language Learning: A Challenge to College Programs* (Heinle, 2003).

Larsen-Freeman, Diane. *Teaching Language: From Grammar to Grammaring* (Heinle, 2003).

33 言語学習で熟達するのに必要なことは何だろうか？

ニーナ・ギャレット（Nina Garrett）

新しい言語を学ぶためには頭が良くなければならないのだろうか。
上達するにはどれくらいの時間がかかるのだろうか。
その方法としては、その国の言語で学び生活する「完全没入法（イマージョン）」しかないのだろうか。

　「4セメスターもX語を学んだけれど、ひとこともしゃべれない」というようなことをよく耳にする。実際これはカルチャーセンターなどの成人語学学級での学習者たちがよく経験することだ。なぜそれほどよくあることなのだろうか。それは、私たちの頭があまり良くないからか、良い教師に当たらなかったからなのか、あるいは単に言語を学ぶのが苦手なだけということなのだろうか。おそらくどれも真実ではない。母語以外の言語を流暢にしゃべるということは、IQの問題でも学業的な頭の良さの問題でもない。なにしろ、学校などでの正規教育をまったく受けていなくても、複数の言語を流暢にしゃべれる人たちは何百万人といるのだから。
　若さの問題でもない。子供だけが言語を習得できるというのではあまりに悲観的すぎる。米国現代語学文学協会（Modern Language Association: MLA）の主張によれば「早すぎるということも遅すぎるということもない」のである。子供は遊び仲間や祖父母やベビーシッターと共に新しい言語に触れながら、発音やくだけたあるいは日常的な会話を確かに大人より早くマスターするが、現実世界のコミュニケーション能力を学校などで正式に学習すること

については、年配の学習者の方が経験を通じてさまざまなことを知っているという認知能力の点でも有利である。

　では言語の才能、言語に対するひらめき(勘)、あるいはことばのセンスの問題なのだろうか。言語を学ぶことに喜びを感じる人もいれば、たいそういやな仕事だと思う人もいる。しかし「言語の才能」というものが何から成り立っているのか、よくは分かっていない。耳が良ければ助けになるだろうし、また記憶力が良くてもそうなるだろう。しかし、同じくらい大切なことは、世界を理解するための新しい方法を進んで自由に取り入れようとすることであり、事実を超えたレベル、つまり言外の意味や意図などがないかどうか進んで耳を澄ませることであり、相手の文化背景の中で人と新しい方法で試しに関わってみようと進んですることであり、そして間違いを覚悟でどんどんやってみることである。

　目標とする言語が話されている国に1ヶ月(あるいは1年でも)住んでみるだけで十分だろうか？　もしあなたが大人になってから語学学習を始めているとしたら、答えはおそらくノーである。英語を学び始めたばかりの人が、知り合いのアメリカ人が「ワチャゴナドゥ(Wutchagonnado)?」と言うのを耳にする、という状況をイメージしてもらいたい。その表現が What are you going to do? という6語の文を話しことばで圧縮して発音したバージョンだと認識し、その意味を理解する日が、いずれは来るだろう。しかし初めてその語を聞いたこの学習者は、あるいは新しい言語に触れた者なら誰でも、これをただの1つながりの炸裂音としておそらく聞くことが多い。どのようにすればこのような炸裂音の意味を理解できるようになるのだろう？　海外での「完全没入法」では分かるようにはならない。あなたの周りの母語話者はその言語における「ワチャゴナドゥ」を自由に用いて互いにただただ意思伝達しているだけなのだから。彼らはあなたのためにその発言を分析する目的でそこにいてくれるわけではないし、分析の仕方すらおそらく知らないだろう。けれどもこの炸裂音に対し(それを what are you going to do の6語から成るものだとする)分析的説明がなければ、あなたの言語習得は場当たり的でなりゆき任せの非効率的なものとなる。また、もう1つ、「完全没入法」では理解できるようにならないものは、文化的背景である。これはとても重要

であるにもかかわらず、「誰でも知っている」あまりに自明なことなので、母語話者による互いの会話の中で明示的に表現されることがないのである。

　思春期以降、私たちは教室での授業を通じて、音を聞いたり文の機能を理解したり文化的背景を理解したりするための枠組みを作り上げる必要がある。しかしそのような枠組みなしに言語を獲得してしまった大人は、多くの場合、たくさん語彙を知っていて話すスピードも速く、発音も良いけれども、文法が支離滅裂でことばの使い方についての文化的繊細さに欠けた、いわば「不快感を催す流暢さ（つまり、スピードも速く語彙もたくさん知っていてペラペラとしゃべるが、間違いが多くて聞くに堪えないこと）」に終わってしまう。言語というものは、単純に「今・ここ」での意味を伝達するために暗記できる単語や句の集合だけで成り立つものではない。むしろ言語は世間と相互作用し考えを共有するための多次元的体系なのである。映画「ピンク・パンサー」に出てくる（奇行で有名な）クルーゾー警部のように、おかしなしゃべり方をして聞くに堪えないと思われたくはないだろう。だから、飛行機に搭乗したときに手にする機内雑誌に載っている、言語をたった数週間で必ず「マスター」できると請け合う語学コースの広告など信じてはいけない。そんなことがあるわけはないのだ。語学学習は時間がかかるものであり、英語と似ていない言語であればあるほどその時間も長くかかる。考えてみて欲しい。大学でのよくある4セメスターの授業では、目標言語との接触時間は200時間にも満たないのである。アメリカの州立学校では、本当の運用能力を身につける目的で言語が教えられているが、フランス語やスペイン語といった「簡単な」語学コースであっても毎日勉強して600時間はかかるし、中国語、日本語、韓国語やアラビア語といった英語母語話者にとって最難関の言語に熟達するには、その倍の時間はかかる。

　しかし、教室での経験だけでは不十分である。もし語学のコースを履修したとしても数年後には学んだことを思い出せなくなる。その理由は第二のステップを抜かしているからだ。すなわち、その言語を話す人々と持続的に関わりをもちつづけねばならないのである。そのためにはもちろんその国へ旅行することも可能だが、集中的な夏の語学学校や語学キャンプに参加したり、その言語以外はほとんど話すことのできない人とデートしたり、イン

ターネットのチャットルームなどで母語話者と「話をしたり」する（その場合には、たとえ書きことばでも「話しことば」になっている）ことでも可能だ。最先端の科学技術のおかげで母語話者とのコミュニケーションを擬似的に経験できる環境が次々とつくりだされているし、また映像補助機能つきの電話やコンピューターを使った会話では疑似ではなく実際のコミュニケーションが体験できるようになっている。インターネットを利用すれば外国語の視聴覚教材資料がたくさん使用できるので、教室での学習と、母語話者と実際にことばをやりとりする学習とのギャップを埋めてくれる。ニュース番組や映画、「ポピュラー」音楽その他多くのものがあり、その多くは内容を書き起こした文字原稿が付属で利用可能である。言語を学ぶ理想的な方法は、良く練られた計画に基づいてその対象言語を複数年間続けて学習することであり、それには最終的に海外で生活する経験をすることが含まれている。悲しいけれどもこれが真実である。近道というものはないのである。

　「語学」に熟達するとは、食事にありついたりホテルの予約をしたり電車の切符を手に入れたりする以上のことができることである。この手のコミュニケーションは実用的だが表面的なもので、良い学習教材で集中して努力すれば2, 3週間もかからずできるようになる。しかし時事問題や共通の職業的な興味について、文化的に適切なことばを用いて意見を表明したり質問したりすることを含め、母語話者とすらすらと話をしようとするなら、語句を暗記する以上のことが必要になる。現実世界で言語を使用するには、語彙はもちろんのこと、その話題や問題についてのその言語特有の知識がどれほどあるかにかかってくるのである。

　言語をこのレベルになるまで学ぶためには、動機づけが必要だし、相当な時間をかけて取り組もうという真剣な覚悟が必要である。しかし、他の言語の本当の能力がつき不自由することがない状態にまで達したら、その言語を流暢にしゃべれることの利点と、そのことがもたらす楽しさにますます触発され、高い言語能力を維持しもっと向上したいという気持ちになるだろう。

> 著者紹介
> ニーナ・ギャレット（Nina Garrett）はフランス語とドイツ語を中学、高校、大学レベルで教え、また大学院レベルで第二言語習得について、特に言語教育の基盤となる理論についての授業を担当してきた。著者の第一言語はオランダ語で、その後ロシア語、ラテン語、スペイン語も学ぶ。彼女は言語教育、および言語学習の方法についての研究を行う際のコンピューター技術の使い方を開発する研究で、国際的にCALL（コンピューター支援の言語教育）の世界で知られている。イェール大学の言語研究センター（www.cls.yale.edu）の前センター長でもあり、今も成人の言語学習の問題についての助言および著述を続けている。

さらに知りたい読者のために

●この本のなかで
成人による言語学習に関係する章としては、17章（「言語と脳」）、31章（「外国語なまり」）、32章（「言語学習における成人の利点」）、34章（「言語教授法の歴史」）、35章（「留学」）、37章（「言語教育技術」）がある。

●この本以外で
Lightbown, Patsy and Nina Spada. *How Languages are Learned.*（Oxford University Press, third edition 2006）.

34 言語学習に関する考え方は時とともにどう変わってきたか

ジューン・K・フィリップス（June K. Phillips）

外国語教育の歴史はどのようなものだろうか。
たくさんの異なる方法があったのだろうか。
だとすればどれだけ異なっているのか。
今日の方法が最上か。

　アメリカで最初に教えられた外国語は何とアルゴンキン語だった。17世紀にイギリスからやって来た移住者達は生存のため先住アメリカ人のことばで意思の疎通を図ることを覚えた。しかし、しばらく経ってから来た移民たちは模範的なヨーロッパ人として、先住民とのコミュニケーションは考えずに、学術的な目的のために言語を教える学校を建てた。18世紀アメリカにおける言語学習は古代ギリシャ語かラテン語またはその両方を（話せるのではなく）読んだり書いたりできるようになることを意味した。

　アメリカ人たちが現代語を学び始めた時、それは最初、フランス語、スペイン語、イタリア語、ドイツ語だけだったが、古典語を学ぶ時と同じ方法をとった。そして、これらの言語は生きた話者がいる言語であったが読み書きが目的であった。自らが設立したヴァージニア大学が新しく開校する1年前の1824年、トマス・ジェファソンは「ラテン語とギリシャ語は良い教育の基礎をなし、教養ある人の人格の陶冶に不可欠である」と述べている。次の年、彼は「一般的にわれわれが外国語を学ぶのはそれらの言語で書かれた本を読むためだ」と記している。コミュニケーションの手段としての外国語な

ど無用という訳だ。

　20世紀以降においてもアメリカ人は外国語を学び続けたが、先住民と話すためではなく、読めるようになるために、それも当時の新聞やパンフレットを読むのではなく文学を読むのが目的であった。外国語の授業はラテン語やギリシャ語だけでなく、現代語においても読解、翻訳、文法分析ばかりであった。だから、あなたがもし20世紀の前半に外国語を学んでいたなら、多分、それを話せるようにはなっていなかったであろう。なぜなら、だれもそんなことは考えていなかったからだ。話すことは最終目標ではなかった。

　そして第二次世界大戦がやってきた。急に合衆国は外国語を話せる兵士や市民を急いで大量生産する必要に迫られた。フランス語の動詞の活用ができたり、ドンキホーテを読めたりするのではなく、世界のあらゆる場所で実際に人と話ができる者達が必要になったのだ。そしてそれにはオランダ語からビルマ語まで目も眩むばかりに多様な言語が含まれていたのだ。

　言語研究・教育の専門家たちは戦時協力をすることになった。その結果、外国語教育が、がらりと変化した。この時期はまた、あらゆる学問分野において学習過程を説明するものとして行動主義が全盛期を誇っていた。外国語教育を行う教員は、ことばのパターンを生徒の頭に刻み込むために、刺激と反応を用いるよう訓練された。生徒たちはあらゆる口頭練習において対話を暗記し、次から次へと出される質問に対して即座に返答することによって学ぶことが求められた。自分たち自身のメッセージを口にすることによって学習することなど滅多になかった。

　この「オーディオ・リンガルメソッド（耳と口による練習法）」はある程度、効果があった。読解を目的とした文法・翻訳中心の方法に比べて、より多くの人びとがより多くの外国語をより早く、より流暢に（流暢と言っても素早い反復と暗唱のことだが）学んだ。合衆国政府の外国語（特にロシア語）教育専門家に対する必要性は、第二次世界大戦が冷戦時代へと移った後も高かった。古典ギリシャ語の人気は下落した。ラテン語の方の人気は上下動を繰り返したが、英語の語彙能力養成の1つの方法として成功を収めた。

　1960年代初期頃にはすでに、オーディオ・リンガルメソッドは行動主義心理学と記述言語学にしっかりと根づき、アメリカ全土で広く用いられてい

た。しかしその欠点が現れ始めた。言語のような複雑なものを学ぶモデルとしては刺激・反応モデルには重大な限界があった。研究者たちはいかにして言語が習得されるかをより詳細に調べ、その過程を毎日練習することによって機械的に達成できるものというよりも、徐々に発達していくものとして見るようになった。語学教育はそういった識見を反映するように再び変化した。

　古い枠組みでは、目的は言語技能の熟達であった。生徒は建築用ブロック（ことばの構成要素）を完璧に扱えるようになるまで練習を繰り返した。しかし、建物が建たない（文を作れない）ということが非常に多かった。ピアノを習っている者で、5本の指で運指練習をするだけで、曲を弾いたり創作したりできる段階にまで到達できずに満足できる者がいないのと同じ話だ。

　新しい枠組みでは初心者でも意思疎通ができるし、実際そうしていると考える。文法構造がなっていない単語の羅列だけでも言いたいことを伝えることができるのだ。飲み屋で 'Me want beer' と言うだけでもビールが出てくるのだ。もっと上級になれば、もっと微妙な意味合いのこもった 'What do you have on draft?'（「生ではどんなのがあるかい」）といったリクエストができる。合衆国の語学教育界はこのコミュニケーション第一の枠組みを National Standards for Foreign Language Education（「外国語教育全米基準」）の土台として採用した。そこには 21 世紀における外国語教育プログラム改良の方策が並べられているのである。

　そしてこれは時期としても良かった。というのは、今日の学生達は学習している言語を実際に使いながら現実世界の課題に取り組むことを可能にする知的資源にこれまでに例を見ないほど容易にアクセスできるからである。もしジェファソンが生き返って 1824 年以降に起こったことを見れば、ギリシャ語、ラテン語、そして西洋語の文学研究の衰退を嘆くであろう。しかし、彼はきっと今日の典型的な教室を訪れて目を見張るだろう。コンピューターや目標言語で作られたビデオやゲームを目にし、また生徒たちがペアで会話したり、教室の中を色々と移動したり、短い文章で喋ったり、不完全ながら理解可能な文法を使ったり、必要があればジェスチャーを用いて意味を補ったり、そして何よりも意思疎通を行なっている場面を目のあたりにする

のである。おそらくアメリカ人の祖先たちがアルゴンキン語を習っている様子もこれとそっくりではなかったろうか。

著者紹介
ジューン・K・フィリップス(June K. Phillips)はユタ州ウィーバー州立大学の人文学部名誉教授・名誉学部長である。彼女は(中学から大学レベルまでの)フランス語と外国語教育法を教えてきた。2001年にはアメリカ外国語教育協会(ACTFL)の会長を務めた。「外国語教育全米基準」策定の際、ACTFLを代表してプロジェクト責任者を務め、10年あるいはそれ以上のちのその影響力を調査するプロジェクトの共同責任者になっている。彼女はまた、ACTFL と National Council for Accreditation of Teacher Education (「教員教育認可国家協議会」)が協力して進める Program Standards for the Preparation of Foreign Language Teachers (「外国語教員養成プログラム基準」)の開発の共同議長でもあった。National Assessment of Educational Progress(全米学力調査)においては、合衆国におけるスペイン語教育評価の顧問を務め、非営利教育資源であるWGBH(ボストン公共基金)/Annenberg(アネンバーグ基金)外国語ビデオライブラリーのコンサルタントも務めた。教授法に関する多くの編著書がある。

さらに知りたい読者のために

●この本のなかで
成人の言語学習に関しては17章(「言語と脳」)、31章(「外国語なまり」)、32章(「言語学習における成人の利点」)、33章(「言語の習得方法」)、35章(「留学」)、37章(「言語教育技術」)がある。

●この本以外で
National Standards in Foreign Language Education Project. *Standards for*

Foreign Language Learning in the 21st Century (Allen Press, 2006; 1999). この本は過去の言語学習よりも広い範囲の目標を定めた、現在広く採用されている「基準」に関する背景となる情報を提供するものである。それは通常「5つのC」(Communication, Cultures, Connections, Comparisons, Communities) と呼ばれる。

Shrum, Judith L. and Eileen W. Glisan. *Teacher's Handbook: Contextualized Language Instruction.* (Heinle, Cengage Learning, fourth edition 2010). 序章と1〜2章が言語教育理論に関する歴史的な情報を提供する。

35 なぜ海外でことばを学ぶのだろう？

シェリ・スペイン・ロング(Sheri Spaine Long)

海外に行かずに言語を習得することはできるのだろうか？
自分の国で教室に座って学ぶより、その言語が話されている国で生活することで言語を身につける方が、簡単ではないだろうか？
目標とする言語を使って学習、生活をする「完全没入」学習には何か思わぬ落とし穴があるのだろうか？

　絶え間なく話されるおしゃべりの中に身を投じてそれを吸収し、聞こえることを真似て、何を言われているのか分からなくても慌てずにいられる。あなたはそういう語学学習者の一人だろうか？　あるいは、もっと言語の構造が必要だと感じ、実際に試しにしゃべってみるよりも、それぞれの語がどんな意味なのか知りたくて、理解不能な発話の波があなたを襲うと大変いらいらする、そんな人だろうか？

　語学の教授として、人が「言語を学ぶ唯一の方法は海外に行くことだ」と言うのをよく耳にする。厳密にはこれは正しくない。外国に行けば自動的にそのことばが身につく、という考えは特に正しくない。私はこの「ことばが身につく(pick up a language)」という表現が嫌いである。なぜなら、まるで言語学習が努力なしにどういうわけか起こることのようなニュアンスがあるからだ。断じてそうではない。

　学習のスタイルにはさまざまな方法があるので、海外での言語学習について考えるには「レディネス」、つまり学習者側に学習のための準備や条件が揃っているかどうか、という観点から見ると良いだろう。言語をあらかじめ

学ぶことなく、つまり何の準備もすることなく、いきなり海外の文化にパラシュートで降りて行ったなら、たいていの人は途方に暮れるし、何の効果も得られないだろう。聞こえてくる内容を理解する助けになるような基本的な枠組みがなければ、進歩はなかなか望めない。どのようなレディネスが必要かは人によって違うが、たいていの場合は、引き綱を引いてパラシュートを開き、その国に降りていく前に、その言語の正規の学習を受けておくことが1番良い。その地に降りたら、何らかの言語学習クラスなどのきっちりと系統立てられた学習経験ができる場に参加登録するのが1番良い。そういったクラスにまずは参加して言語についての知識を学ぶこと。それからその地域の街やパブやクラブなどを実験室と見立てて、話したり聞いたりを練習していくことだ。

海外に居住して学習することの大きな利点は、その文化的背景の中で言語を体験できるということである。時に「無菌化された（つまり無味乾燥で退屈な）」授業で耳にしていた語句が、カフェで飲み物を飲んでいるときに母語話者の口から聞かれると、生きた表現となって、その意味合いすらも変わるものである。同じようなことが、サッカーの試合で観衆の一員となった時にも起こるし、地域の役所を相手にする時にも起こるのだ。

しかしながら、外国語に直面すると最初はたいへん疲れるものだ。常に耳を傾け、集中し、聞いたことを理解しようと努めねばならない。長く海外で生活したのに、結局自分の母語しか話せないまま戻ってくるという事態は、想像以上によくあることなのだ。もし目標が外国語を学ぶことなのであれば、海外ではあなたの母語である英語をできるだけ使わないように努力することだ。十分なコミュニケーションを取る準備がまだもう少し足りないと思われる段階だったとしても、目標言語でのみコミュニケーションをすると自分に誓い、できるかぎり24時間、それを実行することが大切である。同じ国からきた友達とずっと一緒にいてはいけない。よほど緊急の場合を除き、手紙や国際電話、Eメール、ショートメッセージ、ソーシャルメディアなどで故郷と連絡を取り続けたりしないようにするべきだ。また「おそるべき英国びいきの人」を避けるように気をつけねばならない。そういう人はあなたのホームシックを利用し、あなたと英語を練習しようとする地元の人だ。彼

らが得をする分だけ、あなたは損をすることになる。

　私の友人は大学の3年生の時、スペイン語を数セメスター学んだ後スペインでの研修プログラムに参加し、初めて海外で言語を学ぶ経験をした。初日のオリエンテーションの後、教員はスペイン語に切り替え、15人の不安がるアメリカ人に「英語を話さない」と誓うよう告げた。それから友人はスペイン語の方言にどっぷりとつかり、だんだんと自分のものにしていった。5ヶ月の間彼女は英語をほとんどしゃべることもなく、英語母語話者ともつきあいをしなかった。スペイン語のテレビや映画を(字幕なしで)視聴し、できる限り地元の人と過ごした。最初は片言のスペイン語しかしゃべれなかったが、彼女はセメスターの終わりにはスペイン語を満足に使っており、上級レベルで言いたいことを表現できるようになっていた。これは目標とする言語文化環境で完全没入(イマージョン)を行った成功例である。彼女は起きている時間、1週間に7日、ずっともっぱら目標言語で話し考えていたのである。

　海外で学べば学習プロセスを加速化でき、本物の文化的文脈が得られ、一生続くよい語学学習習慣ができる。海外から帰国したほとんどの人たちは、語学力の向上や新しい異文化理解の技能を獲得することに熱心であるし、自分の国の文化に対しても新しい視点をもって戻ってくることが多い。海外学習プログラムはたくさんあるし、その提供者もビジネス、医療、教育に携わる人たちなどさまざまである。けれどプログラムを選ぶ前に、そのプログラムの目的があなたのものと一致しているか、留学先での時間が言語学習に集中しているかを確かめるようにすべきだ。このためには次のような点を確認することが有効だろう。このプログラムでは系統だった学術的な語学学習クラスと完全没入活動を提供してくれているか？　提供されている食事や住居の状況は、言語文化的な完全没入を促進するようなものか？　そのプログラムは大学もしくは高等教育の単位や到達度証明書や修了証明書などを出してくれるか？

　もし海外で学習することが不可能なら、国内で完全没入法を行うことを、第二の選択として強くお薦めする。国内でベストのプログラムであれば、海外経験の精神と実践とを忠実に模しており、海外に行く費用の何十分の一かですむ語学学習の機会を与えてくれる。確かに、国内での経験だけで、実際

ミネソタ州のコンコーディア言語村やバーモント州のミドルベリー語学学校などで行われているプログラムは、場合によってはとても効果があるだろう。そういった学校ではどこでも、そのプログラムに参加している間中、外国語で作業し、学び、食事をし、人とつきあいをすることを誓うことになる。その誓いを、海外の環境にいる場合と同じように注意深く守る限りは、系統立てられた授業と目標言語での完全没入法との組み合わせはとてもうまく機能するのである。

著者紹介

シェリ・スペイン・ロング (Sheri Spaine Long) はアラバマ大学バーミングハム校の外国語外国文学科のスペイン語の教授である。現在アメリカ空軍士官学校の特別栄誉客員教授である。ロング博士はカリフォルニア大学ロサンゼルス校で博士号を取得し、スペインやラテンアメリカへの留学プログラムを指揮してきた。2007年にはスペインのハエン大学から国際教育に対して特別賞を受けている。主な業績として大学のスペイン語教科書を共著で8冊出版しており、また現代のスペイン語文学や文化、言語教育や言語政策に関して40を超える学術論文、研究ノート、書評もある。現在は全米スペイン語・ポルトガル語教員学会で「ヒスパニア」(*Hispania*) というスペイン語・ポルトガル語教育の専門誌の編集者を務めている。そして「外国語年報」(*Foreign Language Annals*) の前編集委員長でもある。

さらに知りたい読者のために

●この本のなかで

大人の言語学習に関するその他の議論については17章(「言語と脳」)、31章(「外国語なまり」)、32章(「言語学習における成人の利点」)、33章(「言語の習得方法」)、34章(「言語教授法の歴史」)、37章(「言語教育技術」)を参照のこと。

●この本以外で
www.studyabroad.com では海外留学の提供者の検索と複数の候補比較も網羅的に可能である。

www.ciee.org（国際教育交換協議会）　学術的国際交流の選択肢に特化したサイト。

www.nafsa.org（National Association of Foreign Student Advisors 別名 Association of International Educators としても知られる）には海外留学に関するさまざまな有益な出版物の情報が掲載されている。

次の専門誌には個別の海外留学プログラムの調査結果が掲載されている。
・*Frontiers: The Interdisciplinary Journal of Study Abroad*, www.frontiersjournal.com
・*Journal of Studies in International Education*, http://jsi.sagepub.com

以下の2つの組織では国内での完全没入体験ができる。
・コンコーディア言語村　www.concordialanguagevillages.org/newsite
・ミドルベリー言語学校　www.middlebury.edu/ls

36 小学校は外国語を教えるには早すぎるだろうか？

グラディス・C・リプトン（Gladys C. Lipton）

小学校で外国語を教えることにははたして利点があるのだろうか？
子どもの脳に過重な負担をかけるリスクはないのだろうか。
その年代なら他の教科の方が大切ではないのだろうか。

最近ある母親から手紙を受け取った。その人の娘が通う学校では、小学生に中国語とスペイン語を教えるカリキュラムがあるそうだ。「言語の混乱を招くのではないでしょうか」と母親は（その手紙の中で）尋ねていた。なかなか良い質問だが、心配には及ばない。10歳までの子供は確実に言語を学習できるようにあらかじめプログラム化されているはずだからだ。多くの国で子供たちは3つか4つの言語を学んでおり、しかも平行して同時に学んでいることもしばしばあるが、悪い影響は出ていない。アメリカはたしかに多言語の国ではあるが、伝統的には中等学校あるいは高等学校になるまで外国語の授業がないし、そのせいでアメリカ人の子供は損をしている。しかし今ではアメリカ人も外国語学習が子供にとってとても楽しいことなのだと認識しつつあり、言語学習を提供する学校も増えてきている。そういったカリキュラムを指すのにもっとも広く用いられている名称は「小学校外国語教育（FLES）」や「早期言語教育」などである。

「小学校外国語教育」を理論的に支えているものは脳の研究から来ている。研究者たちの報告によれば、10歳になる前ならば脳は言語学習をもっとも柔軟に受け入れるが、それ以降になるとこの柔軟に対応する能力は徐々

に失われ始めるというのだ。（読者の中で外国語を幸運にも子供時代に学び始めることができた人がいたとしたら、おそらくその言語をなまりなく話せるだろう。）ということは、もし高等教育までに言語学習を始めていなかったら外国語が上達しないということになるのだろうか？　いや、断じてそうではない。ただ、その言語の勉強にもう少し労力が必要となるだけだ。

　この神経学的な利点に加え、外国語の音やリズムにさらされた子供は文化的にも柔軟であるという利点もある。言語を学ぶということは、1つには英語が「正しい」あるいは唯一のしゃべる方法であり他の言語は「風変わりでおかしなもの」、とする考え方を克服することである。「小学校外国語教育」を受けた子供たちはそのような態度からあっという間に脱却できるし、ティーンエイジャーたちが新しい言語を学ぶときに感じがちな心理的な壁がなくてすむ。研究者たちの発見によれば、10歳までの子供は新しい音を好んでまねるだけでなく、他の国民の慣習や伝統、異なる行動様式をよろこんで受け入れる。「小学校外国語教育」によって子供の精神は他の文化に対して寛容になれる。歌や学習ゲーム、芸術や科学や社会の学習も言語学習の中に含まれる低学年では、特にその傾向が強い。

　「小学校外国語教育」カリキュラムからはどんな結果が期待できるだろうか。まず何よりも熟達度の向上である。言語学習を早くから始め、それを続けた子供は、10代から始めた子供よりも、能力の高い高校生が大学1年次レベルの科目を受講した後受ける上級実力テスト（Advanced Placement tests）で高い得点を得る。この事実はどのように説明できるだろうか？　多くの研究から明らかになったのは、言語学習の成功が3つのことにかかっているということである。それは、課題にかける時間、動機づけ、そして授業学習時間の頻度または集中度である。この3つすべてが外国語学習を早く始めることから生まれるのである。早い時期に言語学習を始めれば、それだけ子供たちが言語に触れる時間が長くなる。また言語学習の楽しさによって子供たちは自然に動機が高まってやる気になり、その結果子供はもっともっと楽しさを求めたくなるようだ。「小学校外国語教育」に触れた学生たちの多くは、言語学習者として成功するのである。

　しかし人によってはこう尋ねるだろう。小学校ではもう（科目・時間割が）

いっぱいではないか。たとえ新たに詰め込む価値があるとしても、どうやってもう1つ科目をねじ込めばよいのだろうか。

　1つの答えになるかもしれないが、最近出てきた研究報告によれば、たとえ言語学習に使われる時間があろうと、それは他教科の時間を削るわけではないということである。「小学校外国語」担当の教員たちによる学際的な方法をとれば、生徒たちが他の教科で学ぶことを強化できるのだ。「小学校外国語」担当の教員たちが1週間の曜日や天気、地図や買い物、その他現実生活における話題を外国語の授業の中で扱えば、それは他の教科で数や日付や地理、気温、色、お金について教えていることを復習することになるのだ。

　こういった理由から、多くの親たちは子供たちの通う学校を国際化することにとても興味を持っている。しかしながら「小学校外国語教育」を確立するために必要と見込まれる費用にはひるんでしまうかもしれない。この（費用の）問題を魔法のように（鮮やかに）解決してくれるような答えは確かにない。しかし工夫すれば選択肢はたくさんある。通常の授業を受けもっている教員が外国語にも堪能で、外国語教授法での訓練を受けていたならば、その人たちをプログラムの核とすることができる。1人もしくは複数の外国語教員が複数のクラスや複数の学校を受けもつということがもっとも理にかなっているという場合もあるだろう。外国語を教えるスタッフの数が限られていたとしても、場合によっては、テレビ会議を利用することで、多くの学校を担当することができる。

　予算が限られていたとしても、親や教員、行政担当者やカウンセラー、その他地域のメンバーが共に協力して、年齢に適した現実的なカリキュラム目標を考案することを強くおすすめする。

　最初の母親の質問に戻ろう。小学校で外国語を教えるべきだろうか？　答えは絶対に「イエス」である。

著者紹介

　グラディス・リプトン（Gladys C. Lipton）は全米初等外国語教育機関（America's National FLES*（「フレスター（fles+star）」と発音）Institute）の

所長で、学校や校区、その他の組織の相談役を務めている。メリーランド大学で全米教員育成を主導してきた。過去には、メリーランド州アナランデル郡公共教育学区における外国語教育と第二外国語としての英語教育プログラムのコーディネーターや、ニューヨーク市の公立学校の外国語指導責任者を務めていた。リプトン博士はアメリカ北東部地域外国語教育学会（Northeast Conference on the Teaching of Foreign Languages）のニュースレター編集長を長く務めてきた。また全米スペイン語教員協会（AATS）および全米フランス語教員協会（AATF）両方の全米初等外国語教育委員会委員長を務めた。また全米スペイン語教員協会（AATS）の専門雑誌「ヒスパニア」（*Hispania*）の副編集委員長や、全米フランス語教員協会（AATF）の全米会長も務めている。職業上の業績への受賞歴も多く、全米外国語教育協会（ACTFL: American Council on The Teaching of Foreign Languages）のスタイナー指導者賞に加え、2010 年にはフランス政府からフランス国家教育功労勲章コマンドゥール（訳者注：3 段階のうち最上級の勲章）を授与されている。

さらに知りたい読者のために

●この本のなかで
子供による言語獲得を論じている章には、10 章（「ピジンとクレオール」）、15 章（「赤ちゃんと言語」）、17 章（「言語と脳」）、25 章（「言語の剥奪」）そして 26 章（「手話言語」）がある。

●この本以外で
Boyer, E. *The Basic School*. (The Carnegie Foundation for the Advancement of Teaching, 1995). ボイヤーによる理想的な学校についての記述（71 － 74 ページ）の中には初期言語学習について書かれている箇所がある。

Curtain, H. and C. Dahlberg. *Languages and Children* (Pearson/Prentice-Hall, 第 4 版 2010). 小学校外国語教育に関する研究、方法、カリキュラムについての情報が書かれている。

Lipton, G. *Practical Handbook to Elementary Foreign Language Programs (FLES*)* (National FLES* Institute, 第 5 版 2010). 効果的な FLES* のカリキュラムを立案し支援するための詳しい援助を提供してくれている。

Lipton, G. 'FLES* Advocacy and Promotion' という資料が *AATF French Advocacy Kit* (Advocacy Online Resource Wiki – Advice from Colleagues, www.frenchteachers.org, 2009) にある。FLES* が子どもにもたらす利点、カリキュラム査定のための FLES* 尺度、また FLES* の効果的な奨励と振興への提案を提示している。

Lipton, G. 'A Retrospective on FLES* Programs' (*Hispania* 83(4), 1998, pp76–87). アメリカの小学校で外国語教育カリキュラムを実行するための初期の試みの歴史をたどったもの。

Marcos, K. *Why, How, and When Should My Child Learn a Second Language?* (Center for Applied Linguistics, 2003). 早期外国語教育プログラムを援助したいと願う親へいくつか提案をしている。

Thompson, P., J. Giedd, et al. 'Growth Patterns in the Developing Brain Detected by Using Continuum Mechanical Tensor Maps' (*Nature* 404, September 3rd, 2000). 早期外国語教育の考え方の有効性を、様々な年齢における脳の活動に関する重要な研究に基づいて立証したもの。

Portman, C. 'English is Not Enough' (*The Chronicle*, April 18th, 2010). 小学校での外国語教育プログラムを促すことを力説している。

Reese, S. 'How to Teach Our Youngest Language Learners' (*The Language Educator*, April 2009, pp22–29). 早期外国語教育プログラムについての理由づけと研究について概観したもの。いくつかの異なる教育モデルが成功した例について述べている。

Saxon, H., E. and K. Kurk Huelbig, eds. *FLES* Works* (American Association of Teachers of French, 2009). このAATF's National FLES* Commissionからの報告では、成功したFLES*の実践例に関する実体験に基づいた事例証拠を提供している。

37 コンピューターのほうが言語を速く上手に教えられるか？

スー・E・K・オットー(Sue E. K. Otto)

あなたは機械と会話できるだろうか？
言語を学ぶのに役立つテクノロジーにはどんなものがあるだろうか？

　フランス語を学ぶ高校生に「今日は授業でどんなことした？」と尋ねて、「いや、別に。」とよくある返事を聞く代わりに、学校の先進的な仮想世界シミュレーターを使ってフランスで過ごした数時間について熱く語るのを聞くことを想像してみよう。「屋外のカフェでクロワッサンを食べてエスプレッソを飲んだよ（クロワッサンはおいしかったし、ウェイターが私のフランス語にすっごく感心してた！）。ジヴェルニーでモネの庭を散策して（バラの香りがすてきだった！）、クロード・モネ本人が印象主義について私と話してくれてね、私が描いた絵の批評もしてくれた。最高だったよ！」
　こんな、多言語を話すアンドロイドや、コンピューターで作られた本物のように精緻な仮想現実を伴うシミュレーションが、21世紀のフランス語学生には——21世紀の終わりの方だとしても——利用可能になるのだろうか？　そう、映画の特殊効果を見て高い期待をする人はがっかりするかもしれないが、答えはほぼ確実に「ノー」である。では、テクノロジーが現実的に言語教育・学習のためにできることは何だろうか？
　1960年代、コンピューターが社会での勢いをつけはじめた頃、教育者はこれが教育に革命をもたらすと予測した。コンピューターが教師の代わりとなって、科学的に作り上げられたプログラム学習や、リアルなシミュレー

ション、あらゆる種類の技術構築のための効果的で効率的な演習を施すだろうと考えたのである。語学の分野では、そのたいそうな「革命」は　コンピューター化された幼稚な単語練習用のフラッシュカード教材や、文法の指導・練習用の電子ワークブックの形で姿を現した。コンピューターは辛抱強く厳しい先生で、間違いに対して個別のフィードバックを即座にしたり、成績を記録したりでき、教師は単調で機械的な作業をしなくて済むと言って、喧伝されたのである。しかしコンピューターには、自然に話されたり書かれたりしたことばを理解して知的に応答する能力や、メディアを使う洗練されたアクティビティーを行なう能力は、実際は全くなかった。そのため多くの語学教師からは疑いの目で見られ、言語カリキュラムの隅に置かれるに留まった。

　最近では、コンピューターやデジタルテクノロジーはどこにでもある。ほとんどすべての教室、家、会社や、あらゆるバックパック、財布、ポケットの中に存在する。学生はますます自らの生活を、現実の世界とオンラインの仮想空間に分けている。こういった学生が日常生活で使うのと同じテクノロジーが、彼らの語学経験でも欠かせないものとなるのも不思議なことではない。

　コンピューターやデジタルテクノロジーが進歩するにつれて、コンピューターを使ったさまざまな魅力的な学習活動が、言語教育・学習用に開発された。リーディング用テキストは、学生が言語的な内容と文化的な内容の両面で読解できるように、必要に応じて利用できる語句の注釈や情報メモで強化されている。双方向ビデオでは、部分部分を何度も再生したり、ヘルプ（字幕または語注）や注釈の表示を自由に使えるようにして、聴解の手助けをしたり文化の観察を促したりできる。書かれたり話されたりした本物のことばを検索することが可能な巨大データベースからは、言語の形式と機能を実例から知ることができる。音の発音をデモンストレーションするアニメーション付きの発音ガイドとボイスレコーダーを使って、学生は自身の発音を録音して手本と比べることができる。模擬会話アクティビティーは音声認識技術に基づいていて、学生が限られた会話文脈の中で言ったことをコンピューターが「理解」して、論理的に返事をする（フライト情報を航空会社に問い

合わせる時にするやりとりと似ている)。アドベンチャーゲームやビデオを使ったシミュレーションでは、学生が物語に出演する役者になる。ライティングでは内蔵されている辞書や、文法のヘルプ機能、スペルと文法のチェック機能を使うことができる。

マルチメディア機能の拡張——ビデオやオーディオ、アニメーション、静止画——は、こういった教育用アプリケーションの主役になっている。学生は自分のペースで学習対象の言語や文化と関わることができ、印刷された動きのないテキストや、時間軸に沿って流れる線形媒体では不可能な、多角的なインタラクションが可能である。最適なマルチメディア教材によって、学生は実際の生活の場面でネイティブが発することばの複雑さや難しさに対処する方法を学び、生の(ネイティブの)言語、文化とその中身に取り組むようになる。

言語の基礎をマスターしようと独学者が、マルチメディア言語アクティビティーを行なえるコンピュータープログラムは、出版社から入手可能なものでは、依然としてほとんどすべてが、初・中級言語プログラムの付属品にとどまっている。言語が堪能になるには、学生には練習の機会がなければならないが、コンピューターを使うと、そういった練習を、個人でプレッシャーを感じることなく効果的にすることができる。けれども、知能のある話し相手なしに、ひとりコンピューターで勉強することは、言語を学ぶ人にとっては、結局のところ完全には満足のいくものではない。

テクノロジーの大変革は、ワールドワイドウェブ(www.)の出現とともに起こった。早くから、ウェブは容易にアクセスできる膨大な情報の貯蔵庫となった。言語の教師や学習者は、世界中から、豊富な実際の言語的・文化的リソースにアクセスできるようになった。おそらくより語学に重要だったのは、ウェブが急速に拡大し、人々をコンピューター上でつなぐ参加型のサービスが数多く生まれたことである。それらは、ソーシャルネットワーキングや情報の創造・共有を促進した。そこにはテキストチャットやビデオチャット、ブログ、ウィキ、ポッドキャスト、ファンフォーラム、フェイスブック、フリッカー、ユーチューブ、ツイッター、その他多くのサービスが含まれる。この新しいソーシャルウェブによって、学習者は、勉強している言語

のネイティブスピーカーも含めたほかの人たちと、たやすくコミュニケーションを取ったり協力したりできるようになり、またそれが当たり前のこととなっている。しかし、上手くウェブ資源を探って、オンラインで外国文化と関わるには、言語・文化・テクノロジーの複合スキルをもつ教師が綿密に計画を立て、専門的な指導をするという形で、まだ人が介在する必要がある。

あなたは機械と十分に意味のある会話をすることができるだろうか？　いや、できない。とは言え、今日のテクノロジーは、語学力を培うための個別指導と練習を提示したり、国際的なオンラインコミュニティーでのコミュニケーションや文化交流を可能にしたりすることによって、言語を学ぶのに役立つし、現に役立っている。

著者紹介

スー・E・K・オットー (Sue E. K. Otto) は、アイオワ大学言語メディアセンター長兼スペイン語・ポルトガル語・国際プログラム学科非常勤准教授。スペイン語においてアイオワ大学より博士号を取得。コンピューター支援言語教育コンソーシアム (CALICO) の元会長で、国際言語学習技術協会 (IALLT) の元会長および元専務理事。過去30年間、外国語オーサリングツール、本物で自然なビデオリソース、マルチメディアソフトウェアの研究開発に尽力。第二言語習得 (SLA) の FLARE 博士課程の教職員で、マルチメディアおよび SLA のコースを教える。
http://clas.uiowa.edu/dwllc/spanish-portuguese/people/sue-otto

---

さらに知りたい読者のために

●この本のなかで
大人の言語学習に関するその他の議論は、17章（「言語と脳」）、31章（「外国語なまり」）、32章（「言語学習における成人の利点」）、33章（「言語の習得方法」）、34章（「言語教授法の歴史」）、35章（「留学」）を参照。言語やテクノロ

ジーに関するほかの話題は、38章(「アメリカ合衆国の言語社会のインタラクティブマップ」)、48章(「機械翻訳」)、49章(「法言語学」)、50章(「言語の博物館」)、53章(「ラテン語」)、64章(「エスペラント語」)にある。

●この本以外で
http://en.wikipedia.org/wiki/Computer-assisted_language_learning　コンピューター支援言語学習分野の概説。

Language Learning and Technology (http://llt.msu.edu).　第二言語・外国語の研究者・教育者向けのオンラインジャーナル。

CALICO Journal (http://calico.org).　CALICO (Computer Assisted Language Instruction Consortium：コンピューター支援言語教育コンソーシアム)の雑誌。

ReCALL (www.eurocall-languages.org/index).　EUROCALL (European Computer-Assisted Language Instruction Consortium：ヨーロッパコンピューター支援言語教育コンソーシアム)の雑誌。

www.ict4lt.org/en/index.htm　言語教師のための情報通信技術(ICT)のトレーニングモジュールを集めたもの。EUから資金援助を受けたプロジェクトによって作られており、サイトは概してヨーロッパの視点を反映している。

Computer Assisted Language Learning (www.tandf.co.uk/journals/titles/09588221.asp).
コンピューター支援言語学習(CALL)のための専門機関向けオンラインジャーナル。

38 アメリカ合衆国の言語は何か？

デイビッド・ゴールドバーグ（David Goldberg）

アメリカ合衆国は1言語使用（monolingual）ではないのか？
アメリカ国内では英語のほかに何語が話されているのか？
誰がどこで何語を話しているかをどのようにして見つけるのか？

「アメリカ合衆国は英語を母語としている国であり、アメリカ人はほかの言語が得意ではない」と言われるのを耳にするといつも奇妙な感じがする。実際、何千万人ものアメリカ人が英語以外の言語を、それも数多くのほかの言語を話している。2000年のアメリカ合衆国国勢調査によって4,700万人以上の人々が家庭で英語以外の言語を話している（ただしそのうちの93％は英語も話す）ということが判明した。アメリカ地域調査（American Community Survey）によると2009年までにその数はほぼ5,500万に跳ね上がっていて、現在国勢調査のためにこれらのデータを継続調査している。アイダホ州の人々は70以上の言語を話していて、その中にはショショーニ語（Shoshoni）を話すほぼ1,000人の人々が含まれるということはご存じだっただろうか？ シカゴで86,000人以上の人々がポーランド語を話しているということは知っていただろうか？ ニューヨーク市在住者のほぼ半分が家庭で英語を話していないということは？ 現実には国内でもっぱら英語しか話さない地域はアパラチア地方（Appalachia）、深南部（the deep South）、中西部（the Midwest）といった田舎のあまり人口の多くない地域だけである。国内のほとんどの場所、特に大都市では、多言語使用（multilingualism）が普通である。

アメリカ人の語学力は多くの点で貴重な国家資源（national resource）であるのに、アメリカ合衆国は言語関連の需要を満たす目的ではこの資源をそれほど十分に利用しているとは言えない。学校や大学ですでに機能している言語教育プログラムに対して行われている支援をさらに拡大すれば、行政、商業、国際関係において使える言語が不足している現状にうまく対処するのに大いに役立つであろう。同じように支援を重視すべきなのは継承語学校（heritage language school）と呼ばれる、移民の子供やハーフの子供が親の言語を習う課外学校の存在である。そこでは自分の家族の言語（family language）［親や祖先の言語］をほとんど知らない人たちが、その語の語学力を伸ばすことができる。

　何人のアメリカ人が何語をどこで話しているかについてどうすれば分かるのだろうか？　米国現代語学文学協会（Modern Language Association of America（MLA））作製のオンライン言語地図（Language Map）を調べればよい。2000年の国勢調査のデータを用いてMLAは、アメリカ合衆国全土の各言語ごとの構成を州別に、郡別に、都市別に、最終的には郵便番号によって定められた区域別に至るまで、ワンタッチ操作で示してくれる双方向の地図と表を作製した。MLA言語地図はまた、これらの言語の各々が単科大学あるいは総合大学で教えられている場所はどこか、及び地図に記入されているそれぞれの語の教育プログラムで何人の学生が勉強しているかも示してくれる。

　（この地図では）各言語が国内にどのように分布しているかを見られるし、興味を持った言語の話者がいる場所を大写しにすることもできる。アメリカ合衆国の3,141の郡のそれぞれにおける英語以外の主要な言語を示した地図を見ることもできる。その言語地図のデータセンターを使うことで、それぞれの言語の話者の数に従って50州を順位付けした表を呼び出すこともできる。例えば、カリフォルニア州、テキサス州、ワシントン州はベトナム語が最も多く話されている3州だと分かるのである。

　ミネソタ州を見ると、スカンジナビア人が住み着いていると思われるかもしれないが、英語に次いで最も多く話されている言語はスペイン語、ドイツ語、東南アジアの言語フモン（グ）語（Hmong）であることが分かるだろう。

フモン（グ）語話者の数はスウェーデン語、ノルウェー語およびデンマーク語の話者を合計した数の3倍である。メイン州のアンドロスコッギン郡（Androscoggin County）を調べると、30を優に超える他の言語は言うまでもなく、13,951人のフランス語話者と271人のドイツ語話者がいることが分かる。またその地図は話者を17歳以下、18歳〜64歳、65歳以上という3つの年齢層に分類している。例えばブルックリンには18歳未満のイディッシュ語（Yiddish）話者が24,000人いるがマイアミには一人もいない。ニューメキシコ州のマッキンリー郡（McKinley County）にいる30,000人のナバホ語（Navajo）話者の年齢を調べてみるのもよいであろう。このようなデータは言語共同体の将来に関する手がかりを与えてくれるかもしれない。1組の表とグラフから、2000年と2005年両方の州レベルのデータを組み合わせたものが閲覧でき、どの言語がアメリカ合衆国の家庭でますます多く話されているかということと、どの言語が減少しつつあるかということを比較することができる。

　計画立案者、教師と学生、企業所属の研究者、図書館員、あるいは一般市民が、コンピューター制御のMLA言語地図に表された情報を利用する方法は何十もある。マーケティング担当者がウルドゥー語あるいは朝鮮語の話者と連絡を取りたいと思ったら、どの郵便番号に送れば大量郵送が最も効果的となるかを見つけることができる。政府機関は効果的な社会事業を提供したり災害対策をしたりする目的で利用することができる。司法省職員はその地図を見て、新しくアメリカ合衆国市民になった者たちに権利と責任を知らせるのにどの言語を用いる必要があるのかが分かるし、通商情報局（Office of Trade and Information）の職員にとって、中国に利権をもつ企業が中国語を知るアメリカ人を見つける助けになる方法を見つけることもできる。そして、言語学習者が海外に行くためのお金を使うことなく自分たちが勉強している言語の練習ができる場所をアメリカ合衆国内で見つけるのにも役に立つのである。

　アメリカ合衆国国勢調査局の文書保管所とそのウェブサイトAmerican FactFinderには英語以外の言語を話すアメリカ人についての膨大な量の情報が収蔵されている。MLAの作業のおかげでその情報はより見つけやすく利

用しやすくなっている。

　長年アメリカ合衆国は英語以外の言語が中に取り込まれて姿を消してしまう文化の坩堝（るつぼ）と言われてきたが、これが決して事実ではないということが MLA 言語地図のおかげではっきりする。www.mla.org のサイトへ行き Language Map をクリックして自分で調べてみるか、あるいは Data Center をクリックして町の名前かアメリカ合衆国の郵便番号（ZIP code）を打ち込んでみればよい。多分びっくりすることになるだろう。

著者紹介

デイビッド・ゴールドバーグ（David Goldberg）は米国現代語学文学協会の外国語教育プログラム課（Office of Foreign Language Programs）と外国語学部協会（Association of Departments of Foreign Languages）の副所長である。MLA 言語地図を継続して作製する作業の責任者である。ゴールドバーグはイディッシュ語文学の博士号を取得しており、継承語学校、コロンビア大学及びペンシルベニア大学でイディッシュ語とイディッシュ語文学を教えた経験がある。Yale University Press から出版された中級のイディッシュ語の教科書の著者である。

さらに知りたい読者のために

●この本のなかで

アメリカ合衆国の言語を巡る状況については 28 章（「言語の救済」）、30 章（「アメリカ合衆国南部方言」）、39 章（「アメリカの言語危機」）、40 章（「アメリカ大陸のスペイン語」）、41 章（「ケイジャン語」）、42 章（「アメリカ合衆国におけるドイツ語」）、43 章（「ガラ語」）及び 52 章（「アメリカ先住民の言語」）で論じられている。言語に関して科学技術を利用する他の方法は 37 章（「言語教育技術」）、48 章（「機械翻訳」）、49 章（「法言語学」）、50 章（「言語の博物館」）、53 章（「ラテン語」）及び 64 章（「エスペラント語」）のテーマになっている。

●この本以外で
www.mla.org

McKay, Sandra Lee and Sau-ling Cynthia Wong, eds. *New Immigrants in the United States: Background for Second Langage Educators* (Cambridge University Press, 2000). メキシコ、プエルトリコ、キューバ、ベトナム、東南アジア、中国、韓国、フィリピン、ロシア、及びインド出身のアメリカ人の共同社会に見られる言語問題を 2000 年という年を背景にして論じている。言語と教育だけでなく言語と法に関する研究も含まれている。

McKay, Sandra Lee and Sau-ling Cynthia Wong, eds. *Language Diversity: Problems or Resource?* (Newbury House, 1988). メキシコ、プエルトリコ、キューバ、ベトナム、中国、韓国及びフィリピン出身のアメリカ人の共同社会に見られる言語問題を 1988 年という年を背景にして論じている。言語と法、言語と教育及び 1980 年の国勢調査のデータに関する研究が含まれている。

Ferguson, Charles A. and Shirley Brice Heath. Language in the USA (Cambridge University Press, 1981). アメリカ先住民、アフリカ系アメリカ人、フィリピン系アメリカ人及びスペイン語、イタリア語、フランス語、ドイツ語、イディッシュ語、ロシア語、ポーランド語を含むヨーロッパの言語を話すアメリカ人の共同社会に見られる言語問題を 1981 年という年を背景にして論じている。言語と法、言語と教育及び 1970 年の国勢調査のデータに関する研究が含まれている。

39 アメリカ合衆国に言語危機はあるのか？

キャサリン・インゴールド（Catherine Ingold）

アメリカはどのような外国語能力を必要としているか？
理想と現実の間にどのような隔たりがあるのか？
できることは何か？

　危機とは言えないとしても重大な問題であることは間違いない。アメリカ合衆国は100を優に超えるさまざまな言語の専門家レベルの能力を必要としているのである。スキルを持った人材もいるにはいるが、人材不足は甚大であり、そこには国家にとって極めて重要な仕事も含まれているのである。
　防衛と諜報において言語能力が不足していることはこれまでにも大きく注目を浴びてきたが、不足しているのはそれだけではない。ビジネスが国際化したことにより、情報をある言語から別の言語に移し替えられる人への需要が劇的に高まった。カーラジオの説明書がドイツ語でしか書かれていなかったり、コンピューターのヘルプ・ウィザードが日本語しか理解しなかったならば、それはもはや満足のいくものではないだろう。他の言語と文化で使用することを目的とした製品を製造する産業は「地方化産業」（localization industry）と呼ばれ、数十億ドル規模の事業である。それに加えて、多くのアメリカ合衆国在住者は、英語を身に付けるまでは、必要な公共サービスを受けるための言語援助を必要としている。アメリカ合衆国の公民権法では、多くの場合そのような援助が、それも200もの言語において、利用可能でなければならないと定められている。

何千人もの子供たちが毎年高校や大学で言語を学んでいるのに、どうしてこういった問題が生じるのかという質問がひょっとしたら出てくるかもしれない。まず第一に、世界の最も重要な言語の中にはアメリカの学校や大学ではめったに教えられることがないものがいくつかある。多くの学区で外国語に中国語が追加されたが、関連する南アジアのさまざまな言語が学習しやすくなるヒンディー語やウルドゥー語は言うまでもなく、アラビア語のような他のきわめて重要な言語が増える速度はそれに比べてずっと遅い。
　それ以上に、アメリカ合衆国における世界の言語の教育が有効かどうかが大きな問題である。一般に認められている規準によって評価した、個人及び専門家にとって役に立つ語学力という点から言えば、アメリカの教育制度の成果はせいぜい「並み」である。学習者にとって実際にハンディキャップとなるのは言語学習に充てられる時間がわずかしかないという点である。多くの国において、子供たちは小学校の4年次もしくは5年次（あるいはもっと早く）に外国語を学び始めてそれを高校修了まで続け、その過程で第2外国語が加わってくる。アメリカ合衆国でそのような教育課程をもっている学校はわずかしかない。これは本当に残念なことである。なぜなら、ある言語を専門家レベルになるまで習得するのには多くの時間がかかるからである。そしてまたそれぞれの職業に特有の語学力を伸ばす機会を提供することも必要である。法廷通訳、社会福祉士（social worker）、あるいはさまざまな医療の専門家が特殊な言語技能を必要とすることを考えれば分かるだろう。
　専門家レベルの語学力は、その外国語が話されている国に住んで勉強すれば確かに身に付けることができるが、外国へ留学するアメリカ人は比較的少数で、留学する場合でも英語が話されている国を選ぶことが多い。（'G'day, mate'（［オーストラリア、ニュージーランドで］「やあ、こんにちは」）と言うことを学んでもアメリカ合衆国の言語能力の不足を埋めるにはあまり役に立たない。）もちろん例外はあって、言語と異文化が好きな人々は平和部隊（Peace Corps）や外交任務に強く引かれる傾向がある。一般に、専門的に役に立つ言語能力は、長期間の連続した教育、その言語が話されている国で少なくとも多少の期間は過ごすこと、そして実社会においてコミュニケーションが必要とされる仕事で、その言語を幅広く有意義に活用することを必要とす

る。このパターンに合うように、早期に始まり長期間続けられる言語教育プログラムを確立した州と地方管轄区がいくつかあるが、しかしこれらのプログラムはごくわずかのアメリカ人学生しか利用できない。私たち言語教育者は、言語学習の機会における「郵便番号で区切られた地域間の不均衡（'ZIP code disparity'）」のことを話題にし始めている。

　移民たちがアメリカ合衆国に語学力をもってきてくれるのではないか？彼らが不足分を埋めてくれているのではないか？　このように思う向きもあるだろうが、実際はそれほどでもないのである。2000年の国勢調査（言語に関するデータを提供する最新の調査）において、4,700万人が家庭において英語以外の言語を、少なくともときどきは話していると報告されている。この計算は200万人の中国語話者、それぞれ60万人以上いるアラビア語話者と朝鮮語話者、そして30万人のヒンディー語話者を含んでいる。因みにこれらは非常に必要とされている4つの言語である。しかし次のように問題もある。言語に関連したアメリカ合衆国の仕事のほとんどにおいて、外国語と英語両方の専門家レベルの語学力が求められるが、アメリカに来たばかりの移民の多くはその仕事ができるくらい上手には英語が話せない。その子供たちは家庭で家族の言語を話すかもしれないが、しかしいったん学校に入ってしまえばすぐに英語に切り替える。そして第3世代になる頃には家族の言語はなくなっているのである。

　従って移民の国とは言いながらも、アメリカ合衆国は語学力の訓練に多額の投資をしない限り、自らが必要としている有能で教養があり2か国語を操れる専門家を輩出することができないのである。第1世代が素晴らしいウルドゥー語、中国語、あるいはペルシャ語を話せても、しばしば上級英語を補って完全なものにする必要がある。これは学校や大学が提供する第2言語としての英語（English as a Second Language（ESL））の典型的な授業をはるかに超えたレベルである。第2世代になれば、質の高いESLの授業を行い、かつ並行して自分たちの家族の言語の能力を伸ばすための訓練と合わせることで、その目標を達成することができる。

　行政、ビジネス及び地域社会への奉仕において重要な役割を果たすためには、私たちはもっと多くの言語でより幅広くより奥深い教育を提供する必要

がある。1 言語しか使わないアメリカ人に新しい言語を教えるだけでなく、家庭で他の言語を話す人々の語学力を強化する必要もある。そうしなければ、アメリカは膨大な言語資源を浪費していることになる。

　1957 年にソビエト連邦がスプートニク衛星を宇宙空間に打ち上げて西側諸国を驚かせた。アメリカ合衆国議会は冷戦に勝利するために貢献する科学者、エンジニア、言語学者の世代を生み出すことによってそれに対応した。2001 年 9 月 11 日はアメリカが再びスプートニクの時と同じ衝撃を受けた瞬間であった。議会は重要言語を教育する拡充プログラムを援助することで対応したが、しかしその拡充の大部分は（当然のことながら）大人を教育して、防衛関係と諜報関係の集団が緊急に必要としている基本的に役立つ言語のレベルまで引き上げることに焦点を絞ったものであった。それに対して、私たちが必要とする言語能力を伸ばすための最も費用効率の高い方法、そして悪いことが起きた時の緊急時対応能力を高める唯一の方法は、早期に始まり長期間続けられる言語教育プログラムをアメリカ合衆国全土の学校制度に組み込むことである。この仕事が私たちの目の前に横たわっている。もし今世紀以降もずっと一流国でいたいのであれば、アメリカは知的資本を発展させることに関心を向けなければならない。そして言語能力はその資本を構成するますます重要になってきている要素である。

著者紹介
キャサリン・インゴールド（Catherine Ingold）は国立外国語センター（National Foreign Language Center（NFLC））（メリーランド大学の行動指向型の言語政策研究所）のセンター長である。現在 STARTALK プロジェクトの主任研究員を務めている。このプロジェクトはアメリカ合衆国のほとんどすべての州において、学生と教員に 10 の重要言語の夏期講習を提供するものである。それに加えて、大規模な語学教材に関するプロジェクトの主任研究員で、そのプロジェクトは 60 以上の重要言語について上級レベルのオンライン式語学教材を開発しようとするものである。インゴールド博士はバージニア大学からロマンス語言語学の修士号とフランス語の博士号を取得している。ギャローデット（Gallaudet）大学

において、アメリカ手話言語（American Sign Language）を学び、外国語学科の学科長を務め、教養学部の学部長のちに副学長（Provost）を務めた。パリ・アメリカン大学（the American University of Paris）学長として35の母語話者で構成された教授陣と76か国からやって来た学生たちを統轄した。1996年にNFLCのメンバーになった。

さらに知りたい読者のために

●この本のなかで
語学力を専門的に利用するための機会と要件については2章（「言語学者は何をするのか」）、22章（「二言語使用」）、45章（「言語に関係する仕事」）、46章（「辞書」）、47章（「通訳と翻訳」）、49章（「法言語学」）、56章（「ロシア語」）、及び59章（「アラビア語」）で論じられている。アメリカ合衆国の言語能力に対する別の見方が38章（「アメリカ合衆国の言語」）に表されている。

●この本以外で
Garcia, Ofelia and Joshua A. Fishman, eds. *The Multilingual Apple: Languages in New York City* (Mouton de Gruyter, second edition 2002). 一般読者にも利用可能な、ニューヨーク市の移民の言語共同体に関する豊富な情報。

Brecht, Richard and William Rivers. *Language and National Security in the Twenty-First Century: The Federal Role in Supporting National Language Capacity* (National Foreign Language Center, 2000). 2001年9月11日のテロの後公共政策に大きな影響を与えた戦略分析。

Ingold, C. W. and S. C. Wang. *The Teachers We Need: Transforming World Language Education in the United States* (National Foreign Language Center, 2010). 地方当局、州当局及び連邦当局に指針を与える35ページの白書。

40 アメリカ合衆国でスペイン語の未来はどうなるのか？

マリア・カレイラ（Maria Carreira）

スペイン語はアメリカで生き残れるだろうか？
他国のスペイン語と同じであり続けるだろうか？

> 出来る限りの力を尽くしてスペイン語の勉強に専心しなさい。
> スペイン語と英語はアメリカのほぼ全土をカバーしているので、
> この2つの言語は、自分の農園の境界の向こうを見ようとしている
> 住民ならばすべて、知っておくべきである。
>
> （トーマス・ジェファーソン、甥ピーター・カー宛の手紙、1788年）

ジェファーソンがこの手紙を書いてから2世紀以上が経ったが、このことばはまさしく予言であったことが明らかになっている。今日、アメリカは世界で5番目にスペイン語話者が多い国であり、また世界で3番目に裕福なスペイン語話者が住む国となっている。ニューヨークには、プエルトリコの首都であるサン・フアンと同じ数のプエルトリコ人がいる。またマイアミは世界で2番目に多くのキューバ人が住んでいる都市であり、ロサンゼルスはメキシコ人が2番目に多く住んでいる都市である。

しかしスペイン語の未来についてはどうだろうか？　入植から3世紀を超えた今にいたるまで、その間数十もの言語がアメリカの海岸に上陸したが、結局一世代か二世代で消えていく結果となった。その例として、イタリア語やオランダ語、ポーランド語を思い出してほしい。これらの言語は、

徐々に話者を減らしていき、最終的にはとうとう消滅してしまった。このような歴史から純粋に判断すると、スペイン語についても、これらの言語と同じ道をたどる恐れがある。果たしてスペイン語は他の移民語と同じ運命をたどるのか、それとも生き残る道を探すのだろうか？

　一般的に、アメリカへの移住者は英語よりも自分たちの母語を強く好むのが普通である。確かにこれは現在米国に在住する何百万人ものラテン系アメリカ人移民にも当てはまる。しかしながら、後に続く世代になると彼らのスペイン語の使用はぐっと落ちる。第三世代にもなると、彼らの両親や祖父母のことばに堪能な者はほとんどいなくなる。これは若いラテン系アメリカ人が社会に溶け込むため、もしくは英語を使うことで得られる社会的身分を手に入れるためにスペイン語を捨てるからであろう。また実際、スペイン語が英語を話す能力や良い暮らしをするための能力の妨げになると心配する人もいる。だからスペイン語が消え去るのも時間の問題であると思われるが、どうだろうか。

　今までのところ、スペイン語話者の世代交替による損失は、ラテンアメリカからの新たな移民の、安定した流入により埋め合わされており、その数は年間100万人に至る。しかし幾人かの専門家が予想するように、仮に移民が減ったとしても、国内には非常に多くの話者がいるため、スペイン語にはその存続に必要不可欠な人数を確保できるという強みがある。その数は、これまでの他の移民と比較してはるかに多く、国内でスペイン語が衰えずに維持され続けている理由となっている。2009年現在、アメリカでのヒスパニックは4,800万人を上回り、人口の16%を占めている。またヒスパニックのほとんどがバイリンガルである。80%近くが家ではスペイン語を話しており、また半数以上が英語をうまく話すと報告されている。

　ジェファーソンのことばを裏付けるように、アメリカには、テキサス州やフロリダ州、またカリフォルニア州やニューメキシコ州などといった、何百年とまではいかなくても何十年も前からスペイン語が歴史を持つ地域がある。また最近では、生活の手段を求めて国内のさらに先まで移民の新しい波がやってきており、それにつれて南部のスペイン語圏から遠く離れたワシントン州やオレゴン州、またミネソタ州といった地でもスペイン語は存在感を

示すようになってきている。

　新たにやってきた移民から、アメリカで生まれた者まで、国内のラテン系アメリカ人はスペイン語のものなら何でも、熱心に消費する。ロサンゼルスやマイアミでは、英語放送よりもスペイン語放送のテレビやラジオの方が視聴者が多い。またラテン系アメリカ人が生活するところであればどこでも、例えば教会やビジネス界や学校や官庁などでもスペイン語が聞かれ、また活字が見られるのである。

　ラテン系アメリカ人ではないが、さまざまな理由でスペイン語に堪能になろうとする人々のことも忘れてはいけない。幼稚園から大学院のプログラムまで、スペイン語はアメリカで最もよく学ばれている言語である。また中等教育で見ると、驚くべきことに学習者の 70% がスペイン語を選択している。しかしスペイン語は学校だけのものではない。例えばアメリカで最も力をもつ政治家たちも含めて、さまざまな職業の専門家たちがこの言語の力を利用しようとしている。

　しかしながらアメリカでのスペイン語の未来は、社会的圧力や経済的誘因、人口動態といった外部要因だけによって決まるわけではなく、言語的な発達にも影響を受けるだろう。話者数の多さもさることながら、おそらくより印象的なのは、その発音や使用法、また方言がバラエティに富んでいるということだろう。これは、スペイン語話者の移民が、アルゼンチンのブエノスアイレスからメキシコのティファナまでさまざまなところからやってくるためである。確かにスペイン語話者を形成する国民はメキシコ人が絶対的に多いが、相当数の移民層が他のあらゆるスペイン語国家、とりわけカリブ海や中央アメリカからやってきているのである。このような状況は、今までのスペイン語圏の歴史上なかったことである。

　このような新しい言語的環境は、「ユナイテッド・ヒスパニック・ステイツ・オブ・アメリカ」(United Hispanic States of America)、つまり「アメリカヒスパニック合衆国」のように呼ばれることもある。その中で、スペイン語は日々新しく作り変えられているのである。方言が混合されたり、英語の要素が取り入れられたりして形が変わっていくのである。またアメリカでのスペイン語と英語の混合は進み続けており、これはよく「スパングリッシュ」

（スペイン式英語）と呼ばれる。例えば、'Livin' la Vida Loca' や 'Hasta la vista, Baby.' の例を考えてみよう。（訳者注：'Livin' la Vida Loca' は、英語に訳すと 'Livin' the Crazy Life' であり、クレイジーな人生を送るという意味である。これはリッキー・マーティンのシングル曲のタイトルであり、日本では郷ひろみが「GOLDFINGER '99」としてカバーした。また 'Hasta la vista, Baby.' は、映画「ターミネーター2」で、主人公のアーノルド・シュワルツェネッガーの「Hasta la vista, Baby!（またな，ぼうや！）」と言うシーンで有名になった。）このようなスパングリッシュは、若者の間で流行し、また人から人へと伝わり、他のスペイン語の国々にまで広がっている。二言語使用のダジャレや語呂合わせは、多くの米国のラテン系アメリカ人作家、例えばオスカー・イフェロス（Oscar Hijuelos）や、サンドラ・シスネロス（Sandra Cisneros）、またジュノ・ディアズ（Junot Díaz）といった作家の作品に見られる。しかし多くの言語純粋主義者は、この種の混合に反対している。メキシコ人ノーベル文学賞作家のオクタビオ・パス（Octavio Paz）は、スパングリッシュを「嫌悪感を引き起こし」、「正しいと認めがたく」、「ろくでなしのことば」だと厳しく表現した。

　スパングリッシュは、アメリカでのスペイン語が変化し、かつそれが言語的な環境にも順応し、それゆえ生き残る可能性が高くなっていることを示す1つの兆候にすぎない。今から三世代も経れば、アメリカのスペイン語はまた新たな混成語になるだろう。そうなってもやはりスペイン語圏の人々には理解されるだろうが、ヒスパニックの多様性や、これからも吸収し続けるであろう英語の影響を受けて、より一層豊かになっていくだろうと思われる。

　スペイン語が今後どのような形を取ろうとも、それが米国ではもはや外国語ではないことを認めるべきだろう。ニューメキシコ州は公的にスペイン語と英語の二言語使用を宣言し、それを認めた。残りの地域に関しても、公的な手段には至っていないとしても、スペイン語がアメリカの言語として今では英語に次いで第2位の地位を築いている事実に迅速に対応しているのである。

> 著者紹介
> マリア・カレイラ (Maria Carreira) は、カリフォルニア州立大学ロングビーチ校のスペイン語学の教授であり、またカリフォルニア大学ロサンゼルス校 (UCLA) が管轄している継承語教育支援センター (National Heritage Language Resource Center) の共同センター長も務めている。彼女の出版物は、米国でのスペイン語や、世界共通語としてのスペイン語に焦点を当てたものである。彼女は3冊の大学レベルのスペイン語教科書 *Nexos* (2005年)、*Sí se puede* (2008年)、*Alianzas* (2010年) を共同執筆している。カレイラ博士は、イリノイ大学アーバナ・シャンペーン校で言語学の博士号を取得した。

さらに知りたい読者のために

●この本のなかで
アメリカのさまざまな言語については、28章（「言語の救済」）、38章（「アメリカ合衆国の言語」）、39章（「アメリカの言語危機」）、41章（「ケイジャン語」）、42章（「アメリカ合衆国におけるドイツ語」）、43章（「ガラ語」）、52章（「アメリカ先住民の言語」）、55章（「スペインとポルトガルの言語」）で述べられている。また多言語コミュニティにおける生活のダイナミクスについて触れているのは、21章（「言語紛争」）である。

●この本以外で
Dávila, Arlene. *Latinos Inc.: The Marketing and Making of a People* (University of California Press, 2001). 米国でのラテン系アメリカ人の文化がもつ影響力の高まりを記録し、ヒスパニックのマーケティング業界の眼を通して見たラテン系アメリカ人のアイデンティティについて論じている。

Carreira, Maria. 'Mass Media, Marketing, Critical Mass and Other Mechanisms of Linguistic Maintenance', in *Southwest Journal of*

Linguistics (Vol. 21, No. 4, December 2002). スペイン語のメディアや、ラテン系アメリカ人の人口動態、また商業的な要因が、アメリカでのスペイン語の維持や発達促進に果たしている役割を論じた論文。

Krashen, Stephen. 'Bilingual Education, the Acquisition of English, and the Retention and Loss of Spanish', in Roca, Ana, ed. *Research on Spanish in the United States: Linguistic Issues and Challenges* (Cascadilla Press, 2000). 外国語教育に関するアメリカの第一人者が、アメリカ社会、特にビジネス界は、移民言語の世代的な損失を食い止めることによって恩恵を受ける立場にあると主張している。

41 ケイジャン語(Cajun)とはどんな言語だろうか？ その成り立ちはどうなっているのだろう？

ロビン・ホルマン（Robyn Holman）

ケイジャン語(Cajun)はどのようにしてできた方言なのだろう？
本当にフランス語なのだろうか？
このことばは、今日ではどれほど重要なものなのだろうか？
そして、これから先はどうなっていくのだろうか？

　かつてルイジアナ州ではフランス語が日常生活で使われていた言語であったことをご存じだろうか。ルイジアナ州は1682年にフランスの植民地にされ、1803年に当時のアメリカ大統領トマス・ジェファーソンによって、ナポレオンから買収されるまでの間、（後に他の14州の間で分割されることになるミシシッピ川流域の広大な帯状の土地と共に、）長らくフランス領であった。そして、今もなおアメリカ合衆国のなかで、フランス語が最も話されている地域なのである。2000年の国勢調査（最新の言語の使用データを含む）によると、100万人を上回るルイジアナの州民が、自分たちをフランス人移民の子孫であると主張しており、そのうちの20万ほどの人々が、家に帰ればある種のフランス語を話しているという。もっとも、ケイジャン語話者の人口がどれくらいなのか、その具体的な数はわかっておらず、予測される数もさまざまである。
　それでは、これらのフランス語話者はどのようにしてルイジアナ州に辿り

着いたのだろうか。これらの人々の中には、初期の植民地時代にフランスから来た移民や、フランス革命のためヨーロッパからの難民だった人々を祖先にもつ話者がおり、そうした人は「おかたく格式張った」フランス語を話している。あるいは、アフリカ出身の祖先をもつ話者もいるが、彼らの祖先の多くは、カリブ海を経てルイジアナに到着した人々であり、彼らがもたらしたフランス語はハイチ語のようなクレオールであった。しかし、ルイジアナで最も一般的に話されていて、私たちがよく話題にするフランス語というのは(おそらく食べ物や音楽のおかげで有名になった)ケイジャン語である。妙なことに、ケイジャン語はカナダから入ってきたのである。

　それでは、事の起こりを紹介しよう。1600年ごろ、フランス出身の移民たちは、彼らがアカディアと呼んでいた、現在のノヴァスコシアの海岸線沿いの植民地(アメリカのメイン州東部とカナダのノヴァスコシア州にまたがる地域)に居住していた。英仏間の領地争いの後、アカディアの領地は、最終的にイギリスの支配下となった。しかし、アカディアの人々はイギリス王室へ忠誠を誓うことを拒否し、1755年の「アカディア人の大追放(グラン・デランジュマン(grand dérangement)」の際に居住地から追放された。そしてアカディアの人々の多くは無理矢理ボートに乗せられて追い出され、海で死んでいったのだった。なかには、先住民に助けられニューブランズウィック州の森の中に避難した者や、さらに遠く南の方へと船でどうにか進んで、ルイジアナ州でようやく移住の地を見つけた者もいた。この悲しいアカディアの人々のエピソードは、当時あまり注目されなかったが、事件の1世紀ほど後になってロングフェローの詩、「エヴァンジェリン(*Evangeline*)」が出版されたことで、世に知られるようになった。この詩は、イギリスによる追放の際にフィアンセと引き離されたアカディアの娘が、残りの人生をかけて彼を探し出すという内容である。

　北のノヴァスコシアから逃れてルイジアナに住むようになった難民たちは、自らを「アケイディアン(アカディア人)」と名乗り、その土地では「ケイジャン」として知られるようになった。彼らの言語はフランス語であり、今なお子孫によって話され続けている。しかし、その言語は「本物の」フランス語ということになるのだろうか。実は、その答えは「イエス」なのであ

る。ケイジャンの人々は常にパリ流の規則で話すわけではないが、彼らのフランス語は、「標準的な」フランス語と異なってはいない。それはモロッコやケベック、西インド諸島のような、フランス本土以外で話されているフランス語方言と同じである。たとえると、フランスの言語を濃厚なシチューと呼ぶとすれば、ケイジャン語はそれに独自のスパイスを入れたようなものであろう。

　アカディア人のフランス語は、フランス本土から直接ルイジアナ州へ来た移民が話すフランス語とは少し異なっていた。おそらくこれら2つのフランス語が150年もの間、互いに独立した発展を遂げていたためであろう。しかしながら、この2つの言語は時間を経て互いに混ざり合うようになってきた。ほとんどの言語学者が植民地人特有のフランス語とアカディア人のフランス語との区別をもはや認めず、今日の南ルイジアナ地域で話されるフランス語を指すのに、「ルイジアナ地方のフランス語(Louisiana Regional French)」(一般にはケイジャン語と呼ばれる)という用語を使用している。ざっくりと考えれば同じフランス語と見なされるのだが、ケイジャン語はケイジャン(の人々)の故郷アケイディアナ(ルイジアナ州南部)の地域内でも少しずつ異なっており、場所によっては独特の発音やイディオムの違いが見られる。

　ケイジャン語の単語や文の構造の大部分は、確かに他の国出身のフランス語話者にも分かるものなので、イギリス英語とアメリカ英語の違いと同じようであるともいえるだろう。ケイジャン語では、本家ヨーロッパのフランス語ではずっと昔に廃れてしまった語が今も使用され続け、また新しい状況を描写するために新たな語が作り出されてきた。その新しい語彙のなかには、他の言語からの借用語も含まれる。たとえば、北米先住民の部族であるチョクトー族の言語に由来する chaoui という語は、ヨーロッパに生息していなかった動物であるアライグマを指している。また、アフリカの言語からの借用語の例として、バンツー語の gombo (「オクラ」)は、スパイシーなケイジャンの煮込み郷土料理のことを指す。さらに、ケイジャン語でエビを cheverette と呼ぶのはフランス本土では奇妙に聞こえるのだが、その理由は、フランス本土ではノルマンディー地方の方言 crevette が代わりに使われてい

るためである。

　今日、アメリカ合衆国で使用されている英語以外の他の言語と同じように、ケイジャン語もその将来の先行きが怪しくなっている。若い世代の話者たちは彼らの親や祖父母と比べると、フランス語を聞くことも使用することも少なくなってきている。さらに、ケイジャン人の多くはフランス語をほとんど話さなくなっており、人によっては全く話さないのが現状だ。ルイジアナフランス語発展協会（CODOFIL：Conseil pour le développement du francais en Louisiane）やケイジャン語を保存する活動団体（Action Cadienne や Les Amis de l'immersion）などが、主に学校でのバイリンガル教育プログラムを強調していくことでケイジャンの言語文化を守ろうと活動している一方で、多くの人々はケイジャンのフランス語が絶滅危機に瀕する言語だと考えている。

　2005年以降、自然災害や人災にみまわれたために、ケイジャン人の生活様式が損なわれてしまっており、ひょっとするとフランス語を使う人の割合の低下に拍車がかかっているかもしれない。それは、2005年から2008年にかけてメキシコ湾岸で発生した3つの大きなハリケーン（カトリーナ、リタ、グスタフ）や、それに続いて2010年に発生した大きな原油の流出事故（海底油田掘削施設ディープウォーターホライズンが爆発炎上し、そこから原油が流出した事故）が、アケイディアナ地域に住む人の生活や、土地、動物の繁殖地に甚大な被害をもたらしたためである。

　この大惨事によって、メキシコ湾岸へつながるバイユーと呼ばれるミシシッピ川下流のデルタ、メキシコ湾岸諸州の入り江地域に根づいて生きている文化はもはや生き残れないのではないかと危惧されるようになった。第2次の「アカディア人大追放（grand dérangement）」が来るのではないかと懸念する人もいる。その一方で、ケイジャン語は絶滅などしないという人もいる。彼らが言うには、最近でこそ悪いことばかり起こっているけれども、このような災いがかえって長年にわたる家族の絆が築いてきた自立心を強めることになり、またそんな過酷な状況でも屈せずにやり通す決意を固めることにつながるかもしれないということである。

著者紹介
ロビン・ホルマン（Robyn Holman）は、サウスカロライナ州チャールストン大学のフランス語学の准教授であり、また語学教員のための大学院教育プログラムの指導も行っている。彼女はコロラド大学にてフランス語学の博士号を取得し、主に中世フランスの言語・文化に関する著作を発表している。

さらに知りたい読者のために

●この本のなかで
アメリカの他の言語は28章（「言語の救済」）、38章（「アメリカ合衆国の言語」）、39章（「アメリカの言語危機」）、40章（「アメリカ大陸のスペイン語」）、42章（「アメリカ合衆国におけるドイツ語」）、43章（「ガラ語」）、52章（「アメリカ先住民の言語」）にて議論されている。他の社会言語学的なトピックに関しては10章（「ピジンとクレオール」）、21章（「言語紛争」）で取り上げられている。

●この本以外で
Ancelet, Barry Jean. *Cajun and Creole Folktales: the French Oral Tradition of South Louisiana* (Garland Publishing 1994). ケイジャンのフランス語による動物や魔法にまつわる話、冗談やほら話、伝説や昔話という3つのジャンルから構成された民話が書かれている。それぞれの物語にはその英訳と、作者の伝記的な情報が掲載されている。

Brasseaux, Carl A. *Acadian to Cajun: Transformation of a People* (UP of Mississippi, 1992; 第2版 1999). 19世紀のアカディアのコミュニティの生活についての考察を述べたもので、彼らの文化的な発展、人口の増加、政治への参加などの事柄を含む。また、電子書籍のフォーマット（Netlibrary, 2000）でも利用可能である。

Cajun French at LSU. http://appl003.lsu.edu/artsci/frenchweb.nsf/$content/ Cajun+French+ Definition? Open Document（現在アクセス不可）．ケイジャン語を定義し、ケイジャン方言の進化と多様性についての情報を提供し、その保護と永続化について述べている。

Kein, Sybil, ed. *The History and Legacy of Lousiana's Free People of Color* (LSU Press, 2000).ルイジアナ州のクレオール語の起源や、アメリカ南部の文学におけるクレオール語の使用、民族やジェンダーの問題、アフロ・カリビアンとの関係、クレオールの音楽や食べ物、などの文化的・言語学的なトピックを扱っている論文集である。

Valdman, Albert（プロジェクト監修者） *Discovering Cajun French through the Spoken World* (Indiana University Creole Institute, 2003). 実際に使われたケイジャン語の発話のサンプルを記録した CD-ROM である。

42 ドイツ語はもう少しでアメリカの第1言語となっていたのだろうか？

ナンシー・P・ネノ（Nancy P. Nenno）

ドイツ系の移民は18世紀のアメリカにおいてどんな役割を果たしたのだろうか？
彼らは、もう少しで国として日の浅いアメリカ合衆国を、ドイツ語を話す国にしてしまうところだったのか？
「自由のキャベツ（Liberty Cabbage）」とは何を指すのか、そしてその名前はどのようにして付けられたのだろうか？

　アメリカ合衆国の公用言語は、もう少しでドイツ語になるところだったのだろうか。それはまったく真実ではないのだが、このいわゆる「ミューレンバーグにまつわる都市伝説」は決してなくなることはないだろう。この都市伝説によると、もし下院議員による1票がなかったら——それは皮肉にもご当地ペンシルベニア選出のバイリンガルの議員、フレデリック・オーガスタス・コンラッド・ミューレンバーグ（Frederick Augustus Conrad Mühlenberg）による1票だったと推定されているのだが——アメリカ合衆国は、1795年にドイツ語を公用語とする国になっていただろうというのである。本当のところはどうだったのだろうか。確かに、その議会が開催された当時、議会がおかれていたフィラデルフィアではドイツ語が広く頻繁に話されていた。またヴァージニア州の農場主の団体が、1794年に一部のアメリカの法律についてドイツ語訳を請願したというのも事実である。しかし、最後までやきもきさせるこの投票が英語を救ったという話は？　これは実際には起こらな

かったことなのだ。

　それでは、ドイツ語がアメリカの言語として、もう少しで英語に取って代わるところだったなどという、話の出所はどこなのだろうか。それはあながち全く根拠のない話とはいえない。1683 年にはすでにドイツ人が合衆国に移住し始め、それから第一次世界大戦が始まるまでの間、移民たちの移住が相次ぎ、ペンシルベニアではドイツ語は英語の次に使われる言語となっていたからである。ただ皆が皆、ドイツ語が目立って使われることを喜ばしく思っていたわけではなかった。独立革命期からの古参の政治家はこう尋ねたという。「ペンシルベニアはイングランド人がつくり上げたのに、なにゆえに外国人の居住地にせねばならないのか。この外国人は、我々が彼らをイングランド化するのではなく、彼らの方が我々の方をドイツ化するほどにまもなく数を増やすだろう。そして、彼らが我々の気質に馴染まないのと同じように、決して我々の言語も慣習も受け入れようとはしないだろう」と。

　驚くかも知れないが、この痛烈な非難は、他ならぬベンジャミン・フランクリンによるものだった。当時ドイツ語を話す商売がたきの成功はフランクリンの敵意に油を注いだと考えられている。

　外国人に対する反感は 19 世紀の間ずっと続いたものの、ドイツ語の使用は合衆国では盛んだった。ドイツ系アメリカ人は、彼らが祖先から継承してきたドイツ語をアメリカ中の社会的組織で公に使っており、またドイツ語の出版物も、世に多数出されたのだった。そんな繁栄も第一次世界大戦ですっかり終わりを告げた。ほとんどの州は、学校から実質的にドイツ語を排除してしまった。戦時中に英語のみの使用を命じた法令に違反したとして、中西部の約 1 万 8 千人が罪に問われた。そしてドイツ料理であるザワークラウトを製造していた者たちは、反ドイツ運動の 1 つとしてその料理の名称を「自由のキャベツ（Liberty Cabbage）」という英語に変えて使用し、アメリカへの愛国心を示したほどである。

　第二次世界大戦中には、ドイツ系アメリカ人とドイツ文化に対する見方は、それほど厳しいものではなかった。おそらく、戦前や戦時中に合衆国に入ってきた多くのドイツ語話者が、宗教的・政治的な迫害から逃れてきた人々だったからだろう。テオドール・アドルノのような著名な学者、トーマ

ス・マンのような作家、アルベルト・アインシュタインのような科学者といった優れた才能をもつ人々が合衆国の知的風土を豊かにし発展させ、コンラート・ファイトのような映画俳優やオットー・プレミンジャーのような映画監督が、アメリカの大衆文化のなかではっきりと目立った存在となった。皮肉なことに、ヒトラーの支配するヨーロッパから逃れてきたこのような難民や亡命者はハリウッドの一部となるが、ハリウッド業界は何十年もの間ドイツ語のアクセントをいわゆる悪の聴覚的象徴として用いることになる。1940年代以来、「カサブランカ」以降の多くの映画において、常にWの音をVのように発音する悪役が出てくる。もちろん、その固定観念にも例外は多くあって、マレーネ・ディートリッヒの歌のもつセクシーな魅力は、多分にドイツ語のアクセントによるものだったし、映画俳優で後にカリフォルニア州知事となったアーノルド・シュワルツェネッガーによるオーストリア語のイントネーションは、合衆国の文化的・政治的な風景に深く絡み合うようになった。

　冷戦の間も、敵国の東ドイツと同盟国の西ドイツ両国の言語であるドイツ語の需要は高かった。今日でもドイツ語は大学の新入生にとって魅力があり、キャンパスで3番目に多く学習される言語である。これというのも、統一された今のドイツがヨーロッパ連合において経済的・政治的にも大国としての地位を確立しているからだ。

　アメリカには、ドイツにルーツをもつ人々が驚くほどたくさんいる。最も有名なのは、17世紀から18世紀にかけてドイツ語圏からアメリカ合衆国に移住したいわゆる「ペンシルベニア・ダッチ」と呼ばれる人々かもしれない。（ちなみに彼らの祖先はオランダではなくドイツからやって来た。彼らは自分たちを「ドイチェ (Deutsch)」と呼んでいた。このことばはドイツ語で「ドイツ人」を表す語だが、彼らの隣人の英語話者はこのことばを聞き慣れた語「ダッチ」に変えてしまったのである。）ペンシルベニア以外にも、合衆国の中核地域には多くのドイツ人の子孫がいるので、中西部北東に位置する、オハイオ州からミズーリ州までの州とミシガン州からネブラスカ州の間の州は、時には「ドイツ人居住地帯 (German belt)」として知られていることもある。ヴァージニア州のシェナンドア・バレーには居住者のほとんどが

ドイツ語話者であるような地域さえあり、この地域のドイツ語話者は「バレー・ダッチ」と呼ばれている。それから1990年には、テキサス州で、いわゆる「テキサス・ドイチェ」が3番目に大きな民族として浮上した。実際、2008年のアメリカ地域社会調査 (American Community Survey) によると、5,030万人が自らをドイツ系とみなしているようだ。その数は全人口の16パーセントを超えており、アイルランド系、イングランド系、イタリア系の人口よりも多いことになる。

　何よりも重要なのは、英語はドイツ語のすばらしい語彙を与えられたことで、豊かなものになっているということだ。つまり、ドイツ語由来の語彙には、「アウトバーン (Autobahn)」から「ツェッペリン型飛行船 (Zeppelin)」まで、また「フランクフルトソーセージ (Frankfurter)」から温度の単位の「華氏 (Fahrenheit)」、ドイツ・オーストリアの肉料理「ウィンナーシュニツェル (Wienerschnitzel)」から「ヴェルトシュメルツ (悲観的・厭世的世界観：Weltschmerz)」に至るまでのさまざまな語がある。たとえドイツ語が合衆国の第1言語としての英語の地位を脅かしたことがなかったとしても、この2言語間のつながりは歴史ある深いものなのである。

著者紹介

ナンシー・P・ネノ (Nancy P. Nenno) はサウスカロライナ州のチャールストン大学ドイツ語科准教授であり、ゲルマン・スラヴ研究科長でもある。彼女はロードアイランドのブラウン大学、カリフォルニア大学バークレー校にて学位を取得し、テュービンゲン大学とベルリン自由大学での研究実績がある。彼女の研究や著作は20世紀の文化、文学、映画に焦点を当てたものである。彼女は、現在行っているプロジェクトにおいて、第一次世界大戦が終わってから第二次世界大戦が始まるまでの時期の、アフリカ系アメリカ人のドイツ語表現について調査をしている。最近では、ヴィクター・トリヴァス監督作品の1931年の映画 *Niemandsland* (No Mans' Land) を扱った出版物がある。

さらに知りたい読者のために

●この本のなかで
アメリカの他の言語は 28 章(「言語の救済」)、38 章(「アメリカ合衆国の言語」)、39 章(「アメリカの言語危機」)、40 章(「アメリカ大陸のスペイン語」)、41 章(「ケイジャン語」)、43 章(「ガラ語」)、52 章(「アメリカ先住民の言語」)にて、議論されている。他の社会言語学的なトピックに関しては 10 章(「ピジンとクレオール」)、21 章(「言語紛争」)でも取り上げられている。

●この本以外で
Adams, Willi Paul. *The German-Americans: An Ethnic Experience* (German Information Center, 1993). *Peoples of North America* シリーズの 1 つである。この小冊子は合衆国へのドイツ人の移住と同化について、歴史的・文化的に概観したものだ。アメリカにおけるドイツ人に関する優れた年表も載っている。また、この資料はマックス・ケード米独研究センター(the Max Kade German-American Center)のホームページ(www.ulib.iupui.edu/kade/adams/ cover.html) からオンラインの利用が可能である。

Arndt, Karl J. R., 'German as the Official Language of the United States of America?' in *Monatshefte*, vol. 68, no.2 (summer 1976) pp129–150. 植民地時代と独立戦争時代のアメリカにおける、ドイツ語の出版物について詳しく概説されており、大変読みやすい。著者は、本文中のミューレンバーグの都市伝説が生まれた原因が、18 世紀のフィラデルフィアのルター派の牧師、J.H.C. ヘルムートによる提案を誤解してしまったことにあると考えている。その提案とは、ドイツ語をリンガフランカ(異なる言語話者の間で意思疎通の手段として使用する言語)とする地域社会では、法的な事柄はドイツ語でも執り行われてよいのではないかというものであった。

Bussman, H., et al. 'Pennsylvania Dutch,' in *Routledge Dictionary of*

Language and Linguistics (Routledge, 1996) p353. アメリカ合衆国東部で話される方言、ペンシルベニア・ダッチの特色とその存続に関する歴史が、簡潔に書かれている。

Crystal, David. 'A planning myth', in *The Cambridge Encyclopedia of Language* (Cambridge University Press, second edition 1997), p367. 実際は行われなかった、かの有名なミューレンバーグの投票についての簡潔なまとめが述べられている。

Gilbert, Glenn G., ed. *The German Language in America. A Symposium* (University of Texas Press, 1971). 学術会議からの論文集である。

Barron, Dennis. 'Urban legend: German almost became the official language of the U.S.', www.watzmann.net/scg/german-by-one-vote.html. 著者はミューレンバーグの都市伝説を覆し、逆にペンシルベニアの厳しい冬でさえドイツ語話者のせいにされていたということを指摘している。

www.census.gov/compendia/statab/2011/tables/ 11s 0052.pdf

43 ガラ語はどのような言語か？

エリザベス・マルティネス＝ギブソン（Elizabeth Martinez-Gibson）

ガラ語はどこから来たのだろうか？
今日も話されているのだろうか？

　もしあなたが、クレオールやピジン、あるいはアメリカの方言や言語を対象とした研究を行っている言語学者でもなく、また、アメリカの南東海岸付近に住んだり、そこを訪れたりしたこともなかったなら、ガラ語やギーチーの言語についてひょっとすると耳にしたこともないかもしれない。そういったことばを聞いたことがある人であっても、それらはネイティブアメリカンの言語だとかアフリカ系アメリカ人の英語のバリエーションであると思い込んでいるかもしれない。実はガラ語とは、英語とアフリカの言語との混合のクレオール語で、ヨーロッパの言語と非ヨーロッパ言語の混成した言語であり、17、8世紀にかけて南大西洋岸にある奴隷のコミュニティで発達してきた言語なのだ。アメリカ合衆国が国家として成立する以前から、ガラ語は北アメリカの海岸に沿ったノースカロライナ州からフロリダ州の北部に広がる地域で話されていた。珍しいことに、ガラ語はその後300年以上も衰退せず生き延びており、コミュニティの重要なアイデンティティを示す役割を果たし続けているのだ。

　ガラ語を話す人々がどれくらいになるのか、その正確な数は分かっていないが、妥当な概算では、少なくとも30万人によって主要言語として話されている。そして最低でも7,000の人々がガラ語のみを母語として話していると推定される。ガラ語話者はそのほとんどが、アメリカ南東部に位置するサ

ウスカロライナ州とジョージア州の沿岸沖に浮かぶ小さな島々で静かにひっそり暮らす高齢の人々である。また、沿岸部の本土に住み、英語を第一言語としながらも、友人や家族の間ではガラ語に切り替えて話しているという人々もかなりいる。もしガラ語を耳にしたら、ジャマイカ語か、あるいはバハマの言語やトリニダードの言語のような、英語を基盤とする別のカリブの言語のクレオールであると思い込んでしまうかもしれない。また英単語が多く含まれているので、聞こえたものを部分的に理解することもできるかもしれない。しかし長く聞けば聞くほど、ガラ語は英語の方言の1つではなく、実は全く別の言語なのだと認識することになるだろう。

ガラ語の起源に関しては、昔からさまざまな学説がある。エリザベス朝の英語の「なまった」形式だと考えるものもあれば、奴隷とコミュニケーションをとるために白人が使用した「くだけた英語」または「赤ちゃんことば」だとみなしているというものもある。あるいは、雇い主に話の内容が分からないようにするために、意図的に奴隷がつくった言語だと考えるものもある。1949年に、ロレンソ・ダウ=ターナーが *Africanisms in the Gullah Dialect*（ガラ語方言におけるアフリカニズム）において研究を発表して初めて、アフリカの言語が起源であることがはっきりと示されたのである。

最近の研究によれば、クリオ語という、西アフリカ西部のシエラレオネ共和国で話されているクレオール語が、ガラ語と酷似していることが指摘されている。2つの言語で共通する語彙もあり、たとえば *bigyai*（食いしん坊）、*pantap*（〜の頂上の）、*alltwo*（両方）、*swit*（おいしい）などがその例である。そしてガラ語の個人名はシエラレオネで話されている言語から来ていることが多い。さらに1988年、シエラレオネの大統領がサウスカロライナに訪問中、この2つの言語が関連していることがはっきりと分かる出来事があった。あるときシエラレオネの大統領がクリオ語でガラの聴衆に話しかけた際、彼らは通訳なしで話を理解できたのである。

ガラ語は、確かにクリオ語や他のアフリカの諸語とは関連があるが、決して同じものではないし、アフリカ系アメリカ人の話す非標準英語とも異なる。語彙の多くは英語由来であるが、西アフリカ諸語からも語彙や文法、発音の重要な部分を引き継いでいる。ガラ語は、共通する言語を持たないさま

ざまな部族や国から来た奴隷たちが創り出したものであり、アフリカ全域の言語が混合した結果なのだ。奴隷たちがお互いにコミュニケーションをとる必要性があったためにピジン語が形成されることとなり、最終的にはそれを母語とする者が現れてクレオール語となっていったのだ。ある学説によれば、Gullah という語はアフリカの地域の名前（現在では Angola）であり、18世紀初期にサウスカロライナに奴隷として連行された部族の名前でもある N'gola に由来するという可能性が示唆されている。ガラ語とアフリカとの関連性は、音声面で最も顕著だ。特に英語からの借用語の子音が置き替えられる現象がある。たとえば、/th/ は /d/ となって dey ('they') に，/v/ は /w/ となって willage ('village') に、また時々 /v/ を /b/ に変えて Debil ('Devil') となることがある。

　ガラ語は主に話しことばが中心なのだが、書きことばの形式もある。たとえばガーシュウィンのミュージカル『ポーギーとベス』の原作である1925年の小説 Porgy には、ガラ語で話す登場人物が出てくる。ジョージア州出身のジャーナリスト、ジョーエル・チャンドラー・ハリスの作品で、黒人の口頭伝承に基づいた『ブレアラビット（ブレアは brother のなまり）の話に登場するリーマス爺やのことばもガラ語である。そして、2005年には新約聖書のガラ語訳 De Nyew Testament がアメリカの書店に並んだ。

　ところで、大多数の英語話者に囲まれた環境のなかで、ガラ語がなぜ長い間生き残ってこられたのだろうか。ある言語学者は、これを孤立の結果だと考える。第1の理由に、ガラ語のコミュニティの大部分が、ジョージア州の東海岸であるシーアイランドという、物理的にアメリカの本土から隔離されたところで生活していたことが挙げられる。ここは1950年代まで本土への橋さえなかったところである。第2の理由としては、熱帯病に対する抵抗力をもっていたアフリカ出身者に対し、白人は感染症への恐怖から沿岸部の低地からは離れた地域で生活をしていたため、1年のほとんどの期間奴隷と居住地を分けていたためではないかということが挙げられる。この説は万人に受け入れられているわけではないが、ともかく黒人のコミュニティの数の多さという強み、そしてガラの人々の力強い共同社会生活の感覚が、彼らの言語や独自のアイデンティティ、そして文化的な伝統を守るのに役立った

と考えられるだろう。

　このような伝統は、今なお根強く残っている。ガラの人々は美しい調べをもつ自分たちの言語を誇りとしていて、そこから彼らのアフリカの先祖との重要なつながりを見出す。しかし、新しい世代がアメリカの主流に与するようになり、ガラ語を話す人を見つけるのはますます難しい状況になっている。そこで、言語学者や歴史学者は、ガラ語を存続させようとする固い決意をもったコミュニティと連携して、ガラの文化を守りながらガラ語がこの先ずっと生きた言語でありつづけられるように努めている。ガラの言語や文化の豊富な資源のいくつかは、サウスカロライナ州にある施設、チャールストン大学のアヴェリー（Avery）研究センターと、セントヘレナ島のペン（Penn）センターの2カ所で見ることができる。

著者紹介

エリザベス・マルティネス＝ギブソン（Elizabeth Martínez-Gibson）はスペイン語と言語学を専門としている教授（博士）である。彼女は、ガラ地域の中心にあるチャールストン大学に19年間所属している。また、フロリダ大学でも教鞭をとる。マルティネス＝ギブソン博士はスペイン語の音声学・音韻論、スペイン語の形態論と統語論、スペインの言語史、一般言語学、スペイン語の言語変異（バリエーション）、そしてアメリカの方言に関するコースを担当している。2009年には大学の優等学生向けプログラムの講義シリーズ（Honors College Series）である「学際的に見た創造的変化（Interdisciplinary Creative Change）」のなかで「チャールストン地方の方言とガラ語」の授業を開講した。またチャールストン大学の学際的な言語学についての副専攻プログラムを創始し、指導した。

さらに知りたい読者のために

●この本のなかで
アメリカの他の言語は、28章(「言語の救済」)、38章(「アメリカ合衆国の言語」)、39章(「アメリカの言語危機」)、40章(「アメリカ大陸のスペイン語」)、41章(「ケイジャン語」)、42章(「アメリカ合衆国におけるドイツ語」)、52章(「アメリカ先住民の言語」)にて、議論されている。他の社会言語学的なトピックに関しては10章(「ピジンとクレオール」)、21章(「言語紛争」)で取り上げられている。

●この本以外で
Turner, Lorenzo D. *Africanisms in the Gullah Dialect.* (University of South Carolina Press, 1949; 再版 2002). ターナーは合衆国で最初にガラの言語および文化を対象とした研究を行った学者である。この先駆的な著書では、ガラ語とガラの人々を言語学的観点だけでなく歴史的観点からも考察している。

Opala, Joseph. *The Gullah: Rice, Slavery and the Sierra Leone-American Connection* (U.S. Park Service, 2000). シエラレオネとガラの文化との関係について、簡潔な説明を与える。

Holloway, Joseph E. *Africanisms in American Culture* (Indiana University Press, 1990).

Holloway, Joseph E. and Winifred K. Vass. *The African Heritage of American English* (Indiana University Press, 1993). ガラ語を含むアフリカ系アメリカンの言語および文化と、それらのアフリカにおけるルーツに関しての研究書である。

www.beaufortcountylibrary.org/htdocs-sirsi/gullah.htm ガラ語についての

一般的な情報を、言語サンプル、表現の使用方法や更なる研究に必要な参考文献表を含めて提供しているウェブサイトである。

www.africanheritage.com/Sierra_Leone_and_America.asp　南フロリダ大学が提供しているウェブサイトであり、上で述べた Joseph Opala の *The Gullah* の有益な要約や、その他さらなる関連する事柄も載っている。

www.seaislandcreole.org　最近出た新約聖書のガラ語訳に関しての情報を提供している。

44 方言は死に絶えつつあるのか？

ウォルト・ウルフラム（Walt Wolfram）

大衆文化は共有されるがゆえにアメリカおよび他国において、方言を駆逐しつつあるのだろうか。
今日の世界で新しい方言は生まれ得るだろうか。
ところで、あなたは方言を話しますか。

　あなたは 'bought' という語をどう発音しますか。合衆国だけでも母音の部分の地域的な発音は 'awe（アウ）' や 'ah（アー）'、そして 'ow（オウ）' のように聞こえる南部田園地帯の発音や、根っからのニューヨーク市民をコメディアンが風刺するときに使う 'wo（ウオ）'（ニューヨーク市民は 'coffee talk' を 'cwoffee twok' と言う）まで少なくとも4つはある。

　われわれがよく飲む炭酸飲料は pop, soda, tonic, co-cola のどれなのだろう。もしかするとより古くアパラチア山脈地帯で使われていた dope なのか。都市の外周を回るために環状道路を使う時、われわれは beltline, beltway, loop, perimeter のどれを使っているのだろう。また、現金をおろす時、bank machine, automated teller, cash machine, ATM のどれでおろしているのだろう。

　誰もが方言に気がつく。これは避けられない。しかしほとんどの場合、われわれは他人の方言に気がつくのである。「私達の住んでいるところでは方言を話したりしません。私達は普通の英語を話します。」これは、ボストンから（アラバマとイングランドの）バーミンガムまで、メディシンハットから（フロリダとオーストラリアの）メルボルンまで、どこにおいてもすべての英語話者が一様に発する共通の気持ちだ。もちろん、bought や caught といっ

た語の母音をそれぞれ全く違った方法で発音しながらそう言うのだ。あるいは同じサンドイッチを sub, grinder, hoagie, hero などと別々の名前を使いながらこんなことを言う。

　方言はアパラチア、リバプール、アウトバック(オーストラリア内陸地域)など方言で最も有名と思われる地方のみならず、どこにでも存在する。実際のところ英語を話せば必ず何らかの方言を話しているのだ。誰でもなまりをもっている。人が bought や caught (いや baht と caht としたほうが良かったかな)の母音を発音する時、その人はどれかの方言に組したことになる。それは避けようがない。われわれはみな好むと好まざるとにかかわらず方言ゲームのプレーヤーなのだ。

　しかし、今は世界が変わったのではないのか。人々がより流動的に移動し、頻繁に旅行し、携帯電話でお互いに話をするグローバル社会になっているのではないか。この流動性と通信媒体のために方言は消えていっているのではないのか。いや、それは違う。方言学者たちは北部、中部、南部のようなアメリカの主要な方言区域はここ2世紀の間ずっとしっかりと生き残っていることを示し、方言がなくなりつつあるという一般に広まっている根拠のない話に反論しているのだ。しかし、方言に関してはさらに驚くべきニュースがある。最近の研究によるとアメリカの北部と南部の方言は近づくどころか実際には差を広げていっているのだ。困ったもので、かの移り気な母音どもがバッファローやシカゴのような北部の大都市において、他の地域とは違った音声になってきているのだ。だから coffee は cahffee になり、lock はまるで lack のように、bat はどちらかと言うと bet のように聞こえるのだ。読者の皆さんはこんなことに気がついただろうか。気がついていなくても心配は無用だ。変化は非常に微妙で、その多くの部分が印象を与えないレベルで起こっている。しかし変化は本当に現実的に起こり、北部の都市の話し方を南部や西部のものとは全く違ったものにしつつある。

　どうしてこんなことがありうるのだろうか。今日の凝縮された世界において、むかし言語共同体がもっと孤立していた時代のように方言が発達し、互いに離れていくのは非論理的に思える。しかし、言語は常に変化しており、時にはそれ自身が心を持っているかのように振る舞う。確かに、われわれは

みな同じテレビ番組を見るが、ほとんどの人はニュースキャスターの話し方を真似たりはしない。それではあまりにもよそよそしい。われわれは日々の生活の中で相互に関係をもち合う人達を手本にしようとする。彼らこそが、われわれがどれくらいうまく共同体に溶け込んでいるかを判断する人たちなのだ。

　そして徐々に押し寄せてくるグローバル文化を、地方方言を含めた強い共同体意識が押しとどめている地域がたくさんある。それで労働者階級のピッツバーグの人達は Pittsburgh Steelers というよりも Pittsburgh *Stillers* を誇りを持って応援する。downtown というよりも dahntahn へ行くと言うし、他のアメリカ人なら rubber band と呼び、イギリス人なら elastic band と言うところを、gum band で書類を束ねると言う。ピッツバーグの住民であることの条件の１つはピッツバーグ方言を話すことなのだ。

　しかし、実際死に絶えつつある方言もあるのではないのだろうか。例えば今では旅行者が殺到している、孤立した山や島の共同体でかつて話されていた方言のように。中にはそのようなものもあるかもしれないが、（より小規模ながらピッツバーグのように）そんな流れに対抗すべく反撃をして、自分たちの言う「よそ者 "furriners"」と間違えられないようにするための手段として自分たちの方言を保とうとする農村の共同体もある。

　なかでも最も驚くべきことはおそらく、シアトルやカリフォルニア北部のようにますます繁栄し、文化的影響力も増しつつある地域においても、以前にはなかった方言的特徴を発展させることによって、その地域の新しいアイデンティティを表現しようとしているケースもあるということだ。

　ということで、昔からあった方言には消えつつあるものもあるのだが、お祭りに出てくるゲームの「もぐらたたき」のように代わりに新しい方言が出てきているのだ。次のマーク・トゥウェインの有名なことばがアメリカやその他の地域の英語の方言にピッタリ当てはまる。「とかく死の噂というのは大げさに強調されすぎだ。方言はしっかりと生き残る。そして地域的・社会文化的風景の重要な部分を成し続ける。」

著者紹介

ウォルト・ウルフラム (Walt Wolfram) はノースカロライナ州立大学において、英語学の William C. Friday 特別教授 (元学長 William C. Friday を記念して設けられた特別教授) を務めているが、自らを方言の放浪者と呼ぶ。彼は大都市におけるアフリカ系アメリカ人の方言から小さな孤立した島々や山岳地帯の共同体の方言まで研究してきた。20 冊以上の著書と 250 以上の論文を執筆しており、いくつものテレビドキュメンタリーも製作している。ウルフラム博士のメディア制作についてのさらに詳しい情報は www.talkingnc.com と www.ncsu.edu/linguistics を参照のこと。

さらに知りたい読者のために

● この本のなかで

方言については 4 章 (「方言と言語」)、20 章 (「イギリス、アメリカ、その他地方の英語」)、30 章 (「アメリカ合衆国南部方言」) において論じられている。言語の消滅については 3 章 (「世界の言語」)、27 章 (「言語の死」)、28 章 (「言語の救済」)、53 章 (「ラテン語」) を見ること。言語がどのように発達するかについてのさらに全般的な議論は 8 章 (「言語変化」)、10 章 (「ピジンとクレオール」)、13 章 (「文法」)、51 章 (「英語の起源」)、54 章 (「イタリア語」) を参照。

● この本以外で

Labov, William, Sharon Ash and Charles Boberg. *The Atlas of North American English: Phonetics, Phonology and Sound Change* (Mouton/de Gruyter, 2006). さまざまな母音の発音に基づいた北米方言に関する新しい主要書。主に専門家を対象としている。このプロジェクトの結果のいくつかをより分かりやすく概観したものは TELSUR (telephone survey: 電話調査) のウェブサイトにある: www.ling-upenn.edu/phonoatlas

Wolfram, Walt and Ben Ward, eds. *American Voices: How Dialects Differ from Coast to Coast* (Blackwell, 2006). この論集は北米における大小方言を短く、一般向けに紹介している。アメリカ英語のなくなりつつある方言と新しく確立された方言慣習の両方が一流の研究者による論文の中で扱われている。また地域方言のみではなく、社会文化的に異なる英語の変種の記述もなされている。

45 外国語が好きなだけで
飯が食えるだろうか

フレデリック・H・ジャクソン（Frederick H. Jackson）

外国語が好きな人達にはどのような職業があるだろうか。
そういった職業に就く準備のためにはなにをすべきか。

　おそらく次のようなことを経験したことがあるのではないか。仮にあなたは本当に外国語が好きだとしよう。あなたの人生のある時点で、たとえば学校で、兵役中に、政府派遣の平和部隊で、あるいは海外を旅行している間に、ある外国語がどのような仕組みをしているのかを学び、それを実際に使ってみることが本当に楽しいと分かってしまった。しかし、まさにその外国語を詳しく勉強してみよう、あるいはまた別の外国語も勉強しようかなと思っている時に、誰かがあなたを心配そうに（または哀れみをもって）見つめて、次のように言ったのだ。「外国語？　ふん！それでどうやって生計を立てるつもり？」もしかすると、清貧への誓いをたてるつもりかと聞かれたことさえあるかもしれない。
　いや実は、外国語を知っていることで生計が立てられるのだ。しかもかなりいい暮らしができる方法がたくさんあるのだ。
　そういった方法を2つの大きな範疇に分けてみよう。1つは語学力にまつわる専門職だ。これを「言語のためのキャリア」と呼ぶ。もう1つは語学力が何か全く別のことをさせてくれる重要な道具となるような多種多様な仕事だ。これを「キャリアのための言語」と呼ぶ。
　言語のためのキャリアは、まさに1つまたはそれ以上の外国語の卓越した

運用能力をまさに土台としたものだ。直ぐに頭に浮かぶのは外国語を教えることであり、実際に学校や大学、その他の養成機関において外国語教師の職はたくさんある。合衆国の州には地元では不足しているという理由で外国から教員を招いているところもある。もし、外国の言語や文化が好きであれば、それらを教えることをぜひ考えてみるべきだ。大変やりがいのある仕事になりえる。

次に、もちろん翻訳と通訳がある。どちらの職業も特殊な訓練に加えて、非常に高度な語学力、対象国文化の深い理解、翻訳・通訳するテーマの専門的知識が必要なキャリアだ。翻訳、通訳どちらにも様々な種類の仕事がある。

翻訳家はあらゆる種類の文書を翻訳するように依頼される可能性がある。例えば科学論文、法的契約書、文学作品、怪しげな電子メール、そしてピーナッツバターの広告までも。(宣伝文句を別の言語に翻訳するのは、より「公的な」文書を翻訳するのと同じくらい骨が折れることが多い。微妙な文化的な違いに配慮した形で大勢の人達に訴えかける必要性があるからだ。)

通訳者は母語しか話せない患者がその言語を知らない医者に症状を説明するのを助けたり、企業の重役や外交官が外国の企業の重役や外交官と交渉する手伝いをしたりする。あるいは、通訳者を必要とする人達と通訳者を結ぶ電話システムである「ランゲージライン(無料電話通訳サービス)」の仕事もある。例えば国連や欧州連合の国際会議で出席者全員が確実に相互に理解できるよう手助けすることもある。本当によい翻訳家や通訳者は見つけるのが難しいので、国際的企業や非政府系組織はもちろんのこと、中央または地方政府機関においてもたくさんの職がある。

これら「言語のためのキャリア」のいずれにおいても、本当に高度な語学力が必要となる。しかし、優れた語学力をもつほとんどの人は違った種類の仕事をしている。「キャリアのための言語」と呼んでいるものだ。こういった仕事を並べたリストは長い。実業家、ソーシャルワーカー、警察官、俳優、医療従事者、マーケティング担当者、ジャーナリスト、歴史家、その他多数、という具合に、それぞれの仕事の専門知識が中心となるが、外国語の知識によって有利な立場に立ち、よりうまく仕事を遂行できる多種多様な職

種だ。外国語の知識を持ったビジネスパーソンはグローバル経済において強みがあるので、より高い報酬で採用されるのはよくあることだ。科学者なら外国人研究者が論文を英語で書かない場合でも読むことができる。図書館司書は海外の書籍を扱う仕事ができる。環境保護論者は熱帯雨林を保存するのにより効果的に戦うことができる。医者や看護師は患者のニーズを理解できる。

　政府においてもそうだ。どの国の外交官も出世するには少なくとも1つ、より一般的には2つか3つの外国語に非常に堪能である必要がある。またアメリカ軍も士官に対して同様の要件を定めた。諜報・法執行機関、法廷、国家保安機関、そして国勢調査局のような純粋に行政的な部門でさえ語学力を必要とする何百もの職があるだろう。1999年の調査によると80以上の政府機関で100以上の言語について高度なスキルをもつ人達を必要としていることが分かった。そういった必要性は今日さらに高くなっているのは確実である。それは教育や翻訳といった言語を中心に置く仕事だけではなく、語学力が職員や彼らが働く機関の効率性を上げるような仕事についても言える。

　言語に興味をもつ人々に魅力的なもう1つの分野は言語学である。本書の幾つかの章では、その分野の専門をいくつか紹介している。言語学の専門家は多くの重要な仕事において自らがもつ専門的知識を利用している。例えば、文法書や辞書の執筆から、電子通信、機械翻訳、あるいは人工頭脳に関する研究、そして大学で新しい言語学者を訓練したりすることまでさまざまだ。また、言語学者は効果的な政治演説、広報、医者・患者間の意思疎通、法廷での言語使用における文化間の違いなどに関して調査を行ったり専門的なアドバイスをしたりする。みなさんはデボラ・タネン教授という言語学者をご存じかもしれない。彼女は仕事で、家庭で、あるいは家族内でどうしてわれわれが意思疎通上の誤りを犯すかに関して洞察力のある書籍を数冊書いている。言語学者や他の社会科学者の間で最近急速に興味が増してきているのは、消滅の危機に瀕する言語（おそらく今日話されている7,000近い言語の半数にもおよぶ）を永遠に失われてしまう前に記述し記録として残しておこうとする言語記録(Language Documentation)の分野だ。その際、人間の歴

史、発達、認知に関してもそれらの言語が私たちに伝えられるものはなんでも同時に残しておくのだ。

こういう状況なので、もし外国語の勉強を始めてそれが大好きだと分かったら、自分の気持ちに従うのがいいだろう。それを十分に修得するために必要な時間を捧げることだ。何らかのかたちであなたの外国語能力は報われるだろう。

著者紹介
フレデリック・H・ジャクソン（Frederick H. Jackson）はメリーランド大学国立外国語センターの上級科学研究員である。以前は国務省の教育機関である外務職員局（FSI）言語研究所に勤務していた。そこではまた、合衆国政府の関係省庁言語円卓会議（ILR, www.govtilr.org）の責任者も務めた。彼は第二言語としての英語の修士号と言語学の博士号をハワイ大学から得ている。語学教員教育とミクロネシアおよびインドシナ半島の言語に関する研究を公刊しており、国内・国際学会を問わず、自らの専門分野の発表を多数行っている。

さらに知りたい読者のために

●この本のなかで
語学能力がある人が専門職に就く機会を扱う他の章は2章（「言語学者は何をするのか」）、22章（「二言語使用」）、39章（「アメリカの言語危機」）、46章（「辞書」）、47章（「通訳と翻訳」）、49章（「法言語学」）、56章（「ロシア語」）、59章（「アラビア語」）がある。

●この本以外で
Crump, T. C. *Translating and Interpreting in the Federal Government* (American Translators Association, www.atanet.org, 1999). 国立衛生研究所所属のプロの翻訳家によって執筆された本書は80の政府機関における

100以上の仕事や専門職について解説している。

Journal of Language Documentation and Conservation. University of Hawai'i. http://nflrc.hawaii.edu/ldc を参照。言語記録(Language Documentation)という新しい分野における最先端の取り組みの多くを伝える無料のオンライン学術誌。

Rifkin, B. 'Studying a Foreign Language at the Postsecondary Level' *The Language Educator*, vol. 1.2 (2006). なぜ外国語を学習するのか、どのようにすれば外国語学習がうまくいくか、卒業後、習得した言語をどう利用するかについて大学生にアドバイスを与える。

Tannen, D. *You Just Don't Understand: Women and Men in Conversation* (Ballantine, 1990). どのようにして意思疎通がしばしば間違った方向に進むかを示したタネン教授による重要な著書の初期のものの1つ。一般向け。

Camenson, B. *Careers in Foreign Languages* (McGraw-Hill, 2001). この短い本と次の2冊は外国語の高度なスキルを必要とする仕事や専門職について詳細な情報を提供してくれる。そのような仕事は想像以上にあるものだ！

Seelye, H. N. and J. L. Day. *Careers for Foreign Language Aficionados and Other Multilingual Types* (McGraw-Hill, 2001).

Rivers, W. *Opportunities in Foreign Language Careers* (VGM Career Horizons, 1998).

'Careers in Foreign Languages', http://flc.osu.edu/resources/careers/default.cfm このサイトはオハイオ州立大学言語資料センターにより運営されている。言語に興味をもつ学生にとって探索してみたい多数のリンクを示

す。

'Ten Jobs You Didn't Know You Could Do with a Foreign Language', www.responsesource.com/releases/rel_display.php?relid=37442&hilite=

Interagency Language Roundtable, www.govtilr.org/ILR_career.htm

46 辞書は
どのように作られているのだろう？

エリン・マッキーン（Erin McKean）

辞書編集者とはどんな人たちなのだろう？
何人ぐらいで一冊の辞書を作成するのだろう？
辞書に収録する語としない語をどのように決めるのだろうか？
辞書は私たちに、何が正しい用法で何が誤った用法なのかを教えてくれない。それはなぜなのだろう？

　われわれの言語を広大な氷河だと考えてみよう。きらきら輝くこの巨大な塊は氷の代わりに単語の数々から成り立っている。氷河のように、言語は普段から、非常にゆっくりゆっくりと、そしてときには大波を打って変化している。英語は絶えず、とてもゆっくりと、変動している。確かに、新たな語が不意にたくさん湧き出てくることもあるが、大抵の変化は非常にゆっくり徐々に生じるもので、そのことにほとんど気づくこともない。わずかな意味の違いが生じたり、新たな活用語尾が付け加わったりすることが、あちらこちらで起こっているが、そのことに気付く者がはたしているのだろうか。そう、まさにそれに気付くのが辞書編集者たちなのである。彼らは言語の変化について記録を取り、彼らの編纂する辞書に収録する。もっとも、彼らの記録することはいつも変化そのものからは一歩遅れてはいるのだが。

　つい数世紀前までは、一人の深い学識をもった人が、独力で辞書を作ることが可能であった。しかし今日では実質的に全ての辞書が、専門家グループによる共同作業によって作られている。新しい辞書や既存の辞書の新版を作

るために、その都度膨大な量の書きことばや話しことばが、新聞、雑誌、書籍、脚本、映画、演説、テレビ、ラジオ、インタビュー、インターネットから収集されている。それらのデータを精選して、言語がどのように用いられているかの証拠として用いる。たとえば、それまでに見たこともなかった新語にはどのようなものがあるか、意味変化しつつある語にはどのようなものがあるか、どんな語が、ある特定の使用に限って用いられているか、また、それらの語の歴史的変遷や、発音、文法上の特異な傾向はどのようなものか、などが明らかになる。

　もしこのような地道な作業を見て、辞書編集者を科学者のようだと思ったとしたら、それは全くもって正しい判断である。辞書編集者のほとんどが、自身の第一の仕事は資料収集であると考えている。ある特定の時代において、人々が言語を実際にどのように使っているのかについて、できる限り正確に描こうとしているのである。

　しかし辞書を購入する人の多くは、こと言語のこととなると、事実を客観的にありのままに見るというこの科学的中立の立場に対して、あまりこころよく思っていない。人は、どのように人間が実際に書いたり話したりするかについて、辞書がありのままを記述的に説明することを望んではいないのである。また、ことばづかいというものには正しいか間違っているかしかない、と強く信じており、辞書編集者の仕事は、どれが正しい用法かを教えてくれることだと考えている。更には人は、俗語を除外したり、認められない表現を明らかにしたりしてくれる、規範的辞書を欲しがっている。たとえば、標準的には'regardless'の代わりに用いられることがある'irregardless'や、'Thanks muchly.'の句で用いられる副詞の'muchly'などは使ってはいけない、というように。

　もしあなたも、辞書が規範的なものと考えている一人ならば、その期待は裏切られることとなるだろう。およそ現代の辞書は、基本的には「記述的」なのである。つまり辞書は、われわれがどのように話し、書くべきかを指示しているわけではなく、むしろ人が実際にどのように話したり書いたりしているかを伝えているのである。辞書編集者は審判と同じで、規則を作る立場にはない。目の前で起こった出来事をあるがままに言い表しているだけなの

である。

　だからといって規範的視点がすっかり排除されている、ということではない。そのことばに対して人がどんな態度をとるかも辞書に記載されてしかるべき側面である。例えば、New Oxford American Dictionary は、好ましくない語である 'irregardless' について、読み手にその使用を禁じてはいないが、この語が「英語を注意深く使う人々からは避けられている」と明確に示している。'fletcherize' という語は「食べ物を飲み込む前に、少なくとも 32 回咀嚼する」という意味だが、もはや使用されなくなった語である。18 世紀のヴァージニア州ウィリアムズバーグで人々が話していたのと同じ話し方をあなたがするわけではない。こういったことからもわかるように、言語は絶え間なく変化しているのである。言語に対して注意深いはずの多くの優れた作家らが、'irregardless' を使用する例や、'Anybody could look it up if they wanted to（「誰でも調べようと思えば調べることができた」）' のように、'he or she' を用いるべきところを 'they' で表している例が、調査で複数見つかった場合、たとえ規範文法信奉者が認めたがらなくても、辞書は権威をもって、その用法が標準英語になりつつある、と宣言することができる。

　全く新たな辞書の部類としてオンライン辞書なるものもある。オンライン辞書では、編集のプロセスを経ることを待たずして、辞書編集者と同じくらい早い段階で用例を確認することができる。例えば、私が創設したオンライン辞書の Wordnik.com では編集のプロセスが自動化されており、何十億の語の中から、調べたい語がどれくらい表現されているかに基づいて、文を選び出すことができる。このウェブサイトでは、ユーザーが意見を書くことも可能であるし、発音を録音したり、語にタグ（tag）と呼ばれる標識を付けたり、Flickr.com のフォトサイトから画像を見たりすることもできる。UrbanDictionary.com や Wiktionary.org のように、単にクラウドソーシングを行うウェブサイトでも、ユーザーが自分の考えを書き込むことができる。これらのウェブサイトの良い点は、従来の辞書と比較して、より多くそしてより速く情報を示すことができるところだ（Wordnik や Wiktionary は、品詞や類義語などといった、従来の辞書の情報も組み込んでいる）。しかし、提示されている多量の情報の適切さをふるいにかけて取捨選択するためには、自

身の知識や批判的思考といった識別能力を用いる必要がある。例えば、ある語に関して大量の用例があったとしても、それらがすべて個人のブログからの例であったなら、その語は、すべての例文がウォール・ストリート・ジャーナル（*Wall Street Journal*）から採られたような語と比較すると、よりくだけた語であると考えられがちである。

　このような理由から、辞書を規則集とは捉えない方がよい。それはむしろ地図のようなものである。地図は、どこに何があるのかを位置関係で指し示し、地形の起伏が激しい場所を教えてくれる。地図と同じく辞書も、特にオンライン辞書の場合、ことばという地形の変化を表すため、常に更新されている。それは、'locavore（地元産の食材だけを食べる人）' や 'staycation（遠出しないで自宅で休暇を過ごすこと）'、また、'crowdsourced（クラウドソースした：crowdsource の過去分詞形。企業が主にインターネットなどを利用し、不特定多数の人材に向けて外注（アウトソーシング）を行うこと）' のような輝かしい新語だけではない。'burn（焼く）' が「コンパクトディスクにデータを記録すること」を表すように、古い語に対する新しい用法もある。また、'signage（標識）' や 'mopeage（'moping（ふさぎ込む）' のより変わった言い方）' のように、接尾辞（ここでは -age）の新たな用法まである。辞書編集者は、できる限り優れた地図を作成しなければならないが、そこに道筋をつける工夫をするのは、辞書の使い手であるあなたなのである。

著者紹介

エリン・マッキーン（Erin McKean）は、新しいオンライン辞書である Wordnik の創設者である。著者は以前、オックスフォード大学出版によるアメリカ英語辞書の編集主任を務めており、言語学季刊誌 *VERBATIM: The Language Quarterly* の編集者でもあった。彼女の著書には、*Weird and Wonderful Words*、*More Weird and Wonderful Words*、*Totally Weird and Wonderful Words*、*That's Amore* などの、ことばに関するものがある。彼女の最初の小説は、*The Secret Lives of Dresses* という作品で、2011年に出版された。シカゴ大学にて言語学の学士と修士を取得しており、修士論文では子ども向け辞書に掲載されている句動詞（'act up（わがま

> まな行動をする）'、'act out（身振りをする）'、そしてもちろん 'look up（ことばを調べる）' など）について取り扱っている。彼女は現在カリフォルニア在住。新たな語を見つけた場合は、次のアドレス宛に報告してほしい。(feedback@wordnik.com)

さらに知りたい読者のために

●この本のなかで

言語の進化については、8章（「言語変化」）、10章（「ピジンとクレオール」）、13章（「文法」）、44章（「アメリカ合衆国の方言変化」）、51章（「英語の起源」）、53章（「ラテン語」）、54章（「イタリア語」）で議論している。言語の規則については、19章（「規範主義」）と20章（「イギリス、アメリカ、その他地方の英語」）でさらに詳しく扱っている。その他、言語に関心のある人が専門職に就く機会については、22章（「二言語使用」）、39章（「アメリカの言語危機」）、45章（「言語に関係する仕事」）、47章（「通訳と翻訳」）、49章（「法言語学」）で述べられている。

●この本以外で

Winchester, Simon. *The Professor and the Madman: A Tale of Murder, Insanity, and the Making of the Oxford English Dictionary* (Harper Perennial, 1999; published in the UK as The Surgeon of Crowthorne).
Winchester, Simon. *The Meaning of Everything: The Story of the Oxford English Dictionary* (Oxford University Press, 2003).
サイモン・ウィンチェスターによる上記の2冊はどちらも、最も権威のある英語辞書である *Oxford English Dictionary*（OED）のための優れた入門書である。前者は、小説のようなスタイルでOEDの編集に携わった学者たちの実話を詳細に説明している。後者は、現在継続中のOEDのプロジェクトを、より詳細に、網羅的に論じている。

Murray, K. M. Elisabeth. *Caught in the Web of Words: James Murray and the Oxford English Dictionary* (Yale University Press, 2001). OEDにもっと興味のある人は、OEDの原編者であるジェームズ・マレー (James Murray)について、彼の孫娘が書いたこの伝記をお勧めする。

Landau, Sidney I. *Dictionaries: The Art and Science of Lexicography* (Cambridge University Press, 第2版 2001). どのように辞書が作られているかの要点に興味がある人にとって、最も優れた入門書である。

47 辞書があるのに なぜ翻訳家が必要なのだろうか？

ケヴィン・ヘンヅェル（Kevin Hendzel）

通訳者になるには何が必要だろうか。
よい辞書があるなら、翻訳は誰でもできることなのではないだろうか。

　大統領や首相の背後に立って、海外からの訪問者のコメントを耳元で通訳する人を見るといつも感心する。ある言語から別の言語へと翻訳するなんて、しかも同時に聞いて話すなんて、なんとすごい才能なんだろうと思うのだ。辞書を開くことはできないし、ロボットのようにことばを吐けばいいわけでもない。通訳者の仕事は意味を伝達することだ。また、声の調子や語句のニュアンスでも多くの意味が表現されているのだから、通訳者の仕事は単なる語から語への翻訳をはるかに超えているのだ。
　そしてなんと責任の重いことだろう。被告人が裁判官や陪審員の言語を話せないような裁判事例を考えてみればわかる。もし通訳者が間違えてしまったら、正義はどのように行使されるのだろうか？　みんながみんな2つの言語の間をたやすく行き来できるわけではない。しかしその方法を知っている誰かは必要なのだ。この「誰か」こそがプロの通訳なのである。
　話しことばを扱う通訳者と同じく、書きことばを扱うプロの翻訳家も同じように必要とされている。たとえば商業契約などの場合、語句の選択がどれほど大切かは、ちょっと考えただけでもわかるだろう。また、ホワイトハウスとクレムリンを結ぶ、かの有名な「ホットライン（直通電話）」もそうである。あれは多くの人の予想に反して、赤いぴかぴかの電話がアメリカ大統領

およびロシアの指導者双方の机にあってつながっているわけではない。ホットラインは暗号化された高速データリンクでつながれており、そこで伝えられるのは話しことばではなく、書きことばのメッセージであり、それゆえ通訳者ではなく翻訳家が必要とされるのである。

　では、プロの翻訳家もしくは通訳者になるために必要なのは何だろう。ここで「プロ」ということばに強調を置かせてほしい。なぜなら単に2つの言語を知っているというだけでは不十分であるからだ。それは単なるスタートに過ぎないのだから。

　母語以外にもう1つの言語を話す能力もさることながら、それ以上に通訳者は関係する2つの文化、俗語や方言の使い方、それに通訳対象となる話題に精通している必要がある。本当に有能な通訳者になるためには、並はずれて記憶力が良くなければならないし、通訳技術の訓練をたくさん受けていなければならない。

　翻訳家には通訳者とは少し違った技術が求められる。しかしこの場合も先ほどと同じく、2つの言語についての知識が十分にあることは単なるスタートにすぎない。なぜなら翻訳というプロセスはとても複雑なものになりうるからだ。たとえば翻訳家が扱わねばならない専門用語を考えてみてほしい。弁護士は「職務執行令状（writs of mandamus）」という小難しいものの発布を申し立てたり、医師は「肥大性心筋症（hypertrophic cardiomyopathy）」という難解な病気の治療にあたったりする。こういった専門用語は実にやっかいである。翻訳するには、その言語の辞書で対応する語を調べるだけでは十分ではなく、そもそもその語が何を意味しているのか、その内容そのものを理解しておかねばならない。このため翻訳家や通訳者は、特定の科学技術畑で高度な学位をもっていることが多い。その多くは訓練を受けた技術者であり建築家であり医師であり弁護士である。翻訳家が1つの言語から別の言語へと移す作業を行う時、そのプロセスはまず第1に対象となる概念を元の言語で理解することであり、それからその次に翻訳対象となる言語でその概念を「解釈」もしくは「記述」することなのだ。一言で言えば、翻訳は単語を移し変えるものではなく、その語が何を表しているかを移し変えるものなのだ。

ではこういった職業に就こうと思ったらどうしたらよいだろう。まずは、あなたが翻訳通訳の専門とするであろう実学分野（工学、医学、財務会計など）ですでに訓練を受けているのが一番良い。また、ベルギーのようにほとんど誰でも2つかそれ以上の言語で育っているようなところの生まれならばそれも確実に役に立つだろう。しかし、たとえあなたが子供時代からのバイリンガルでなかったとしても、一生懸命訓練すればそれに近づくことはできる。その後、プロとして認定されるかどうかは、訓練と実地練習をどれほど行ったかでほとんど決まるのだから。少なくとも修士号はもっている必要があるだろう。この修士号をとるためにアメリカでは2年間勉強する必要がある。ヨーロッパでは3年かそれ以上かかる。そしてインターンシップでの訓練を受けて、晴れて社会に自由に飛び立てることになる。最後のステップはアメリカ翻訳家協会（American Translators Association）などの組織による資格認定となる。

そう、時間がかかるのだ。しかし翻訳や通訳というのは刺激的な仕事だし、多くの場合儲かる仕事でもある。言語サービス産業はアメリカ国内だけでも135億ドル規模で、2007–2009年の大不況であった「リーマンショック」の間でも毎年実際に成長し続けていた数少ない業種の1つなのだ。そして欧州連合（EU）が隆盛している今、人々や製品やアイディアが国境を越えて容易に行き来するため、ヨーロッパでは資格認定を受けた通訳者への需要がものすごく高くなっている。翻訳家や通訳者の訓練プログラムも世界中で増え続けている。これはとても良いことだ。十分な資格をもつ通訳者や翻訳家はあらゆる分野で非常に不足しているのだから。

もし翻訳や通訳といった職業についてもっと知りたいと思ったり、訓練プログラムについて調べたいと思ったり、またあなたのビジネスや組織でプロの翻訳家や通訳者を探したいと思っているならば、1つにはアメリカ翻訳者協会（American Translators Association）のウェブサイト（www.atanet.org）が情報源となるだろう。このサイトでは、翻訳・通訳分野についての包括的情報や、関連情報について執筆するブロガーの一覧（www.atanet.org/careers/blog_trekker.php）に加え、翻訳家や通訳者のデータベースをオンラインで検索できる。また翻訳や通訳に関係するさまざまな話題に関して専門家と連絡をと

るための情報を掲載している。

　人々がさまざまな異なることばをしゃべる限り、これまでにも通訳者は存在したし、著述がある限りその翻訳家も存在してきた。誰でも英語がしゃべれるという神話とは逆に、世界が狭くなっていくにつれ、今まで以上に翻訳家・通訳者が必要とされるだろう。

著者紹介
ケヴィン・ヘンヅェル（Kevin Hendzel）はジョージタウン大学の外交大学院修了生で、かつてはホワイトハウスとクレムリンを結ぶ大統領ホットラインの技術翻訳を担当する主任言語学者だった。現在は全米メディアを担当するアメリカ翻訳家協会のスポークスマン。このようなキャリアをもっているのでナショナル・パブリック・ラジオなど国内外のメディアに関する翻訳通訳に関連することについては大変有名なコメンテーターである。ヘンヅェル氏のロシア語から英語への翻訳物には物理、科学技術、法律の分野で公刊された34の著作と2,200もの論文が含まれる。今も現役の翻訳者として活躍し、現在は国家安全保障の分野を専門としている。この分野は前ソビエト連邦における核兵器解体と廃棄のプログラムに関することから、核兵器・生物兵器・化学兵器の拡散の防止を世界規模でめざすアメリカの提唱するプログラムまで、多岐にわたっている。

さらに知りたい読者のために

●この本のなかで
言語能力を職業的に用いる機会とそのための要件についての議論は、2章（「言語学者は何をするのか」）、22章（「二言語使用」）、39章（「アメリカの言語危機」）、46章（「辞書」）、49章（「法言語学」）、56章（「ロシア語」）、59章（「アラビア語」）も参照のこと。

●この本以外で

McKay, Corinne. *How to Succeed as a Freelance Translator* (Lulu Press, 2006). プロのフリーランス翻訳への導入を意図して、翻訳や通訳に関する世界を牽引するブロガーの1人 (http://thoughtsontranslation.com) が作った本。新人および経験のある翻訳者たちの両方に、商業翻訳の分野でどう成功するかの道筋について、すばらしい実践的な助言をしている。

Durbin, Chris. *The Prosperous Translator* (FA&WB Press, 2010). 翻訳畑の最前線で働くことについての最上の洞察、真面目な助言、そして機知に富むコメントを集めた本。クリス・ダービンとユージン・サイデルによるウェブ上での相談コラム「Fire Ant and Worker Bee（アカヒアリと働き蜂）」（二人のコラムニストの分身を表しており、読者からの質問は必ず「アカヒアリ様と働き蜂様へ」で始まる）から12年間にわたる項目が取り上げられている。

Jenner, Judy and Dagmar Jenner. *The Entrepreneurial Linguist* (EL Press, 2010). この本は、ジュディ・ジェンナーとダグマー・ジェンナーという長期にわたって翻訳を手がけている双子が、経営学大学院での授業を通訳・翻訳業に応用したもの。世界中の駆け出し、ベテラン両方の翻訳者・通訳者に向けて書かれている。

48 機械翻訳は
どれくらい良いものなのだろうか？

デービッド・サヴィニャック（David Savignac）

映画『2001年宇宙の旅』にでてくる HAL のようなコンピューターが登場するのはどれくらい先のことになるのだろうか？
外国語を翻訳するようなタスクでは、コンピューターが人間に及ばないのはなぜなのだろうか。

　20世紀の中盤コンピューターが発明されたとき、まず人々が考えたことは、どうすれば外国語を翻訳する目的で使えるかということであった。しかし初期の機械翻訳（MT）に払った努力は、良く言っても、尻すぼみで終わってしまったと言える。1960年代後半から1970年代前半にはその努力はほとんど完全に諦められてしまった。思わず笑ってしまうような、奇妙な誤訳があったという話なら聞いたことがあることだろう。「心（spirit）が勇んでも肉体（flesh）が弱る（weak）となにもできない（The spirit is willing but the flesh is weak.）」ということわざを「ウィスキーは（アルコール度）が強いが、肉はぼろぼろに腐っている」と訳したり、「水撃ポンプ（hydraulic ram）」という名前のポンプ装置を「水のヤギ」と訳してしまうコンピューターがあった。確かに機械はテキストをある言語から別の言語に単純変換することはできるが、機械を使う人間にとっての「聖杯」、つまり究極の目標としての「十分に自動化された高品質の機械翻訳」はまだまだ手に入れることはできないのである。なぜこんな問題が起こるのだろうか。
　この問題の原因は、一般的に言語が複雑であることにあるとされる。

この複雑性は語のレベルから始まる。bark（「吠える／木の皮をむく」）という単語を例に考えてみよう。コンピューターには、犬が木材で覆われたりしていないことも、誰かが近づいても木が大きな声を発したりはしないことも分からないので、与えられた文にある bark の訳にどちらを選ぶべきか決定できないというハンディがある。あるいは、スペイン語の動詞 comer（食べる）ではどうだろう？ この動詞は使われる文次第で、「食べる (eat)」「つかむ (capture)」「見渡す (overlook)」「腐食する (corrode)」「かすむ (fade)」「かゆくさせる (itch)」「スキップする (skip)」「見逃す (slur)」「飲み込む (swallow)」「取り入れる (take)」など様々な意味で使用されてしまう。こういった複数の可能性の中から正しい訳を選び出せと言うのは、コンピューターの計算能力以上の過大な要求をしていることになるのである。

　文になると、その複雑性がさらにひどくなる。'John saw the woman in the park with a telescope.' という文を例に考えてみよう。この文では6通りほどの意味を表す可能性がある。まず手始めに、誰が望遠鏡をもっていると考えるだろうか。ジョン？　あるいは公園にいる女性？　それとも公園にいるのはジョンなのか？　あるいは、2つの公園があり、一方には望遠鏡が備え付けられていて、もう一方にはないのだろうか。人間であれば、このような文を見ても意図されている意味のヒントが文の周りのどこかにあるかどうか探せば良いと分かっているけれど、コンピューターはびっくり仰天してしまうかもしれない。

　機械翻訳がなぜ困難なのか、その根底にあるのはそれぞれの言語が異なる方法で知識のパーツを切り分けてことばにしており、異なる言語間でぴったりと対になる対応表現がないという事実である。2つの言語が相互に類似していない部分が多いほど、どう翻訳するかが難しくなっていく。英語では3人称単数の代名詞、he, she, it がある一方で、トルコ語でそれにあたるのは on という1つの語となる。この語は性別を特定する手がかりがないため、英語にどうやって翻訳すればよいのだろうか。また、緑と青を語彙で区別しない言語もある一方で、英語ならば青を表す語は1語のみだが、ロシア語にいたっては青を2種類の語で区別している。そうすると、'She's wearing a blue dress.' をロシア語に訳したい場合、ドレスの色を実際に見ることができ

ない限り、正しい語を選ぶ確率は50％になってしまう。つまり、言語間で厳密な翻訳ができないことはよく起こってしまうことなのだ。

　しかし、ここで良い知らせがある。そのような翻訳の限界はあるものの、機械がとても良い仕事をする状況があるのだ。特に翻訳のトピックが限定された場合は素晴らしい成果を上げる。たとえば、カナダ気象センターでは、二カ国語発信の天気予報に機械翻訳を利用している。商業界では、コンピューターの翻訳を採用しており、たとえばテクニカルライターが、日本語から英語への機械翻訳の後で、少しの修正ですむような形でマニュアルや部品カタログを書くようになっている。インターネットでも、少なくともいくつかの言語であれば、マウスでクリックするだけでウェブページ全体をかなり正確に翻訳することも可能である。

　そして忘れてはいけないのは、機械翻訳がかならずしも完璧である必要はないことだ。たとえ翻訳のなかに誤りがあったとしても、かなり役には立っている。たとえば、9.11の後の世界ではよくある状況だが、人間の翻訳者が不足しているのに翻訳されるべき資料が膨大にある場合、広く機械翻訳を駆使して資料の優先順位を「選別」してから、働きすぎの人間の翻訳者のデスクに届けている。まさにこの選別の仕事をしているのが、国防省とインテリジェンスコミュニティーのためにつくられた、アメリカ国家安全保障局の「サイバートランス」というソフトウェアである。このソフトは、言語を特定し語の綴り間違いを訂正して、65カ国語から英語へと、たいていの場合ざっと目を通すには十分耐えられる程度の質を保った翻訳を行うのだ。

　さらに、機械翻訳の将来の見通しも良さそうである。9.11の出来事をきっかけに、政府の資金投入によって活力をもらった機械翻訳の専門家たちは、学術研究分野、商業界、そして政府機関などの各分野での新しい翻訳手法を具体化しつつあり、これまでのところ、その成果はとても有望である。たとえば、アラビア語からの英訳の質はこの5年間で劇的に改善されてきている。機械翻訳によって、複数言語によるウェブ上のチャットルームが可能になり、多国籍軍が互いに話し合うのに役立っているのだ。確かに人間の翻訳者の方が優れてはいる。しかし、たとえ「十分自動化された高品質の機械翻訳」という目標達成にはまだまだほど遠いにせよ、機械翻訳は長い道のりを

超えてやっとここまで進歩してきたのだ。質は着実に向上しているし、利用はうなぎ上りに増加している。機械翻訳は、すでに広く普及し定着しているのである。

> 著者紹介
> デービッド・サヴィニャック（David Savignac）は、現在 Language Weaver/SDL International の辞書編集部門の専務理事であり、メリーランド州、フォートジョージ・G・ミードにあるアメリカ国家安全保障局の応用機械翻訳センターの前理事である。彼は訓練によって複数言語話者となり、また余暇には中世史研究もたしなんでいる。スタンフォード大学スラヴ語学科でスラヴ言語学の博士号を得た後、30 年以上国防省で勤務した経験がある。

さらに知りたい読者のために

●この本のなかで
他の言語的・技術的なトピックに関する議論は 37 章（「言語教育技術」）、38 章（「アメリカ合衆国の言語」）、49 章（「法言語学」）、50 章（「言語の博物館」）を参照のこと。翻訳に関するテーマの更なる議論は 47 章（「通訳と翻訳」）で述べられている。

●この本以外で
ここで引用される以下の刊行物は著者が個人的に推奨するものであり、アメリカ国家安全保障局及び中央保安部による公的見解及び承認を示すものではない。

Nirenburg, Sergei, Harold. L. Somers, and Yorick A. Wilks, eds. *Readings in Machine Translation* (MIT Press, 2003). 機械翻訳について、その可能性と限界について多くの考察を行ってきた学者たちによる最近 50 年の画期的

な論文を収録した優れた論文集である。

Somers, Harold, ed. *Computers and Translation: A Translator's Guide* (Johns Benjamins, 2003)．機械翻訳に関する本は技術、理論、分類学、評価やその他の分析的な問題を詳細に述べるものが多いのに対し、この本では機械翻訳を生産的に使う方法についての基礎が多く書かれている。

Arnold, Doug, et al. *Machine Translation: An Introductory Guide* (Blackwells-NCC, 1994)．pdf 版と html 版も www.essex.ac.uk/linguistics/external/clmt/MTbook にて利用可能である。この本は少し情報が古く、現在のデータ主導型の方法についてはあまり触れられていない。しかし、ざっと読むには手軽で、なにより自由にアクセス可能である！

ジョン・ハッチンズ (John Hutchins) による機械翻訳、コンピューターによる翻訳技術、言語学、およびその他のトピックについての出版物が www.hutchinsweb.me.uk にて閲覧可能である。ジョン・ハッチンズは歴史学の牽引者であり、また 20 年間機械翻訳の領域で著作を出し続けている。本人によるウェブサイトでは現在、彼自身だけでなくその他多くの人の出版本や論文などが閲覧でき、さらにすべて自由に pdf 版でダウンロード可能になっており、機械翻訳の分野の百科事典的な情報源となっている。このサイトは構成も見事で、ここから一般的な情報を得たり、興味のレベルに応じて学んだりも簡単にできる。

Styx, Gary. 'The Elusive Goal of Machine Translation' in *Scientific American*, March 2006．この論文は、幅広い読者層に向けて書かれており、機械翻訳の重要な改善に有望だと広く支持されている「統計的な手法」に焦点を当てている。

49 ことばを使って犯罪を解決できるのだろうか？

ロバート・ロッドマン（Robert Rodman）

声紋とは何だろう？
ことばの使われ方を分析することで、差出人不明の手紙を書いた者や、シェークスピア劇の作者が誰なのかを割り出せるだろうか？
それで犯罪者を捕まえられるのだろうか？
あるいは、被疑者の無実の罪を晴らせたりするのだろうか？

　言語に携わる人々は、あなた方がおそらく今までに考えたこともないようなことをたくさん行っている。たとえば次のようなシナリオを考えてみよう。近未来のある暗い嵐の夜のこと。あなたはパーティーから帰ろうとしている。車の運転席に滑り込み、イグニッションキーを回した途端、あなたの車から声がする。「5つ数えてください。」言うことをきかない限り車は発車しないので、あなたは声に出して数える。1，2，3，4，5。「残念ですが、」と車が言う。「あなたは飲み過ぎましたね。」そして車はエンジンを切ってしまう。あなたの声を分析することで車のコンピューターはあなたが飲酒状態だと分かっていたからである。
　あなたの声はあなたについての多くのことを教えてくれる。どこで育ったか、今の感情はどうか、嘘をついているか、そしてあなたが誰なのか、までも教えてくれる。音声分析は言語学者が行うことの1つで、法言語学（Forensic Linguistics）と呼ばれる分野の一部である。この分野は言語科学を法律、犯罪、裁判に関わることへ応用するのである。

コンピューターで音声分析する際、発話は電子工学的に分析され、話者についての手がかりを得るために調べられる。コンピューターによるこういった分析結果は「声紋(voiceprint)」と呼ばれるのだが、あなたも耳にしたことがあるのではないだろうか。声は時間の推移や病気で変化する可能性があるため、声紋には、生まれてから死ぬまで変わらない指紋やDNAの分析鑑定ほどの正確さはない。しかし犯罪を解決する際にはとても役に立つものなのである。

悪名高きアルカイダのリーダー、故オサマ・ビンラディンとおぼしき声を録音したものが、本当に本人のものかどうかを確認するために、コンピューターを用いての話者認証分析にかけられた。9.11 の凶行の1年後のことだった。比較対照されたのは、ビンラディンのものとわかっている14の声紋、およびビンラディンとは別人のアラブ人男性による16の声紋であった。さて結果はどうだっただろうか。この正体不明の声は、ビンラディンではないグループとの一致の度合いの方が高かったのだった。これはほんの1例にすぎないが、このようにして、誰のものか分からない声が本人のものかそうでないかを認定する際、コンピューターによる発話分析が有効だと証明されたのである。

同じような状況がもう1つ起きている。ノースカロライナ州の州警察官が、人種差別的中傷を仲間の警察官の留守番電話メッセージに残したために降格されるという事件が起きたのである。訴えられた警察官は裁判所の審理を要求した。筆者が分析したところ、訴えられた警察官の声が人種差別的中傷の声とは一致しないと分かり、裁判長を説得できた。結果としてその警察官は降格を取り消され、過去に遡って未払いの給料の差額をもらえることになったのである。

そして書きことばの分析例もある。「愛犬家クラブの手紙事件」を考えてみよう。これはシャーロック・ホームズのミステリーではなく、実際にあった事件である。愛犬家クラブの役員が匿名の脅迫状を受け取った。それぞれの手紙には個人に関する詳細な情報が書かれており、書いた人は実のところ、同じ役員であると考えられた。しかし役員の誰なのか？ 法言語学者はその手紙を役員一人一人が書いた文章サンプルと照らし合わせた。句読点の

打ち方、大文字の使い方、スペルなどの書き方のスタイルの分析から、この手紙を書いたのが役員会の会計だということが明らかになり、会計はクラブから除名されることになった。

愛犬家クラブの手紙のような比較的些末なものから、シェークスピア本人が書いた可能性もある舞台劇の台本に至るまで、その著者が誰なのかという問いの答えは、語のまとまりや文の長さ、文法の使い方といったパターンを比較することで判断できる。コンピューターを使えばこういったパターンは何千でも分析可能なので、本人確認に関して確固たる証拠を見つけることができる。ちなみに、法言語学者はまさにこの方法を使って、アメリカ合衆国憲法の批准を推進するために書かれた85編の連作論文である「ザ・フェデラリスト・ペーパーズ」のうち、何本かの論文の原著者をはっきりと突き止めることができた。なにしろこれらの論文の作者が誰であるのかという問題は、200年にも渡る論争だったのである。

剽窃は学問界にとっての大いなる悩みの種である。剽窃とは、多くの場合学生によるもので、他人の書いた物をインターネットから無断で取ってくる行為である。法言語学はこの救世主といえよう！　ザ・フェデラリストを分析したのと同じ技術を用いれば、データ資料が剽窃されているかどうかが検知できる。コンピューターソフトが、ある学生もしくは学者の論文を読み込み、それから何百万という著作をスキャンして、特定の語句や文、時にはアイディアの重なりをも見つけ出すのである。

最後に、法言語学が主に関心をもっているのは法律のことばを明晰にすることである。そうすれば難解で訳の分からないことばで述べられる法律の意味も理解しやすくなる。たとえば「鑑定人」についての項目で、ある法律はこのように書いている。「法廷に提出された専門家による鑑定書 (expert evidence) は、専門家による他から影響されない独立した産物で、訴訟の緊急性によってもその形式あるいは内容に関していかなる影響も受けないものであるべきであり、またそのように見なされねばならない。」法言語学者はこれをもっと単純に「鑑定人は偏見や予断をもつべきではない」と言い直す。言語学者は今日こういった法律用語を日常的な英語に自動的に翻訳するコンピュータープログラムを開発しつつある。

このようにさまざまな多くのことがこの分野で起こっている。もしもっと知りたいと思ったならば、インターネットのサーチエンジンで「法の(forensic)」「言語学(linguistics)」という語を検索してみよう。そして次に犯罪と戦うスーパーヒーローを思い浮かべるときには、マントと隆々とした筋肉の人のことは忘れて、ノートパソコンを抱えている言語学者をイメージしてみてほしい。

> 著者紹介
> ロバート・ロッドマン (Robert Rodman) はカリフォルニア大学ロサンゼルス校で教育を受けた言語学者で、現在はノースカロライナ州立大学のコンピューター科学学科の教授である。著作に *Computer Speech Technology* (1999) がある。ロッドマン博士は法言語学者でもあり、言語と法システムに関して司法官と協議する立場にある。

さらに知りたい読者のために

●この本のなかで
言語能力を専門的に活かす機会およびそのための必要条件について議論しているのは 22 章(「二言語使用」)、39 章(「アメリカの言語危機」)、45 章(「言語に関係する仕事」)、46 章(「辞書」)、47 章(「通訳と翻訳」)、56 章(「ロシア語」)、59 章(「アラビア語」)である。これ以外の言語的・専門的な話題については 37 章(「言語教育技術」)、38 章(「アメリカ合衆国の言語」)、48 章(「機械翻訳」)、50 章(「言語の博物館」)、53 章(「ラテン語」)、64 章(「エスペラント語」)で述べられている。

●この本以外で
Coulthard, Malcolm and Alison Johnson (eds.). *The Routledge Handbook for Forensic Linguistics* (Routledge, 2010). 法言語学の主要概念、論争、話題、研究方法や方法論について述べた他に例を見ない参考図書。

Olsson, John. *Forensic Linguistics* (Continuum, 第2版 2008). 法言語学の領域について厳密性の高い紹介をしている重要な教科書である。イギリスで最も著名な法言語学者の一人が書いたもので、非常に念入りに構成され、明晰に書かれている。

Schane, Sanford. *Language and the Law* (Continnum, 2006). 卓越したアメリカ人言語学者が書いた言語と法律の共通性についての入門書。

Shuy, Roger. *Creating Language Crimes: How Law Enforcement Uses (and Misuses) Language* (Oxford University Press, 2005). 逮捕から罪状認否、裁判そして判決まで、法の執行に関するあらゆる側面で言語が中心的な役割を果たすことを、数多くの事例を用いて説明した魅力的な解説書。著者はアメリカの著名な法言語学者である。

Solan, Lawrence and Peter Tiersma. *Speaking of Crime* (University of Chicago Press, 2005). この短い本もまた、刑事司法制度における言語の複合的な役割を検討した魅力的な本である。筆者はリンドバーグ愛児誘拐事件（訳者注：1932年、初の大西洋単独無着陸飛行に成功したことで有名な飛行士チャールズ・リンドバーグの長男が誘拐され殺害された事件。一応の解決を見たが冤罪説など謎も多い。）に始まり、ビル・クリントン元大統領の弾劾裁判（訳者注：ホワイトハウスの実習生だったモニカ・ルインスキーと「不適切な肉体的関係」を持ったと自白せざるを得ない状況に追い込まれ、大統領の「品格」を問われて1998年に弾劾裁判にかけられたが、辛うじて罷免は逃れた。）、そしてジョンベネ・ラムジー殺害事件（訳者注：1996年、美少女コンテストに良く出ていた裕福な家庭の6歳の少女ジョンベネが誘拐され殺害された事件。2017年時点で未解決。）に至るまで、数多くの事例を収集しており、逮捕、調査、尋問、自白、裁判などで言語がどのように機能するか、現実に起こった実例を見せてくれている。

50 どのようにしたら言語を博物館で展示・保存することができるのか？

アメリア・C・マードック（Amelia C. Murdoch）

言語の博物館では何を見たり学んだりするのだろうか？
そもそもそんな場所は存在するのか？

　実は、そのような場所は実在している。「国立言語博物館」という名称で、ワシントンDC郊外のメリーランド州カレッジパークにあり、2008年5月に開館した。なんとも比類のない博物館である！　飛行機や絵画や動物の白骨、古代の硬貨のような物理的な対象を見る(時には手で触る)施設である博物館は、みなさんにもおなじみだろう。しかし、言語と聞くと、主として音声や単語や本が頭に浮かぶだろう。すでに図書館がそのようなものを保管して展示するために機能しているのではないのか。それでは、言語博物館で私たちは何を行うのだろうか。また、なぜ言語博物館がつくられたのだろうか。

　言語というものをもっと知りたいと思っている人は多いだろう。どのように言語は発展してきたのか、言語ごとにどのような違いがあるか、また身体が言語を操る「機械」としてどのように機能しているかなどに我々は関心をもっている。この博物館はそのような問いに答えることを目的としている。ここは、なぜ言語が重要であるかを明らかにする場所なのだ。この博物館は、私たちが言語について知っていることや、どうすればそのような知識を得られるのかを示してくれ、さらに、言語学的な知識について楽しみながら探求していく機会を与えてくれるだろう。

さて、この博物館内のアレン・ウォーカー・リード図書館は、アメリカにおけるさまざまな言語に関する情報を最も幅広く収集することを意図した中核的な施設である。ここに収集された情報は、印刷された本や定期刊行物の形式で得られる場合もあるが、多くはオンラインで、地球上どこにいてもアクセス可能になっている。とりわけ注目すべきは、この図書館にある発話のサンプルのコレクションであり、何百という言語と数多くの方言が録音されている。このコレクションは最終的に世界に存在するすべての言語のサンプルを所有することを目指しており、実現すれば言語調査にとって大変すばらしい資源となるだろう。

この博物館の特徴は、言語に関連する展示物や情報を訪問者も参加できるマルチメディアを用いて展示していることでもある。音声分析の科学が、どのようにガスの炎を用いた初歩的な技術から今日のデジタルの声紋分析へ発展していったのかを、実際に見たり聞いたりして理解することができる。それから、自分の発話のイメージをサウンドスペクトログラムの図にしてもち帰ることもできる。また、音声合成装置の仕組みを学ぶこともできる。あのイライラさせるような電話の人工音声にはじまり、スティーブン・ホーキングのように身体に障害のある人の発話を可能にする重要な意思伝達装置の仕組みまで学べる。そこでは、コンピューターと話すこともできるし、コンピューターがどのように適切に発話を理解して、新しい発話をつくり出すのかを見ることもできる。

世界の各言語がどこで話されているのかを示す、インタラクティブ形式の壁紙サイズの世界地図の展示もある。これを見れば、どのように言語が発展し、変化していくのかを見てとることができる。また各言語がどのように異なっているか、それぞれの言語がどのように時空を超えて広がっていくのか、そして消滅していくのかがわかる。

この世界地図を補完する、視聴覚資料等を用いた訪問者参加型の展示もある。これはインタビューなどからの抜粋である音声やビデオクリップを用いて、アメリカ英語の方言だけではなく、先住民の言語や数世紀にわたる移民の言語を含めた、言語的な遺産やアメリカの言語の多様性を説明している。英語話者がここへ来れば、自分の方言が大きな地図の絵のなかのどの部分に

あてはまるのかがわかるだろう。

　また、人間の発話器官を表した動画のモデルもあり、肺、声帯、唇、歯、舌が、どのように協働して、数千の言語や方言の限りない音のバリエーションをつくっているのかを図で説明している。

　そして、どのように言語が獲得されるかについてこれまでに分かっていることについても理解できる。たとえば、第一言語を赤ちゃんがどうやって学んでいくのか、また子供や大人が第一言語を獲得した後に、全く違った形で、新たに他の言語をどうやって学ぶのかなどである。

　魅力的な展示として、ローマ字およびその他の書きことば体系の発展を、歴史的にたどれるコーナーもあり、それぞれの体系で書かれたテキストとそのテキストを書くために使用された道具も合わせて展示されている。

　他には、文明を起源にまでさかのぼって、言語の社会的役割について調査したものがある。テーマ別の展示の中には、法医学や、複数言語社会での司法手続きの問題など、言語の研究と法律がさまざまに絡み合っていることを示しているものもある。それから、商業、政治、テクノロジーにおける言語の重要性を、歴史的な文書、ラジオやテレビ番組を使って説明しているものや、言語分析からどのように記号や暗号が解読できるのかなどを説明している展示もある。また、言語と宗教の関係は何世紀も昔から密接であったのだが、そのことについて、言語や言語学の研究において宣教師が果たした役割が展示されている。

　最初の単語集から不朽のオックスフォード英語辞典にいたる、辞書に関する話を見聞することもできる。辞書自体の記述と共に、サミュエル・ジョンソン博士（彼自身の辞書の中で「辞書編纂者」を「無害の単純労働者（harmless drudge）」と定義した）のような博識のある学者をはじめ、現代の辞書作成を可能にした数限りない、多くは名前の分からない人々を含む辞書作成者たちの生涯についても取り上げられている。またこの博物館では、通訳及び翻訳の歴史を追うとともに、ビジネスや外交、諜報機関の世界に翻訳者や通訳者がどのように携わっているのかも説明されている。

　さらに、もう1つの重要なテーマとなっているのは、絶滅危惧言語の保護である。国連を含め、アメリカやその他の国の大学や研究機関では、絶滅

危惧言語の情報収集にかなり努力を尽くしている。だが、これらの情報のすべてを1つにまとめておく場所が必要となる。この博物館こそが、言語の保護を通じて民族の文化をまもる中心的な貯蔵施設として、その役割を十分果たせる候補だと博物館の幹部は考えている。

2011年には、この博物館で2つの長期の展示を始めた。それは、「書きことば:次の時代へ」と「1812年:アメリカの言語の興隆」だ。これから、もっともっとたくさんこういった企画展示が行われていくだろう。今はスペースが限られているが、この博物館では世界中からの熱心な来訪者を続々と迎え入れており、展示拡大のためのさらに広い施設をつくろうと、交渉が現在進行中である。

これまでの話は、博物館がこれからどんな場所になっていくのかをほんの少し垣間見せただけにすぎない。国立言語博物館がさらに発展して大きくなっていけば、あなたを含め言語を重要だと考えるすべての人々のアイディアとその参加を快く受け入れてくれるだろう。みなさんも博物館のメンバーになって博物館の発展に貢献してみてはいかがだろうか?

著者紹介

アメリア・C・マードック(博士)(Amelia C. Murdoch)は、アメリカ国立言語博物館の創設者および名誉館長であり、元アメリカ政府付きの言語学者でもある。彼女は、中世フランス語の研究を専門としてキャリアを開始した。そして連邦政府の機関に入った後、セム語の研究を思い切って始めた。彼女の長いキャリアを通じて、言語研究の分野は、学術や教育の世界から文化の主流へと広がっていかなければならないものと確信するようになった。そして、彼女自身が、洞察を得て言語についての独創的な可能性がある展示の創作を指導してきた経験から、言語の博物館がそのような広がりをリードしていくための理想的な手段であると納得するに至った。

さらに知りたい読者のために

●この本のなかで
言語の博物館の展示はこの本に所収のテーマと重なっている部分がある。いつかこの博物館へ行こうと考えている人々にとって特に興味深いと考えられる章は 3 章（「世界の言語」）、38 章（「アメリカ合衆国の言語」）、27 章（「言語の死」）、28 章（「言語の救済」）、37 章（「言語教育技術」）、47 章（「通訳と翻訳」）、49 章（「法言語学」）があり、また 52–65 章の個別の言語に関する章にも含まれているだろう。

●この本以外で
Comrie, Bernard, ed. *The World's Major Languages*（Oxford University Press, 1990）．世界の主要な言語に関する最も興味深い事実についての信頼できる記述が収録されている。

Crystal, David. *The Cambridge Encyclopedia of Language*（Cambridge University Press, 第 2 版 1997）． 非常に貴重な文献で、内容はとても分かりやすくまとまっている。また言語のあらゆる側面に言及したまさに必須の参考書である。

McWhorter, John. *The Story of Human Language*（The Teaching Company, 2005）．言語の歴史・発展に関する優れた講義シリーズで、36 の講義を提供している。(各 30 分、DVD, ビデオテープ、オーディオ CD で入手可能）

Wade, Nicholas, ed. *The Science Times Book of Language and Linguistics*（The Lyons Press, 2000）．とても読みやすいエッセイ集である。トピック、構成、様式は国立言語博物館の方法と同じように作成されている。

51 英語は
どこからやって来たのだろう

ジョン・アルジオ（John Algeo）

英語はもともとドイツ語の方言だったのか。
もしそうならば、どのようにして英語になったのだろうか。
また、どのようにしてヴァイキングやフランス人が関わったのだろうか。
英語の歴史について辞書は何を語ってくれるだろうか。

　英語は確かにドイツ語と同じ祖先をもつ。しかし話はそんなに単純なものではない。5世紀に、ブリテン諸島にはケルト人が住んでいた。しかし部族間の争いが非常に激しくなったので、ある地方の王が今のデンマーク南部やドイツ北部に住むゲルマン民族に助けを求めた。それが予想もしていなかった結果になったのだ。ゲルマン民族たちは味方としてやって来たが、ブリテン島が非常に気に入ったので、占領してしまおうと決めたのだった。

　このグループにいた主なゲルマン民族の内、2つの部族はアンゲルンとサクソニーと呼ばれた地方からやってきた。それで彼らがブリテン島にもたらしたことばを「アングロ・サクソン」と呼んでいる。ヨーロッパ大陸に残った部族たちのことばはその後、現代のドイツ語、オランダ語、スカンジナビアの諸語となった。「古英語（Old English）」としても知られるアングロ・サクソン語は今日わたしたちが話す英語へと発達していった。

　新しい土地でこれらゲルマン系のアングロ・サクソン人達のことばは変化していった。アングロ・サクソン人達によってブリテン島の端へと追いやられたケルト人は英語の中にケルト系の地名を残したが、さらに重要なのは、

アングロ・サクソン人達はキリスト教に改宗したため、たくさんのラテン語が彼らのことばに入ってきたことだ。そして、9世紀、10世紀にはさらに別の影響力が英語に及んだ。ブリテン島（もうその頃にはAngle-landつまりEnglandと呼ばれていた）がもう一度、侵略を受けたのだ。今度はアングロ・サクソン人のいとこともいえるヴァイキング達がスカンジナビアから襲ってきたのだ。彼らはイングランド全土を約20年間にわたって支配した。ヴァイキングたちとアングロ・サクソン人との接触は非常に密接であったため、ヴァイキングたちは英語にsister（姉／妹）、sky（空）、law（法律）、take（取る）、window（窓）や代名詞のthey（彼らが）、them（彼らに）、their（彼らの）のような日常的な単語を残した。

　英語の語彙が最も増えた原因は、われわれみんなが知っている次の征服だ。つまり1066年に起こったノルマン人による征服である。その年、イングランドはヴァイキングの別のグループの子孫たちによって征服された。征服者は「ノルマン人」つまり北方人で、10世紀にフランスの海岸沿いに移住してそこでフランス語を身に付けた。彼らが支配した地方はノルマンディーと呼ばれ今でも彼らの名を留めている。ノルマン人たちがイングランドを奪い取った時、フランス語を公用語とした。よって、イングランドは3ヶ国語が話される国となった。政府の役人はノルマンフランス語を、教会はラテン語を、そして一般大衆は今日「中英語（Middle English）」と呼ぶ英語を話したのだ。

　一般大衆が圧倒的多数を占めたため、14世紀末までには英語はフランス語に打ち勝ち、イギリスの国語として復権を果たしていた。しかし、それはノルマン人による征服前の英語とは違った英語になっていた。復権を果たすまでの年月の間に、英語はjudge（裁判官）、royal（王室の）、soldier（兵士）などの法律、政治、軍事、文化に関する大量の単語や、fruit（果物）、beef（牛肉）といった食物を表す単語をフランス語から吸収したのだ。そして、多くの屈折語尾を失うなど英語は文法面でも劇的に変化した。

　15世紀の終わりには、印刷術がイギリスに導入され、英語の標準化を促進した。16世紀になるとイギリス人たちは世界を探検し始めた。彼らは新しい単語で表現されなければならない新しい事物に出会った。北アメリカ、

カリブ海域諸島、アフリカ、南アジア、オーストラリア、南太平洋などに植民したのだ。

　英語は世界の言語になっていくにつれて、他の言語に影響を与え、また他の言語からも影響を受けた。英語の中心となる語彙のほとんどは古英語に直接由来する。例えば、mother（母）、earth（地球）、love（愛）、hate（憎しみ）、cow（雌牛）、man（人／男）、glad（嬉しい）などである。しかし、英語は他の多くの言語からも単語を借りている。ギリシャ語から pathos（悲哀）、ウェールズ語から penguin（ペンギン）、アイルランド語から galore（豊富な）、スコットランド高地のゲール語から slogan（スローガン）、アイスランド語から geyser（間欠泉）、スウェーデン語から ombudsman（オンブズマン）、ノルウェー語から ski（スキー）、デンマーク語から skoal（乾杯）、スペイン語から ranch（放牧場）、ポルトガル語から molasses（糖蜜）、イタリア語から balcony（バルコニー）、オランダ語から boss（ボス）、ドイツ語から semester（2学期制の学期）、イディッシュ語から bagel（ベーグル）、アラビア語から harem（ハーレム）、ヘブライ語から shibboleth（合言葉）、ペルシャ語から bazaar（バザール）、サンスクリット語から yoga（ヨガ）、ヒンディー語から shampoo（シャンプー）、ロマニ語つまりジプシー語から pal（男同士の友達）、タミール語から curry（カレー）、中国語から gung-ho（熱心な）、日本語から karaoke（カラオケ）、マレー語から gingham（ギンガム）、タヒチ語から tattoo（入れ墨）、トンガ語から taboo（タブー）、ハワイ語から ukulele（ウクレレ）、オーストラリア先住民のダールック語から boomerang（ブーメラン）、オーストラリア先住民のグーグイミディール語から kangaroo（カンガルー）、バントゥー語から goober（落花生）、ウォロフ語から jigger または chigger（ツツガムシ）、ロシア語から mammoth（マンモス）、ハンガリー語から paprika（パプリカ）、トルコ語から jackal（ジャッカル）、アルゴンキン語から possum（オポッサム）、ダコタ語から tepee（テント小屋）、ナバホ語から hogan（ホーガン：北米の Navajo インディアンの住居）などである。大きな辞書に載っている語のほとんど——おそらく85％から90％もの単語は外国語からの借入語か外国語から借入した要素を使って英語流に作られた単語だ。

　今では英語は北ヨーロッパの1部族を起源とするという枠をはるかに超え

てしまっている。例えばイギリス人たちが移住した国の第1言語となっている。インドやフィリピンのような大英帝国の一部であったり、アメリカの影響下にあったりした国では第2言語となっている。また英語はビジネス、科学、テクノロジー、通商のために世界中で使われる外国語だ。北欧のパイロットはギリシャで飛行機を着陸させようとする時、管制官と英語で話す。英語は世界中に広まったインターネットにおいてもっとも重要なことばでもある。

　ということで、英語はドイツ語から派生したものだろうか。答えはノーだ。ドイツ語と密接な関係はあるが、北西ヨーロッパの小さなゲルマン系部族の母語として始まった英語は時間の経過とともに全く違ったものに変化した。つまり、何十もの言語を混ぜ合わせ、世界のほとんどすべての国で話されることばとなったのだ。

著者紹介

ジョン・アルジオ (John Algeo) はジョージア大学の名誉教授である。著書には *British or American English? A Handbook of Word and Grammar Patterns* (2006)、*The Origins and Development of the English Language* (第6版 2010) などがある。また *The Cambridge History of the English Language: Volume 6, English in North America* (2002) と *Fifty Years Among the New Words* (1993) の編者を務めた。彼はまた、北米辞書学会、アメリカ方言学会、アメリカ人名地名学会の会長を務めたことがある。妻のアデルと共に学術誌 *American Speech* の 'Among the New Words' というコーナーを10年間担当した。現在は *Dictionary of Briticisms* のための資料を収集中である。

さらに知りたい読者のために

●この本のなかで
言語の起源と歴史を扱う別の章には5章(「最古の言語」)、6章(「語族」)、10章(「ピジンとクレオール」)、57章(「アイスランド語」)がある。言語が発達

する過程のさまざまな側面を議論している章には 8 章(「言語変化」)、13 章(「文法」)、44 章(「アメリカ合衆国の方言変化」)、53 章(「ラテン語」)、54 章(「イタリア語」)がある。

●この本以外で
Algeo, John. *British or American English? A Handbook of Word and Grammar Patterns* (Cambridge University Press, 2006). 英語の代表といえる英米 2 カ国のことばに存在するたくさんの文法上の相違点について、しばしば人々が気づいていないものも含めて解説する。

Algeo, John. *The Origins and Development of the English Language* (Wadsworth, 第 6 版 2010). 先史時代のインド・ヨーロッパ祖語から現在に見られる語彙と語法の発達まで扱う詳細な英語史。

Hogg, Richard M., ed. *The Cambridge History of the English Language* (Cambridge University Press, 1992–2001). 英語史のあらゆる側面について一流の学者たちが執筆した 6 巻からなる英語史。多数の参考文献を含む。

Leech, Geoffrey and Jan Svartvik. *English — One Tongue, Many Voices* (Palgrave Macmillan, 2006). 英語に関する最新の優れた概説書。その世界的な広がり、国際英語と地方方言、無名時代から首座を占めるまでの歴史、語法・用法、標準語とクレオール語、文体と進行中の変化、政治と論争、などについて扱う。

52 アメリカ先住民の言語はいくつあるのか？

マリアン・ミズン（Marianne Mithun）

アメリカ先住民の言語は、ヨーロッパやアジア、アフリカの言語と何か関係があるのだろうか。
アメリカ先住民の言語は全て、互いに関連し合っているのだろうか。
それらは消滅の危機に瀕しているのだろうか。
それらを救おうとすることに、何か意味はあるのだろうか。

驚くほどたくさんの人々が、アメリカ合衆国固有の言語はたった1つだけだと思っている。「インディアン語」だ。だがこれはまるで見当違いである。
　実のところ、ヨーロッパ人が渡来する以前、300近くの言語がメキシコより北で話されていたことが分かっている。多くは消滅してしまったが、半分ぐらいはまだ知られている。それらは50から60の、異なる語族で構成されている。
　なかにはかなり大きな語族もある。例えば、アサバスカ・イーヤク・トリンギット語族には、39の異なる言語が含まれ、アラスカからアメリカ合衆国南西部にわたる広大な範囲に点在する地域で話されている。この語族に含まれるナバホ語は、北アメリカ大陸で最も広範囲にわたって使用されている土着の言語であり、10万人を超える話者がいる。
　もう1つ、アルジック語族と呼ばれる語族は、その最大の語派であるアルゴンキン語族が有名である。アルゴンキン語族は、ラブラドルからヴァージニア州にわたる大西洋沿岸地域で話されている。最初の入植者達や、イング

ランドの探検家ウォルター・ローリーが出会ったのが、このアルゴンキン語族の言語を話す人々であり、アメリカ英語に *caribou*（カリブー（北米トナカイ））、*skunk*（スカンク）、*moccasin*（モカシン（鹿革製の靴））、*hominy*（ひき割りトウモロコシ）、*raccoon*（アライグマ）のような単語をもたらしたのもこの人々である。また、アルゴンキン語族の言語であるショーニー語、フォクス語、ポタワトミ語、クリー語、シャイアン語、ブラックフット語などは、カナダの大部分やアメリカ合衆国のグレートプレーンズ（ミシシピー川からロッキー山脈まで東西に広がる大平原地帯）でも話されている。

　3番目に有名なグループが、スー・カトーバ語族である。ヨーロッパの言語と初めて接触した時、このスー・カトーバ語族の言語を話す人々は、ほとんどが大草原地帯に住んでいた。それは今のカナダ、アルバータ州やサスカチュワン州から、南はアーカンソー州やミシシッピー州にまでわたる地域である。*Minnesota*（ミネソタ）という地名は、スー語族の単語である（文字通りには「澄んだ水」）。もうひとつのよく知られたスー語族の単語は *teepee*（テント）である（文字通りには「住むもの」）。

　イロコイ語族はいくぶん小さく、現在8つの言語が残っており、モホーク語やチェロキー語がこれに含まれる。モホーク語は今でもケベック州やオンタリオ州、そしてニューヨーク州で話されている。チェロキー語は17世紀、アパラチア山脈南部で広範囲にわたって話されていた言語である。他のいくつかの先住民族同様、チェロキー族の人々もほとんどが1838年から39年にかけて、いわゆる「涙の道（Trail of Tears）」を通って強制的に西へ移動させられたので、最も大きなチェロキー族の居住地域は現在オクラホマ州にある。*Schenectady*（スケネクタディ）、*Ontario*（オンタリオ）、*Ohio*（オハイオ）、*Kentucky*（ケンタッキー）、そして *Canada*（カナダ）という地名は、イロコイ語族の言語からもたらされたものである。

　北アメリカにさえ、孤立言語、つまり特定可能な同族言語を全くもたない言語が存在する。例えば、現在のニューメキシコ州で話されているズーニー語は孤立言語である。

　一般的にアメリカ先住民の言語は、世界中のどの言語とも無関係である。しかしながらごく最近、ある非常に面白い仮説が出てきた。アサバスカ・

イーヤク・トリンギット語族と、シベリアのエニセイ語族とが関連している可能性があるというのだ。

　北アメリカに土着する言語は、お互い非常に異なっているのだが、一部の古い西部劇に出てくるような「原始的な」言語は1つもない。多くの言語で、英語の話者には馴染みのない音が使われている。例えば、「放出」子音（「ポン」というような特別な破裂音で作られる）や、弁別的声調（同じ音節でも異なる高さで発音すれば全く違う意味になりうる）などのように。また、これらの言語は文法も非常に複雑なことがあり、時には、英語の完全な一文の意味を担うような単一の語が作り出される場合もある。

　例えば、モホーク語の *wa'tkenikahrá:ra'ne'* という単語は、「彼女たちはそれを見た」という意味になる。この単語はいくつかの部分で構成されている。まず最初にくるのが接頭辞の *wa'-* で、これは、これから話す出来事が実際に起こったことであると話者が判断していることを示す。次にくるのが接頭辞の *t-* で、これは位置の変化を示す。3番目の接頭辞、*keni-* は英語の代名詞 'they' に似ているが、もっと具体的で、「あの二人の女性たち」を意味する。次にくるのが名詞の *-kahr-*（「目」）、続いて動詞語根の *-r-*（「上にある」）、そしてさらに2つの接尾辞 *-a'n-*（「～になる」）、*-e'*（これは話者が話した出来事がすべて同時に起こったことを示す）である。よってこの単語の文字通りの意味は、「その女の子たちは、視覚的にそれの上になった」となり、言い換えれば「彼女たちの目はそれの上に向けられた」、すなわち「彼女たちはそれを見た」という意味になる。

　2002年の映画『ウィンドトーカーズ（Windtalkers）』を見たことがある読者なら、第二次世界大戦当時、アメリカ海兵隊が、ナバホ語の話者に、日本人を煙に巻くための暗号としてナバホ語を使わせたことをご存じだろう。

　南北アメリカに土着するさまざまな言語のおかげで、世界を見たり、経験を単語の形にまとめたり、微妙ではあるが根本的な違いを表現したりするには、それぞれ独自の方法が存在するのだということに気づくことができる。例えば、もしエスキモー語で「あのカリブー（北米トナカイ）」と言いたい時、英語の 'that' に相当する単一の語がないことに気づくだろう。つまり、たくさんの 'that' の選択肢から選ばなければならないのだ。そのカリブーは

立ち止まっているのか、それとも動いているのか。もし動いているなら、近づいてきているのか、それとも遠ざかっているのか。もし動いていないなら、目に見えているのかいないのか。もし見えているなら、そのカリブーはあなたの近くにいるのか、聞き手の近くにいるのか、それとも遠く離れているのか。あなたより上にいるのか、下にいるのか。以前話題にしたカリブーと同じカリブーなのか。これらすべての選択が、英語ではたったひとつの単語にまとめられるのだ。即ち単に that と訳されてしまうのである。

　残念ながら、これら先住民の言語のもつ音調や独自の視点は、世界から失われつつある。戦争や伝染病で話者がいなくなってしまったために、すでに消滅してしまった言語もあれば、話者がかわりに他の言語を使うことを選択したために、消滅してしまった言語もある。われわれの人間としての文化的遺産は、これらの言語のおかげで豊かになってきたが、今世紀を生き残るのはわずか十数言語ほどだろう。環境災害同様、これは大きな損失である。

著者紹介

マリアン・ミズン（Marianne Mithun）は、カリフォルニア大学サンタバーバラ校の言語学の教授である。彼女の研究分野は、形態論（語構造）、文法と談話の関係、言語類型論、言語接触、そして言語変化（特に文法構造が進化するメカニズム）などである。彼女は、いくつかのオーストロネシア語族の言語（太平洋諸島の言語）の話者や、多くの北アメリカの言語の話者と研究をしており、後者にはモホーク語、ツカロラ語、セネカ語、ラコタ語、中央アラスカのユピック語、ナバホ語などが含まれている。彼女はまた、多くの地域共同体でのプロジェクトにも携わっており、それらのプロジェクトの目標は、その地域の先住民の伝統的な言語を文書で記録したり、若い世代にそれらを教えられるよう話者をトレーニングしたりすることである。

さらに知りたい読者のために

●この本のなかで
言語グループ同士の関連性を扱った章は、6章(「語族」)、51章(「英語の起源」)、60章(「アフリカの言語」)、そして63章(「インドの言語」)である。アメリカ合衆国の言語については、28章(「言語の救済」)、39章(「アメリカの言語危機」)、40章(「アメリカ大陸のスペイン語」)、41章(「ケイジャン語」)、42章(「アメリカ合衆国におけるドイツ語」)、そして43章(「ガラ語」)で述べられている。

●この本以外で
Grenoble, Lenore A. and Lindsay J. Whaley, eds. *Endangered Languages: Language Loss and Community Response*（Cambridge University Press, 1998）. 世界中の言語消滅に関する様々な側面についての論文集。いかにして言語は消滅するか、言語が消滅する時なにが失われるのか、継承言語の消滅に対して地域共同体はどのような反応をするか、などのテーマを取り扱っている。

Kari, James and Ben Potter, eds. *The Dene-Yeneiseian Connection.* (Anthropological Papers of the University of Alaska New Series, vol 5, no. 1-2, 2010). アラスカを中心に話されているアサバスカ・イーヤク・トリンギット語族の言語と、シベリアのエニセイ語族の言語が系統的に関連しているという仮説を検証するために、言語学者や考古学者、自然人類学者、そして民族学者によって書かれた論文集。

Mithun, Marianne, *The Languages of Native North America*（Cambridge University Press, 1999/2001）. 北アメリカに土着する言語や語族について述べた、百科事典的概論。また、これらの言語にみられる特別な構造や、複雑で精巧な分野についても述べられている。

Silver, Shirley and Wick R. Miller. *American Indian Languages: Cultural and Social Contexts* (University of Arizona, 1997). 南北アメリカの言語についての入門テキスト。文化的、社会的側面にとりわけ重点が置かれている。

53 ラテン語は本当に死んだのか？

フランク・モリス（Frank Morris）

蛮族によってローマが略奪された後、ラテン語は話されなくなったのではないのか？
学者でもないのに、どうして死んだ言語のことを考える必要があるのだろう？

　死んだ？　もちろん、専門の歴史家や文献学者、考古学者にラテン語が欠かせないのは言うまでもないが、しかしそれはなおのこと、その他の者たちにとってラテン語は本当に死んでしまって、過去のものになってしまったことの証拠ではないのか？　いや、そんなことはない！　実のところ、ラテン語は今日の世界でとてもよく使われている。私たちラテン語愛好者は、多種多様な証拠を連ねた長いリストを挙げて、ラテン語がどれほど生き生きしているかを示すことができる。

　まず、ラテン語の語彙は廃れてなどいない。イタリア語やスペイン語、フランス語、ポルトガル語の単語の約 8 割は、親言語のラテン語から受け継いだものだ。ラテン語とそれほど直接のつながりがある訳ではない言語でさえ、驚くほど高い割合でラテン語の語彙を用いている。たとえば、英語の全単語のおよそ 6 割——多音節語では 9 割——が、ラテン語からの借用語だったり派生語だったりする。ほんの少し挙げるだけでも、'labor'（労働）、'animal'（動物）、'deficit'（不足）、'insomnia'（不眠症）、'vigil'（寝ずの番）といった単語がある。

　話しことばのラテン語も、実社会でのコミュニケーションに使われなく

なったということはない。ついこの間、ヨハネ・パウロ2世の追悼ミサがラテン語で行われるのを世界中が目撃し、彼の継承者が選ばれたことを示すHabemus Papam（「私たちには教皇がいる」）という宣言を聞き、新たに就任したベネディクト16世が枢機卿会に対して行った、ラテン語でのスピーチを聞いた。なんとこの一部始終が、ローマから国際テレビで生中継！　バチカン以外でも、話しことばのラテン語は、式典で象徴的・実質的役割の両方を演じている。たとえばハーバード大学の卒業式では、350年以上にわたって、卒業生総代によるラテン語の式辞が特色になっている。

ラテン語への関心がそこまで高遠なものではなくても、フィンランドや他の国から毎週放送されるラテン語ラジオ番組にチャンネルを合わせることができる。あるいは、個人的な会話をするために幾世紀も集まってきた、世界中にいるラテン語愛好家を訪ねることもできる。彼らはお互いの日常ラテン語会話を楽しむためにインターネットへ進出してきているので、今では彼らの輪にもっと入りやすくなっている。

実際のところ、ラテン語はあらゆるところにある。法廷で用いられているのは、habeas corpus（「身柄を確保すべきだ」→「身柄提出令状」）、nolo contendere（「私は争うつもりはない」→「不抗争答弁」）、subpoena（遵守を強制するための「罰則付き」→「召喚状」）、alibi（「どこか別の場所」→「アリバイ」）。日常でもラテン語を用いた省略を行う。e.g. は exempli gratia（「例を挙げる目的で」）の略、i.e. は id est（「すなわち」）の略、etc. は et cetera（「その他」）の略、n.b. は nota bene（「よく注意せよ」）の略である。また、人を励ましたり導いたりするためラテン語のモットーを選ぶ。米海兵隊の semper fidelis（「常に忠実な」）、全米国民に向けた e pluribus unum（「多数からできた1つ」）のように。ブランドや広告にもラテン語を用いる。Lava（ラテン語の「洗う」）ソープ、Magnavox（「大きな声」）のラジオなどだ。医学で用いられるラテン語もある (bacterium（バクテリア）、coma（昏睡状態）、nausea（吐き気）、rigor mortis（死後硬直））。生物学では phylum（[分類の] 門）、species（種）、larva（幼生）、nucleus（細胞核）。解剖学では biceps（二頭筋）、cranium（頭蓋骨）、sinus（腔）。天文学では Mars（火星）、Ursa Major（おおぐま座）、nova（新星）。数学では calculus（微分積分学）、parabola（放物線）、isosceles（二

等辺の)、minus（マイナス)。学校では campus（キャンパス)、curriculum（カリキュラム)、alumnus（男子同窓生)。スポーツでは gymnasium（体育館)、stadium（競技場)、discus（円盤)。日常会話では ad hoc（その場限りの)、alma mater（母校)、de facto（事実上の)、ex officio（職権による)、ex libris（蔵書票)、non sequitur（無理な推論)、per capita（1人当たりの)、quid pro quo（代償)、status quo（現状)、vice versa（逆もまたしかり)。

さらにポップカルチャーでも、ラテン語にはいつも役割がある。たとえば「ハリー・ポッター」シリーズに出てくる、呪いやまじない、呪文に使われるラテン語のフレーズがみんな大好きだ。avis（「鳥｣）は鳥の群れをつくり、impedimenta（「障害物、足下にある物｣）は障害物をつくり、obscuro（「私は隠す、覆う｣）は何かを隠す。また、モンティ・パイソンの映画『ライフ・オブ・ブライアン』のタイトルキャラクター、ブライアンは、しわがれ声のローマ百人隊隊長によるラテン語文法レッスンのおかげで、自分の落書きの文法的間違いを訂正し、正しく Romani ite domum（「ローマ人よ、家に帰れ｣）と100回町の壁に書けるようになる。

最後に、種々のメディアの見出しはうれしい知らせを伝えてくれている。「ラテン語、返り咲く」(*Education World*)、「死んだ言語を復活させる学校教育」(CNN.com/education)、「ラテン語、元気な言語」(*The Washington Post*)。実際、米国の学校では、すべてのレベルで、ラテン語と古典ギリシア語両方の履修登録者数が急激に増えている。米国現代語学文学協会による最近の調査によると、学部生のラテン語登録者数は1995年から2002年にかけて13%増えている。高等学校では、ラテン語登録者数は1990年から2000年にかけて8%増え、中学校では1985年以来倍増している。応用言語学センターによる最近の調査では、1997年から2008年の間に、学校での外国語履修登録者数は全体として減少しているものの、その一方で、小学校レベルでのラテン語登録者数は、全小学校プログラムの3%から6%に倍増したことが分かっている。

このようにラテン語やギリシア語への関心が、驚くほど復活したのはなぜだろうか？　1つの推進力は、いわゆる「基本へ戻ろう」という動きだ。行政官や教員、親たちは、ラテン語を学習することで精神が鍛錬され、西洋文

明とその価値に対する洞察を会得し、英語の語彙が増え、文法を理解して英語の用い方が上達し、他の言語を学習する土台が得られると信じている。彼らは、ラテン語学習と共通テストでの高得点を結びつける調査を引用している。たとえば 2005 年の大学進学適性試験では、2 年以上ラテン語を学習した高校生は、他の高校生に比べて、平均点が 173 点上回っていた。1996 年から 1999 年の GRE（大学院進学のための共通テスト）スコアの分析によると、試験を受けた学生の専攻分野は 270 あったが、その中で古典専攻の学部生は英語のスコアが 1 位だった。

　ラテン語の復活には、単なる基本への回帰や達成度テストでの高得点以外のことも関係している。新たなファンが開拓され、カリキュラムのより幅広い応用方法が開発されている。斬新な教材や教授法のおかげで、ラテン語や古典語が伝統的エリートにとどまらず、すべての学生にとってアクセスしやすいものになっている。ラテン語と他の科目、たとえば国語、数学、科学、社会、文学、芸術、音楽、神話学といった科目との学際的つながりを作るために、教師はギリシャとローマの膨大な文化遺産を活用できる。しかしラテン語が返り咲いた究極の理由は、新しい、対話式の教え方によって、ラテン語やローマ人について学習することの楽しさに生徒たちが気づき始めていることだ。ラテン語の授業を止めなくてすむように、教師に休憩時間をスキップしてほしいと頼んだ小学生たちについての報告さえある。

　さて、ラテン語は本当に死んでいるのだろうか？　とんでもない。それほど昔ではないが、学校で教えられる機会が少なかった数十年の間、学校の管理職や他の人たちがラテン語を時代遅れとか死んだも同然と考えていたかもしれない時代もあった。しかしそんな時代は明らかに終わった。ラテン語は返り咲きを果たし、生き生きと振る舞うようになっている。

著者紹介

フランク・モリス（Frank Morris）はシンシナティ大学で古典学の博士号を取得し、1978 年から 2010 年に退職するまで、サウスカロライナ州チャールストンのカレッジ・オブ・チャールストンでラテン語とギリシア語を教えてきた。カレッジ・オブ・チャールストンに赴任する前は、

フロリダ州オレンジ・パーク高校でラテン語とギリシア語を教えていた。チャールストンラテン語プログラムの責任者として継続的に働いており、1980年代半ば以来、小学校でラテン語を教えるためのトレーニングを教員に行っている。

さらに知りたい読者のために

●この本のなかで
ラテン語は、3章（「世界の言語」）、27章（「言語の死」）、28章（「言語の救済」）、38章（「アメリカ合衆国の言語」）で扱われている危機言語の問題に関する、生きた見本例である。54章（「イタリア語」）にまでつながるその長い歴史は、8章（「言語変化」）、10章（「ピジンとクレオール」）、13章（「文法」）、44章（「アメリカ合衆国の方言変化」）、51章（「英語の起源」）で議論される、言語進化の仕方を例証する。

●この本以外で
LaFleur, Richard A., ed. *Latin for the Twenty-First Century: From Concept to Classroom* (Foresman, 1998). ラテン語教育の動向についての調査。

Pearcy, Lee T. *The Grammar of Our Civility* (Baylor University Press, 2005). 米国における古典語教育の歴史。

http://yle.fi/radio1/tiede/nuntii_latini　ラテン語ラジオ放送。

www.promotelatin.org　有用なリンクを多数提供。たとえばラテン語会話へのリンクは、www.promotelatin.org/index.php?option=com_content&view=article&id=61&Itemid=68

54 誰がイタリア語を話しているか？

デニス・ルーニー（Dennis Looney）

いつラテン語は現代のイタリア語になったのか。
イタリア人が皆、同じことばを話すのだろうか。
イタリアには方言がいくつあるのだろうか。

「分裂」ということばが、読者の想像以上にイタリア半島の言語の歴史を特徴づけてくれる。1861年にイタリアの近代国家が築かれてから間もなく、ある政治家が次のように述べたことはよく知られている。「イタリアがつくられたのだから、次はイタリア人をつくらねば。」「イタリア人をつくる」とは何よりもまず、それまで何百もの方言を話していた新しい国の国民に、1つの声つまり公式な国語を与えることを意味していた。このプロジェクトは完成までに、1世紀を費やすことになった。

イタリア語の最古の例は、西暦960年の法律文書に現れる。その文書は、不動産の境界線をめぐっての論争についてのものであり、大部分は教会ラテン語で書かれている。だが、その裁判記録の中に、原告が自分自身の方言で述べた供述が、次のように挿入されているのである。「あの土地が…〔ベネディクト修道僧に所有されてきたものだということは〕分かっております。」修道士の書記は、その発話の音声を忠実に記録しており、'Sao ko kelle terre...' で始めている。この4単語は、今日の標準語である *so che quelle terre* に著しく類似している。紀元の1,000年が終わろうとするあたりで、ラテン語は、今日私たちがイタリア語と見なしている言語に変化しつつあったのである。

しかし、もちろんその2つの言語は、何年もの長い間共存していた。こ

のことで、ものを書く人、特に教養のあるもの書きたちに問題が起こった。長い伝統があり崇拝されてきた、学者や教会の言語であるラテン語を使うべきなのか？ それとも方言を使うべきなのか？ これはのちに、「言語問題」として知られるようになり、ようやく完全に解決したのは近代になってからのことだった。

　14世紀の初頭、ダンテ・アリギエーリは『神曲』をラテン語で書こうと考えたが、最終的には庶民のことば、具体的に言えば彼の故郷の町フィレンツェと、その周りの地域であるトスカーナ州の方言を用いることを選んだ。ダンテの『神曲』は、その後起こったイタリア語をめぐるほとんどの論争にとって、試金石かつ出発点となった。学識のあるルネッサンス期の人文主義者たちにとっての最初の選択は、ダンテ同様、ラテン語で書くべきか方言で書くべきかということであった。もし方言で書くことを選んだなら（ほとんどの作家はそうした）、第2の選択はどの地域の方言で書くかということだった。フィレンツェ方言か、あるいはベニス、ローマ、ミラノの方言か、はたまた他の都市や地域の方言か？

　フィレンツェ文化の威厳や政治的勢力は、そういった言語選択における決断に大きな影響を及ぼした。また、ダンテと、ペトラルカやボッカッチョを含む他のトスカーナの作家たちが築いた強力な方向性が、イタリアの他の地域出身の多くの作家たちに影響を及ぼした。1525年、ベニス出身のピエトロ・ベンボは、トスカーナ方言を手本にして標準イタリア語の語彙と文法、そして統語法を提案した。トスカーナ方言が他の方言よりも優位であったことは、次のよく知られたことわざにも表れている。「ローマ人の口にはフィレンツェ人の舌〔があるべきだ〕。」

　言語の手本をめぐる論争は、19世紀に入っても盛んであった。当時影響力をもっていた作家、アレッサンドロ・マンゾーニは、偉大な歴史小説『いいなずけ』を書くのに、その当時のフィレンツェ方言を選んだ。そのために、ミラノ方言で生まれ育ったマンゾーニは、（彼の生彩に富んだ表現を借りれば）「自分の服を〔トスカーナの〕アルノ川で洗わ」なければならなかった。1860年代にマンゾーニは、トスカーナ方言を学校で用いる標準語として制定する教育政策に賛成するよう働きかけるロビー活動に成功した。20

世紀の半ば頃にはすでに、ほとんどのイタリア人が、ダンテの頃の中世フィレンツェ方言を現代版にした形式の言語を話すようになっていた。

　1920 年代と 30 年代には、イタリアのファシスト党政府が、イタリア語からすべての外国語の影響を排除するキャンペーンを始めたが、大した成功を収めなかった。例えば、*sandwich* という単語は、「中に挟まれた小さなもの」を意味する *tramezzino* という新たな造語に取って代わられるべきとされた。また、1938 年の法律では、敬意を表す代名詞の *lei*（「あなた」）が廃止され、かわりに「よりイタリア語らしい」代名詞の *voi* を使うよう義務付けられた。しかし、*lei* も *sandwich* も生き残った。そしてイタリア語は、20 世紀後半から 21 世紀に至るまで、他の言語、特に英語（より正確には英米語）から単語を吸収し続けてきた。例えば、新しい英単語 'to google'（「ググる」）は、イタリア語の動詞語尾がつけられ *googleare* となって、最近コンピューターの知識があるイタリア人の語彙に加わった。イタリアの人々は、自国語に対する外国語の影響について、隣国のフランス人ほど神経質ではないので、イタリアではイタリア語以外の多くの言語が用いられている。そのうち 15 の言語（それにはドイツ語、フランス語、プロヴァンス語、スロヴェニア語、アルバニア語、ギリシャ語が含まれる）が、1999 年に言語的少数派として公式な地位を与えられている。

　さて、このように地域方言や他国語からの単語の混入がある中で、今イタリア中で一般的に理解されているような「本物の」イタリア語は存在するのだろうか？　答えはイエスだ。イタリアの 6 千万人の住民のうち、約 5 千 7 百万人が標準語でコミュニケーションをとっている。他の国々にいる何 100 万人ものイタリア語話者がそうしているように。例えばアルゼンチンの人々は、標準イタリア語の一種を話し、ブエノスアイレスは世界で 2 番目に大きなイタリア語話者の都市となっている。また、標準イタリア語はヨーロッパ連合（EU）、スイス、バチカン市国の公用語にもなっている。マスメディアの進歩によって、標準語はイタリアの隅々にまで広まり、いまだイタリア半島に言語的豊かさをもたらしている約 100 の方言が、消滅の危機に晒されている。1955 年から 1995 年の間に、方言のみを使用する話者のパーセンテージは、66％から 6.9％にまで下がった。言語の分裂状態はほとんど終

わったのだ。

　すべての言語がそうであるように、全国的標準語が現れ、多くの方言や外国からの借用語を取り込んでことばが豊かになったことで、イタリア語もまたずいぶん変化した。そして今後も変化し続けるだろう。しかし根本的にはイタリア語の起源はトスカーナにある。そしてダンテはおそらく、現代にやってきたとしても、ほとんど何の苦労もなく今日のイタリア語を理解するだろう。

著者紹介

デニス・ルーニー（Dennis Looney）（1987年、ノースカロライナ大学チャペルヒル校にて比較文学の博士号を取得）は、ピッツバーグ大学のイタリア語教授であり、第2所属として古典講座でも教鞭をとっている。彼の著作には、*Freedom Readers: The African American Reception of Dante Alighieri and the 'Divine Comedy'*（2011）があり、また*Compromising the Classics: Romance Epic Narrative in the Italian Renaissance*（1996）は、米国現代語学文学協会（MLA）のイタリア文学研究賞において、1996–97年の選外佳作賞を得ている。彼はまた、*Phaethon's Children: The Este Court and Its Culture in Early Modern Ferrara*（2005）の共同編集者であり、*'My Muse will have a Story to Paint': the Selected Prose of Ludovico Ariosto*（2010）の編者・翻訳者である。

さらに知りたい読者のために

●この本のなかで

イタリア語は、53章で述べたようにラテン語から生じたものであったが、イタリア語の歴史には、8章（「言語変化」）、13章（「文法」）、44章（「アメリカ合衆国の方言変化」）、51章（「英語の起源」）で取り上げられているのと同じような論点が多く示されている。個々の言語については52–53章、また55–65章を参照のこと。

●この本以外で

Lepschy, Anna Laura and Giulio Lepschy. *The Italian Language Today* (Routledge, 第2版 1994). 現代の標準イタリア語の発展に焦点を当てつつ、イタリア語の歴史について概略を述べた本。また、現代イタリア語の参照文法も含まれている。

Maiden, Martin. *A Linguistic History of Italian* (Longman, 1995). イタリア語の様々な文法的要素の歴史的発達についての研究書。ある程度イタリア語の知識がある読者向け。

Migliorini, Bruno; T. Gwynfor Griffith（簡約、改変、改訂）. *The Italian Language* (Faber, 1984). イタリア語の起源から20世紀までの歴史について網羅した本。

www.accademiadellacrusca.it　16世紀末、ピエトロ・ベンボの規則に基づいて標準イタリア語の辞書をつくるために創立され、現在も活動中の言語協会のウェブサイト。英語版あり。

55 スペイン語とポルトガル語はどれくらい異なるのだろう？

アナ・マリア・カルヴァーリョ（Ana Maria Carvalho）

スペイン語とポルトガル語は同じ言語の方言？
両者の間にはどんな違いがあるのか？
その違いはどうやって生まれたのだろう？

　もしポルトガル語とスペイン語が同じ言語の変種ではないとしたら、両者は姉妹言語で、その上、とても近い姉妹関係にあるということになる。方言を互いに理解できる言語変種と定義すれば、実際は、両者は同じ言語の方言であるとも言える。たとえば、空港でブラジル・ポルトガル語の話者がアルゼンチン人と話しているのを見かけるのは珍しいことではない。それぞれ自分の言語を話しているが、時々、単語の意味を確認するために話を中断する必要があるくらいで、お互いに理解し合うことができる。スラングを用いたり早口でしゃべったりしない限り、彼らは会話の間ほとんど、うまくコミュニケーションを取っているのだ。

　コミュニケーションが取れるのは、スペイン語とポルトガル語では語彙の80％ほどが、また語順や動詞の時制のような文法構造のほとんどが、共通しているからである。コミュニケーションがうまくいかない場合、ほとんどが発音の違いに起因する。次の2つの文を見てみよう。上はスペイン語、下はポルトガル語だ。

Mis hermanos cantan bien.
Meus irmãos cantam bem.

　見てすぐに分かるように、これらの文は同じ5つの単語(「私の兄弟たちは上手に歌う」という意味)を異なる方法で綴り、発音したものだ。ポルトガル出身であれブラジル出身であれ、誰かがポルトガル語を話しているのを聞くとすぐに気付く違いは、大抵、irmãos(「兄弟たち」)やcantam(「歌う」)といった単語のように、ポルトガル語でよく用いられる鼻母音である。これに対して、スペイン語は鼻母音の発音が少ない。

　文構造や語形にいくらかの違いがあるのはもちろんのこと、発音は両言語で同じでも、意味が異なる単語もいくつかある。たとえば、ポルトガル語の'pegar'という動詞は「もち上げる」という意味だが、スペイン語では「たたく」という意味になる。ベビーシッターが幼児の世話についての指示を受けている状況で考えてみると……ちょっと混乱するのが想像できるだろう。

　読む時はどうかというと——ここではもちろん発音は問題にならないが——単語と文法がかなりの程度重複しているおかげで、スペイン語話者はほとんど苦労せずにポルトガル語を読むことができる。最近の研究によると、教養のあるスペイン語母語話者は、これまでポルトガル語に触れたことがなくても、ポルトガル語だけで書かれた学術的文章の95%もの部分を理解することができたということだ。

　しかし、言語と方言を区別する基準は他にもある。よく言われるように、言語の背後には軍隊があるが、方言にはない。ポルトガル語はというと、12世紀のポルトガル建国以来、自前の軍隊を有している。1536年以来、公式の文法書もあり、これはポルトガル人にしてみると、ポルトガル語に独立した言語としての地位を与えているものだ。スペイン語と同じく、ポルトガル語は、イベリア半島を領有したローマ人が話していた俗ラテン語に由来しているが、スペインからはほぼ山で隔てられた、半島の西側で生まれた。地理的に隔てられた結果、これら2言語の違いが生じたのだ。

　イベリア半島にあるのはこの2言語だけではないことを忘れてはいけない。カタロニア語はラテン語の別の子孫で、スペイン東岸部に沿って800

万人ほどの話者がいるが、古くから継承される文学遺産があり、スペイン語とポルトガル語のどちらとも異なる言語として広く認められている。ポルトガルのすぐ上、スペインの北西の角に、約300万人が住む山間の地域、ガリシアがある。彼らが話すのは、ある人たちによるとポルトガル語の方言であるが、それを正当な言語と見なす人たちもいる。筆者に言わせると、ガリシア語は基本的にポルトガル語だがスペイン語の影響を多く受けているということになるだろう。そしてもちろん、バスク人がいる。彼らはローマ人がやってくる前にイベリア半島を領有しており、ローマ帝国よりも長く生き残っている。彼らが話すのはバスク語（エウスカラ）で、他のヨーロッパ言語とは起源的に無関係の言語だ。

　知って驚くかもしれないが、ポルトガル語は故郷ヨーロッパを含め、5つの大陸で使われていて、少なくとも、世界で5番目に最も広く話されている言語の候補なのだ。ポルトガル語はブラジルの言語であり、ブラジルは経済大国として頭角を現していて、南米でスペイン語が話されていない数少ない国の1つである。アフリカでは、モザンビーク、アンゴラ、ギニアビサウ、カーボベルデでポルトガル語が話されている。アジアでは、東ティモール諸島、中国南部のマカオ、インド西海岸のゴア州で聞くことができる。さらに米国では、英語を除いて11番目に広く話されている言語でもある。もしすでにスペイン語を話せるなら、よく似ているポルトガル語をレパートリーに加えるのは難しくないだろう。そうすれば、世界中のもっとたくさんの人たちと話せるようになるだろう。

著者紹介
アナ・マリア・カルヴァーリョ（Ana Maria Carvalho）はアリゾナ大学のポルトガル語学・スペイン語学の准教授で、ポルトガル語プログラムの責任者でもある。言語接触の社会言語学を研究しており、特に北ウルグアイのバイリンガルコミュニティにおけるスペイン語とポルトガル語の接触を研究している。社会言語学の業績に加えて、スペイン語話者によるポルトガル語の習得についての著作もある。カリフォルニア大学バークレー校より博士号を授与されている。

さらに知りたい読者のために

●この本のなかで
個別言語に関する章は 52-54 章と 56-65 章にある。特に興味を引くと思われるのは 40 章(「アメリカ大陸のスペイン語」)。

●この本以外で
Carvalho, A. M., J. L. Freire, and A. J. B. Silva. *Portuguese for Spanish Speakers* (http://portspan.cercll.arizona.edu, 2010). このウェブサイトは、ポルトガル語を学習したりスキルを伸ばしたりしたいと思うスペイン語話者のために無料のアクティビティを提供している。文化・言語・識字における教育資源センター(Center for Educational Resources in Culture, Language and Literacy)がスポンサーとなっていて、生のリーディング教材や、ポルトガル語の構造面に関する文法説明や練習問題を提供している。

Kelm, Orlando. *Portuguese Reading Workshop for Speakers of Spanish* (www.laits.utexas.edu/orkelm/port/reading/readintro.html, 1997). スペイン語とポルトガル語の綴りの違い、文法の類似点と相違点、練習用の文や読み物をカバーしている、すばらしいオンラインソース。

Simões, Antonio. *Pois Não: Brazilian Portuguese Course for Spanish Speakers, with Basic Reference Grammar* (University of Texas Press, 2008). ポルトガル語とスペイン語を対比しながら、大学 1 年間で学ぶのに匹敵するポルトガル語を学ぶ。ブラジル人ネイティブスピーカーによる朗読 CD 付き。

Thogmartin, C. and J. Courteau. *A Checklist of Phonological, Grammatical and Lexical Contrasts between Spanish and Portuguese* (U.S. Department of Education, 1985). スペイン語・ポルトガル語間の最も重要な違いについての、短くて便利で実用的なリスト。両者の主な違いについ

て理解したいと思う人には特に便利。

Ulsh, J.L. *From Spanish to Portuguese* (Foreign Service Institute, 1971). すでにある程度スペイン語能力を身につけていて、それを活かしてポルトガル語に親しみたいと思っている人にとって有益な、独創性に富んだ本。

56 もうそろそろ
ロシア語を勉強してもいい頃では？

ベンジャミン・リフキン（Benjamin Rifkin）

ロシア語は他の言語ほど美しくないのだろうか？
冷戦は終わったのだから、ロシア人以外がロシア語を学ぶ理由なんてあるのだろうか？

　私の同僚にロシア語の教授がいるのだが、彼は飛行機に乗る時はいつも、好んでロシア語のミステリー小説を読むのだそうだ。すると、たいてい隣の席の人が、珍しい文字で書かれたものを彼が読んでいるのを見て、こんなことを言うのだという。「ロシア語を教えているんですって？　いやあ、すごく難しいでしょう！」あるいは、「いやあ、ロシアって本当に殺風景でしょう！」または「ちょっと耳障りなことばよね」とか、「学生がロシア語を学んで何の役に立つんだい？」とか、「ロシア語？　ロシア人ってほとんどいつもウォッカを飲んで過ごすんじゃないのかい？」なんて言う人まで。
　これらの俗説に関して少し言わせて頂こう。
　第一に、ロシア語は一般的に考えられているほど難しくはない。確かにアルファベットは異なる。しかし、もし学生時代に男子学生社交クラブや女子学生社交クラブ（訳者注：両クラブとも、名称にギリシャ文字3文字が使われている）に入っていたり、大学で数学を学んだりした人なら、自分がすでに知っているロシア語の文字の多さに驚くかもしれない。それらはギリシャ語から借りてきたものなのだ。文字数は33個で、たった10時間ほどあれば学べる。それに、ロシア語と英語は、同じインド・ヨーロッパ語族の兄弟

分だということを思い出してほしい。だから多くのつながりがあるのだ。例えば、「見る」という動詞の語根はロシア語では *vid* であり、*video, vision, visual* といった英語の単語と関連している。そしてもちろんロシア語の単語も英語に紛れ込んでおり、*sputnik*（(ソ連の)人工衛星）、*babushka*（バブーシュカ（両端をあごの下で結ぶ女性用スカーフ））、*intelligentsia*（インテリ）などがそうである。ロシア語を学ぶ学生はまた、ロシア語の語根、接頭辞、接尾辞の非常に論理的な体系に救われる。例えば、「書く」という単語が *pisat'* だといったん覚えてしまえば、一連の非常に多くの動詞が予測可能になる。つまり、この動詞の語根にさまざまな接頭辞を組み合わせれば出来るのだ。*vy-*（「外へ」）という接頭辞をつければ *vypisat'*（「(頭の中にある／頭で考えている事柄を)書き出す」）。*pro-*（「〜を通して」）をつければ *propisat'*（「処方する」）。*pod-*（「下に」）をつければ *podpisat'*（「サインする」）。*pri-*（「〜に付着して」）をつければ *pripisat'*（「〜に帰する」）。*s-*（「〜から」）をつければ *spisat'*（「写す」）。そして *do-*（「〜まで」）をつければ *dopisat'*（「書き上げる」）となる。

　2つ目の俗説に関しては、ロシアは決して殺風景な国などではない。確かに冬は長い。しかし冬のロシアは美しいのだ。冬の間、ロシアの大部分では雪の日も多いが晴れの日もまた多い。ロシアに数多くある教会の金色の丸屋根が、雪のレースで飾られ、冬の太陽のもとで輝いているところを想像してみてほしい。ロシアの村もまた美しく、たいてい深い森の近くの川沿いに位置している。一方、モスクワやサンクト・ペテルブルクは世界有数の国際都市である。それに、ロシア文化を代表する、以下の著名人について考えてみてほしい。ほんの少し挙げただけでもこの通りだ。ドストエフスキー（小説家）、トルストイ（小説家）、チェーホフ（劇作家）、パステルナーク（詩人）、アフマートヴァ（詩人）、ルブリョフ（イコン画家）、レーピン（画家）、シャガール（画家）、マレーヴィチ（画家）、カンディンスキー（画家）、ポポヴァ（画家）、チャイコフスキー（作曲家）、ムソルグスキー（作曲家）、ストラヴィンスキー（作曲家）、プロコフィエフ（作曲家）、ショスタコーヴィチ（作曲家）、エイゼンシテイン（映画監督）、タルコフスキー（映画監督）。もし芸術の世界におけるロシアの役割について確信がなければ、モスクワにあるボリショイ劇場と、サンクト・ペテルブルクにあるエルミタージュ美術館に行っ

てみるとよい。モスクワとサンクト・ペテルブルクの地下鉄網でさえ見事な芸術になっている。

　3つ目の俗説、ロシア語の音声に関してであるが、まあ美というものは聞く人の耳次第だ。しかし例えば、アレクサンドル・プーシキンの詩「かつて君を愛していた」('I loved you once')の朗読を www.russianpoetry.net で聴いて、ロシア語は非常に美しいという私の意見に同意してくれない人がいるとはちょっと想像しがたい。実のところこのサイトは、ロシア語の詩の美しさを探求するにはもってこいの素晴らしいもので、ロシア語の原文と英語の翻訳が載っており、ロシア語での詩の朗読がたくさん録音されている。

　ロシア語が美しい理由の1つは、それを話す人々が友情に熱いということにある。時間を取ってロシア語を学び、ロシア旅行に行った人はみんな、ロシアの人々の友情の強さに感銘を受ける。それは国民性なのだ。気候は寒いかもしれないが、人々はとても温かく親切にもてなしてくれる。

　4つ目の俗説が示唆しているのは、もう冷戦は終わったのだから、ロシア語を勉強している外国人が職業としてロシア語を使うことは出来ないだろうということだ。ところが実際は、ロシア語話者の需要は増加しており、今後も増加し続ける見込みである。ロシア経済は成長著しく、外国企業はかつてないほど投資を行っている。ロシアは石油と天然ガスの最大の産出国であり、埋蔵量はサウジアラビアに次いで2位である。新たなパイプラインの建設が、東はロシアの太平洋沿岸のナホトカへ達すべく、西は北大西洋沿岸のムルマンスクへ達すべく進められており、ロシア経済にとってエネルギー部門はますます重要性を増していくだろう。また、ロシアの中流階級層は急激に増加しており、それは1つにはエネルギー部門の収入と、アメリカ合衆国、ドイツ、日本、イギリスを含む国々からの投資のおかげである。ただ、残念ながらロシアは、コーカサスや中央アジアの不安定な地域に隣接している。そのことでロシアは依然として、アメリカ合衆国政府にとって地政学的にそして戦略的にも重要な国のままであり、合衆国政府はロシアの言語と文化の専門知識をもつ人々を雇用し続けているのだ。

　ロシアは巨大である。カリーニングラードからカムチャツカまで9つの標準時をもち、世界の表面積の6分の1にわたって広がっている。以前は11

の標準時があったのだが、最近政府はそのうちの2つを廃止した。ロシアに住むおよそ1億4千万人の人々が、ロシア語を自分の母語だと考えており、ロシア語は世界で最も話されている言語の1つになっている。ロシア語はまた、ロシア以外でも何百万もの人々によって、母語あるいは第2言語として話されていて、ウクライナ、ベラルーシ、コーカサス以外にも、中央アジアの旧ソ連邦を構成していた共和国の多くの人々がそこに含まれている。また、ヨーロッパや北アメリカの主要都市すべてに、ロシア語話者の大規模なコミュニティーがある。

さて、やっとウォッカの話をする時がやってきた。まあその俗説には一理あるかもしれない。言い伝えによると、キエフ公国のウラジーミル大公がキリスト教をスラブ民族の国教に選んだのは、1つにはイスラム教がアルコールを禁止していたからだということだ。大公が言ったように、「酒はロシア人の楽しみ」なのだ。一方で、すべてのロシア人がウォッカを飲むわけではないが、ほぼすべてのロシア人が紅茶を飲む。紅茶は間違いなくナンバーワンの国民的飲み物であり、紅茶を飲むことは国民的娯楽なのだ。

そんなわけで、もし新しいことばを始めてみようという心づもりがあるのなら、ロシア語を検討してみてはどうだろうか。そして今度、ロシア語なまりで話している人がいたら、紅茶を一杯勧めてみよう。生涯の友が出来るかもしれないから。

著者紹介

ベンジャミン・リフキン（Benjamin Rifkin）は、カレッジ・オブ・ニュージャージーの近代言語の教授であるとともに、人文社会科学部の学部長である。彼は、全米スラブ語および東ヨーロッパ言語教育学会（the American Association of Teachers of Slavic and East European Languages）の元会長であり、全米ロシア語教育評議会（the American Council of Teachers of Russian）の長年にわたる理事会メンバーである。また、ロシア語学習や教育についての多数の論文、そして様々なレベルの学習者のための教材も著している。

E-mail: rifkin@tcnj.edu

さらに知りたい読者のために

●この本のなかで
個々の言語については他にも、52–55 章や 57–65 章で述べられている。言語能力を職業的に使用する機会やそのための必要条件については、22 章(「二言語使用」)、39 章(「アメリカの言語危機」)、45 章(「言語に関係する仕事」)、46 章(「辞書」)、47 章(「通訳と翻訳」)、49 章(「法言語学」)で述べられている。

●この本以外で
Billington, James. *Face of Russia* (TV Books, 1998). ロシア文化概論。

Massie, Suzanne. *Land of the Firebird* (Hearttree Press, 第 13 版 1980). ロシア文化概論。

Rzhevsky, Nicholas. ed. *The Cambridge Companion to Modern Russian Culture* (Cambridge University Press, 1999). 現代ロシア文化概論。

www.russnet.org ロシア語学習のための双方向型(インターネットを使った)教材。特に、http://modules.russnet.org/why の「なぜロシア語を勉強するか?」という記事を読んでほしい。

http://slavica.com/teaching/rifkin.html ロシア語を勉強するための利用可能な教材を総括している。

57 アイスランド語の どこがおもしろいの？

パーディー・ロウ・Jr.（Pardee Lowe Jr.）

言語学者がアイスランド語を好きなのはなぜ？
アイスランド語は英語とつながりがあるの？

　ポップシンガーのビョークが、その歌のほとんどを、彼女の母語ではなく、英語で歌うのは本当に残念だ。アイスランド語には、世界の主要言語のほとんどにはない音があり、本当に興味深い言語である。アイスランド語と英語は確かに関係している。両者ともにゲルマン語で、古英語話者は現在のアイスランド語の祖先である古ノルド語を理解できたのだ。しかし、時代とともに多くの変化が生じたので、言語学者でないと両者のつながりを見つけられないほどになってしまった。アイスランドのサガの1つに、「ウィリアム庶子王」（ノルマンディー公ウィリアム、「ウィリアム征服王」として有名）が1066年にイングランドを征服して、この相互理解が失われてしまったことを批判するものがある。

　この2つの言語のうち、幾世紀にもわたって、より大きく変化したのは英語である。今日のアイスランド語は、9世紀にヴァイキングがスカンジナビアからアイスランドにもたらした言語と大きな違いはない。考えてみよう。英語のネイティブスピーカーでも、1000年前の古英語の詩『ベーオウルフ』を読破するには大学の授業を受けないといけないし、たった数百年前のシェイクスピア劇でさえ、険しい道のりになりうる。しかし、現代のアイスランド人は今でも、中世に書かれた1100年前の物語を簡単に、辞書も使

わずに読むことができる。アイスランド語の発音は時とともに変わったが、それ以外はほとんど変わっていない。とはいえ、英語が被った変化にもかかわらず、今でも時々、この2言語の関係を見つけることは可能である。たとえば、現代アイスランド語の文 Það er klukka-n tólf（逐語英訳：'That is clock-the twelve'）は現代英語の 'It's twelve o'clock'（「12 時です」）に対応する。

　現代のアイスランド人にとって、未だに過去がこれほどアクセスしやすいというのは、どういった理由からなのだろうか？　まず、アイスランド人は幾世紀もの間、比較的隔離された環境に住んでいて、他の言語で生じたような変化にそれほど影響されなかった。言語変化の起こり方の1つは、語尾が消失するというものだ。英語で 'thou hast'（2 人称単数現在形。今の英語では 'you have'）のようなフレーズに見られる、'-st' という動詞語尾の消失を考えてみよう。これはスウェーデン語やノルウェー語でも生じた。これらの言語はアイスランド語の姉妹言語だが、文法はかなり簡素になっている。対照的に、アイスランド語の文法は古い形態をほとんど失っておらず、語形変化は豊富で複雑なままだ。この古風さゆえに、アイスランド人でなければアイスランド語を学ぶのが難しくなってしまう。しかしこれが、言語学者がアイスランド語を愛している理由の1つである。アイスランド語は、初期ゲルマン語を覗く窓となってくれるのだ。

　アイスランド人も自分たちの言語を愛していて、今のまま維持したいと思っている。グローバルなコミュニケーション・メディアから受ける現代化へのプレッシャーがあるが、アイスランド人はそれに抵抗している。ドイツ人は 20 世紀後半までに、Telephon（Fernsprecher という「純ドイツ語」の同義語の換わりになった）のような、現代的で国際的な用語をかなり採用していたが、アイスランド人はそれとは異なり、元々ある単語やその一部から新しい語彙をつくり続けている。たとえば、「電話」は talsími（「話線」）、「電報」は ritsími（「書線」）といった具合だ。新たな外来語に対応するアイスランド語の用語を提供する辞書が、定期的に出版されている。

　人名の扱い方でも、アイスランド語は伝統的だ。ほとんどのアイスランド人は姓、つまり幾世代も家族のメンバーみなで共有される名前をもたない。その代わりに、名と自分の父親の名に由来する名をもっている。たとえば、

エイリクル（Eiríkur）とソルディス（Þórdís）という名の兄妹がいて、その父親の名がハラルドゥル（Haraldur）だとしよう。そうすると彼らの名前は、エイリクル・ハラルズソン（Eiríkur Haraldsson）とソルディス・ハラルズドッティル（Þórdís Haraldsdóttir）になる。エイリクル（Eiríkur）の息子でハラルドゥル（Haraldur）の孫であるトリグヴィ（Tryggvi）の場合は、トリグヴィ・エイリクソン（Tryggvi Eiríksson）という名前になるだろう。そして、電話帳で彼らの名前を探してみると、ハラルドゥル（Haraldur）、エイリクル（Eiríkur）、ソルディス（Þórdís）、トリグヴィ（Tryggvi）といった「名」がアルファベット順に並べられているのが見つかるだろう。

　冬の夜が長いからだろうか、アイスランド人1人当たりが読む本の量は、世界のどの国民よりも多い。彼らの昔の（古ノルド語の）詩や散文は、それぞれエッダとサガとして知られるが、そこに初期アイスランド史の大部分が保存されている。リヒャルト・ワーグナーは『ニーベルングの指環』にゲルマン神話を織り込んだが、エッダやサガは、彼が参考にした資料の1つでもある。

　エッダにはアイスランドで最も有名な詩の1つ、「ヴェルスパ」（Völuspá）（シビルの歌）が含まれている。この詩は美しいので、単語の理解に翻訳が必要だとしても、一度聴くだけの価値がある。

　サガは幾つかのシリーズで残っているが、そのうち2つが特に注目に値する。『ノルウェー王のサガ』は、荒々しく独立的な最初期のアイスランド人が、なぜ、またどのように、ノルウェーとその王たちから離れ、アイスランドへ移住したかを物語っている。『アイスランド人のサガ』は、アイスランドに定住した一族たちと、彼らに生じた事柄についての物語である。この中で最も有名なのは恐らく『ニャールのサガ』（下の文献案内を参照）だろう。

　サガを読んでみることを勧めたい理由の1つに、ヴァイキングが「ヴィンランド」と呼んだ、最初のアメリカ発見についての記録がある。詳しくは「レイフ・エリクソンのサガ」や「赤毛のエイリークのサガ」に書かれている。そう、コロンブスがアメリカを最初に発見した訳ではないのだ。本当のところ、昔のアイスランド人も最初の発見者ではなかったかもしれない。しかし、発見を書き留めた点では最初の人々である。そして今では、その話が

ペーパーバックで出版されている。

　現代アイスランド語にも豊かで多様な文学がある。ハルドル・キリヤン・ラクスネスは 1955 年、20 世紀初頭のアイスランドの貧農の暮らしを描いた小説『独立の民』(原題 *Sjálfstætt fólk*、英題 *Independent People*) でノーベル賞を受賞した。他にも多くの作品があるが、中でもスーザン・ソンタグが「これまでに書かれた中で最もおもしろい本」と呼んだ『極北の秘教』(原題 *Kristnihald undir Jökli*、英題 *Under the Glacier*) がある。アイスランドの推理・スリラー物の受賞作品で英訳があるものには、アーナルデュル・インドリダソンの『湿地』(原題 *Mýrin*、英題 *Jar City*) や『緑衣の女』(原題 *Grafarþögn*、英題 *Silence of the Grave*)、イルサ・シグルザルドッティルの『魔女遊戯』(原題 *Þriðja táknið*、英題 *Last Rituals*) がある。これほど多様で、1000 年の歴史をもつ文学を提供してくれる文化なんて、他にいくつあるだろうか？

> **著者紹介**
> パーディー・ロウ・Jr.（Pardee Lowe Jr.）はヴァージニア州フォールズチャーチ出身で、カリフォルニア大学バークレー校でゲルマン語学の博士号を取得。外国語能力試験が専門で、無所属で研究・著述活動をしている。古アイスランド語(古ノルド語)を教えており、長年アイスランドの言語と文学に慣れ親しんでいる。

さらに知りたい読者のために

●この本のなかで
アイスランド語の歴史的役割は、6 章（「語族」）、8 章（「言語変化」）、13 章（「文法」）、44 章（「アメリカ合衆国の方言変化」）、51 章（「英語の起源」）でも議論されている様々なプロセスの一例となる。個別言語に関する章は 52–56 章、58–65 章にある。

●この本以外で
Smiley, Jane, with introduction by Robert Kellogg. *Sagas of the Icelanders: A Selection* (Penguin Books, 2001). 782 ページのペーパーバックで、9つのサガ (北アメリカ発見に関する「ヴィンランドサガ」も入っている) と 7 つの古アイスランド語の物語からなるすばらしい選集である。さらに読み進めるのに適したタイトルは以下の通り。

Brønsted, Johannes. *The Vikings* (Penguin, 1960).

Cook, Robert, 訳. *Njal's Saga.* (Penguin, 1997).

Forte, Angelo, Richard Oram, and Frederik Pedersen. *Viking Empires* (Cambridge University Press, 2005).

Hjálmarsson, Jón R. *History of Iceland: From the Settlement to the Present Day* (Iceland Review, 1993).

Larrington, Carolyne, 訳. *The Poetic Edda: A New Translation by Carolyne Larrington* (Oxford University Press, 1996).

Sturluson, Snorri, Jean I. Young 訳. *The Prose Edda: Tales from Norse Mythology* (University of California Press, 2001).

58 ヘブライ語とイディッシュ語の違いは何だろうか？

ニール・G・ジェイコブス（Neil G. Jacobs）

ヘブライ語とイディッシュ語は同じ言語だろうか？
ユダヤ人はなぜ両方とも知らないといけないのだろう？
この2つの言語は、なぜ混同されるのだろうか？

　誰かにあなたの仕事を聞かれて、「私はイディッシュ語を教えています。」と答えたら、「イディッシュ語って、旧約聖書のことばですね。」とか、「色々な言語に入り込んだユダヤのスラングでしょ。」とか、「文法のないドイツ語ね。」とか、「ああ、ヘブライ語の別名だね。」というような返答を、かなりあからさまに言われる覚悟をしておかないといけない。だが、このような考えは、いずれも正しくない。基本語彙と文の構造をさっと見るだけで、誰でもこの二言語が非常に異なった言語であることが分かるだろう。以下に示すのは、「彼は本を読んだ」という文を音声転写して、最初にイディッシュ語、続いてイスラエルの現代ヘブライ語で示したものである。

　　　　Er hot geleyent dos bukh.
　　　　Hu kará et ha-sefer

　では、なぜ人々は（普通はユダヤ人以外であるが、必ずしもそうだとは限らない）、この2つの言語を混同するのだろうか？　これは非常に重要で興味深い質問である。

部外者が混同する理由の1つに、ユダヤのことばを話す大きな社会では、長い間両方の言語が使われてきたということがあげられる。もう1つの原因は、両言語とも、いわゆる「ヘブライ文字」で書かれるということであろう。(歴史的に考えると、「ユダヤ文字」と言う方がより正確かもしれない。)
　だから、この文字を知らない人は、文献にせよ、道路の標識にせよ、ヘブライ語かイディッシュ語か分からないのである。考えられる3番目の理由は、両言語でかなり多くの語彙が同じであるということだ。(元々ヘブライ語の語句で、借用されてイディッシュ語の一部になったものである。)
　最後に複雑な問題がある。それは両言語間の接触や交流が、ユダヤ人のコミュニティーや時代によって、異なっていたということである。何千年にわたるユダヤ人の歴史において、一般的に「読む」ということであれば、長い期間ヘブライ語の方をよく読んできたし、「話す」ことでは、より長期間イディッシュ語を話してきた。
　ヘブライ語はセム語族に属し、系統的には(イエス・キリストが話したという)アラム語に非常に近い。そしてアラム語ほどではないが、アラビア語とも近い関係にある。(イスラエルで使われている現代ヘブライ語と旧約聖書の時代に話されていた古典ヘブライ語は大きく異なっている。そしてこのどちらも、その間何世紀にもわたって学問の言語として使われたラビ・ヘブライ語とも異なるが、これは別に論じるべきであろう。)イディッシュ語は、系統的な分類がさらに難しい。基本的な文法構造はゲルマン語の流れをくんでいる。語彙の大部分(通常は70%と言われる)もゲルマン系である。残りの30%はヘブライ語、アラム語、スラブ語起源であるが、これらの言語は文法にもさまざまな影響を残している。
　このような多様な語彙の起源を考慮して、イディッシュ語は元の言語の断片の寄せ集めであり、一人前の言語ではないと言う人もいる。20世紀最大のイディッシュ語研究者であるマックス・ヴァインライヒ(Max Weinreich)は、イディッシュ語を、さまざまな起源の語彙要素を独特の文法に組み込んだ、「融合言語」(fusion language)であると言っているが、これはより適切な表現である。この種の融合は、言語が他の言語から語彙を借用する場合に、よく見られる。例えば英語は、イディッシュ語のglitsh(「滑りやすいとこ

ろ、小さな間違い」)を借入して、「機械や電気の不具合」の意味で使っている。イディッシュ語の複数形は glitshn であるが、英語ではこの借語を「帰化」させて、複数は英語の規則型の 'glitches' となっている。

このようなヘブライ語とイディッシュ語の二言語共存状態は、ユダヤの文化において、非常に長い歴史をもつ。西暦 70 年にローマ帝国がエルサレムの第二神殿を破壊する以前にも、ユダヤ人達は独自のアラム語を日常の言語として使っていた。もっとも、宗教的目的には依然としてヘブライ語を使い続けていたのだが。「離散」によって世界各地に散らばったユダヤ人のコミュニティーでは、周囲の非ユダヤ民族の影響を受けて、何世紀もかけて、その土地に固有の日常言語が発達した。例えば「ユダヤ・ペルシャ語」、「ジュデズモ語」(ラディノ語とも呼ばれる)、「ユダヤ・アラブ語」等である。それと同時に、ヘブライ語(もしくはユダヤ・アラム語)も宗教的な目的だけではなく、重要な文献を読むために、あるいは他のユダヤ人離散社会との関係を維持するための共通語として使い続けられた。ある意味では、多言語使用がユダヤの文明では普通だったわけである。毎日の生活では、ヘブライ語／アラム語と土着のユダヤの日常言語を適切に切り替える必要があり、さらに近隣の非ユダヤの言語との切り替えも必要とされる場合があった。

イディッシュ語は、ちょうどそれ以前に中東でユダヤの土着語が興ったように、10 世紀から 12 世紀の間に、ヨーロッパで発達した。中世になって、ドイツのライン川沿いに定住したユダヤ人コミュニティーから、アシュケナジム(ドイツ・東欧ユダヤ)と呼ばれる新しい系統のユダヤ人が興った。彼らはドイツ語に影響を受けた独自の言語、すなわちイディッシュ語をもっていた。最盛期の 19 世紀くらいになると、中部と東部ヨーロッパでイディッシュ語が使用される範囲は、すべてのヨーロッパの言語・文化圏のなかで、ロシア語に続いて 2 番目に大きなものとなっていた。第二次世界大戦の直前、イディッシュ語の話者の数は 1,100 万から 1,300 万人に達し、世界中のゲルマン語のなかで、3 番目か 4 番目の規模であった。ホロコーストで殺害された 600 万人のユダヤ人のうち、500 万人がイディッシュ語の話者であった。

'Yidish' というのは、イディッシュ語で「ユダヤ」を意味する語である

が、話者の間で言語を指すようになったのは、比較的最近である。それ以前には、ユダヤ人はイディッシュ語を、「われわれの言語」とか「母語」(mame-loshn) とよんで、「神聖な言語」(Loshn-koydesh) と呼ばれていたヘブライ語やアラム語から区別した。伝統的なアシュケナジムの宗教研究では、この2言語の間には、かなりはっきりした役割分担ができていた。最初に聖典がヘブライ語かアラム語で朗読され、その後イディッシュ語で議論がなされたのだ。1つの文化の中で共存したので、ヘブライ語は何世紀もの間、イディッシュ語に影響を与え続けた。そしてイディッシュ語の形態が、時にアシュケナジムの「神聖な言語」となっていったとしても、驚くにはあたらない。現代に至るまで、ヘブライ語の地位は揺るいでいない。イディッシュ語の本は以前、ヘブライ語のタイトルが書かれるのが普通であった。

　ヨーロッパの歴史のなかで、近代はイディッシュ語のような土着言語を、学問、報道、文学などに使われる、「国語」にする努力が成功した点で、特筆に値する。おもしろいことに、20世紀初めには、ヘブライ語も再構築されて、国語として栄えている。話しことばというだけではなく、ヘブライ語とイディッシュ語は、例えばアメリカ合衆国のユダヤ英語のように、今日のユダヤ民族誌に貢献し続け、ユダヤ人の生活は、古い昔から今日まで続いている、ことばの複雑さを保ち続けているのだ。

著者紹介

ニール・G・ジェイコブス (Neil G. Jacobs) は、オハイオ州立大学のゲルマン語学・文学科のイディッシュ・アシュケナジム研究教育課程の教授である。彼はイディッシュ語言語学の分野で広く研究を発表しており、*Yiddish: A Linguistic Introduction* (2005/2009) の著者である。別の研究教育分野としては、イディッシュ語以降のユダヤ民族方言やユダヤキャバレー (歌や寸劇等のステージパフォーマンスにおける言語使用)、ユダヤ地理学、キュラソーのスペイン・ポルトガル系ユダヤ人の混交言語などがある。彼はゲルマン語言語学協会の副会長に、2度選任されている。

さらに知りたい読者のために

●この本のなかで

6章(「語族」)、7章(「アダムとイブの言語」)、9章(「リンガ・フランカ」)、28章(「言語の救済」)、59章(「アラビア語」)が、本章で論じられているテーマにさまざまな面で関係している。個々の言語に関する章は52章から57章、そして60章から65章である。

●この本以外で

Fishman, Joshua. 'The sociology of Yiddish: A foreward', in Joshua Fishman, ed., *Never say die! A Thousand Years of Yiddish in Jewish Life and Letters*, pp1–97 (Mouton, 1981).

Glinert, Lewis, ed. *Hebrew in Ashkenaz: A Language in Exile* (Oxford University Press, 1993).

Weinreich, Max. 'The reality of Jewishness vs. the ghetto myth: the socio-linguistic roots of Yiddish', in *To Honor Roman Jakobson: Essays on the Occasion of his Seventieth Birthday*, 11 October 1966 (Mouton, 1967), 3:pp2199–2221.

Weinreich, Max. 'Internal bilingualism in Ashkenaz', in Irving Howe and Eliezer Greenberg, eds., *Voices from the Yiddish* (University of Michgan Press, 1972), pp279–288.

59 アラブ人はみな 同じ言語を話しているのだろうか？

ジェリー・ランプ（Jerry Lampe）

アラビア語とはどのようなものだろう？
学ぶべき言語なのだろうか？
習得はどれほど難しいのだろうか？
アラビア語を使ってなにができるだろう？

　今日アラビア語は身の回りの至る所で見られる。ニュース番組では、「ムジャーヒディーン '*mujahideen*（ジハードを遂行する者）'」や、「インティファーダ '*intifada*（反乱）'」、「アルカイーダ '*al-Qaeda*'」のようなことばを耳にする。中東の食事で、「ホムス '*hummus*（水煮したヒヨコマメを裏漉しして調味したペースト）'」や、「ファラフェル '*falafel*（すりつぶしたソラマメまたはヒヨコマメをいりゴマと塩で味つけして揚げたコロッケ）'」などは、美食家の楽しみとなっている。また、よく見てみると、なぜかスポーツ欄にアラビア語で書かれた小さな広告を見かけることがある。そこではアラビア語を読んで話せる人を捜している。
　西洋人の耳にはなんとも異国情緒のある響きがするが、われわれはアラビア語に慣れ親しんでおいた方がよい。それはもはや言語学者や美食家たちのためだけの外国語ではないのだ。将来にわたってずっと、われわれの生活の一部となりそうなのである。
　アラビア語は、ペルシャ湾から大西洋にまたがる地域にかけて、2億5千万人以上が話している言語である。イスラム教の聖典であるコーランの言語

で、7億人以上もの人々の日常生活における精神的支柱となっている。22カ国の政府がアラビア語を主要言語として挙げており、国際連合では1974年に公用語の1つに定められた。さまざまな基準のいずれから判断しても、アラビア語は世界で最も重要な言語の1つと言える。

　しかしながら、もっと知っておいてもいいはずの国でも、アラビア語はかなり軽視されている。その代表がアメリカ合衆国である。FBI（連邦捜査局）やその他の80を越える政府機関において、アラビア語に堪能なアメリカ人が大量に必要とされていることを、おそらく聞いたことがあるだろう。イラクで活動する軍隊や非戦闘員たちは、イラク人に接するための言語及び文化的スキルを身につけていないのである。今やアラビア語は、アメリカの国家安全保障のために決定的に重要な外国語なのである。それにもかかわらず、翻訳家、通訳、外交官、ビジネスコンサルタント、市場分析者、情報分析家、もちろん教員や研究者に至るまで、アラビア語で仕事ができる人材が、どの職場においてもまったく足りていない。

　アラビア語を学ぶことは大変なことであるという話を聞いたことがあるだろう。どこがそんなに難しいのだろうか。そう、書記体系にはちょっとした慣れが必要である。文が右から左に書かれているからで、本の最後と思ったところが、実際は最初になるのである。アルファベットは28文字しかないが、それに加えて、文字の上や下に点がついたりする。書かれた文字は、まるでミミズやカタツムリの集まりのようだと言われるのを聞いたこともある。確かに西洋人の目には、うねうねした虫に見えないこともない……。しかし、実際には、アラビア文字は美しく、アラブやイスラム世界における主要な芸術なのである。また、アラビア文字を体系的に学習したならば、2~3週間もあれば身につく。

　アラビア語の発音については、所々手強いところもある。英語では使用しない発音もいくつかあり、喉の奥から出す音などは、ドイツ語を思い出す。

　アラビア語を習得するうえで最も骨の折れるのは、アラビア語圏でうまくやっていこうと思えば2種の変異形を学ばなければならないことであろう。ひとつはMSAとして認知されている現代標準アラビア語（'Modern Standard Arabic'）で、アラブ世界全体を通じて、文学やマスメディアで用いられる言

語である。それに加えて、それぞれの国で日常用いられる方言である口語体を学ぶ必要もある。大抵の場合、エジプト方言またはレヴァント方言（シリア、ヨルダン、レバノン諸国）を学ぶ。西洋では、これらの方言が最もよく教えられているためだ。そしてアメリカやヨーロッパからの海外研修生はほとんどエジプトまたはレヴァントでアラビア語を学ぶ。

　なぜ現代標準アラビア語と方言の両方が必要なのだろうか。もしあなたが現代標準アラビア語だけを話せば、ほとんどのアラブ人に理解してもらうことができるだろう。彼らは現代標準アラビア語を公式の場や、映画、テレビなどで聞いているからである。しかし多くのアラブ人は、日常会話で標準語を話すことはない。だから、訪れる国の方言を学ばないかぎり、あなたは彼らの話すことばを理解することはできないだろう。実際、アラビア語の方言は国によって変化に富んでいるため、アラブ人でさえも、旅先で互いの意思が通じ合わないこともあり得る。

　アラビア語を学ぶには時間も労力も要るのではないか、と言われれば、確かに答えはイエスである。しかし、学ぶだけの価値は十分にある。アラビア語は何世紀も続く伝統のある言語であり、非常に豊かな文化の重要な一部なのである。アラビア語を学ぶことは、心を開き、人生を豊かにする経験である。またアラビア語に精進し、それを身につけることで、さまざまな分野で刺激的で面白い職を得ることができる。非アラブ世界では、学校でアラビア語をもっと教えてもいいのではないだろうか？

著者紹介

ジェリー・ランプ（Jerry Lampe）は、アラビア語およびイスラム教について 30 年以上教授している自営コンサルタントである。著者は現在、大学レベルのアラビア語フラッグシッププログラムの学術支援顧問を担当している。また高校生向けのオンラインアラビア語学習教材の開発にも取り組み、さらに連邦政府の職員とともに、政府機関語学会議（Interagency Language Roundtable）を通じて、異文化コミュニケーションの能力に関する技能水準を考案する取り組みも行っている。この文書の草稿については、以下の政府機関語学会議（ILR）のウェブサイトで

見ることができる (www.govtilr.org)。

さらに知りたい読者のために

●この本のなかで
個々の言語については他にも、52–58 章、および 60–65 章で述べている。言語能力の専門的使用のための機会と要件については、22 章(「二言語使用」)、39 章(「アメリカの言語危機」)、45 章(「言語に関係する仕事」)、46 章(「辞書」)、47 章(「通訳と翻訳」)、49 章(「法言語学」)で議論されている。

●この本以外で
米国アラビア語教員協会 (American Association of Teachers of Arabic) のウェブサイト (www.aataweb.org)。以下のセクションを参照のこと。About Arabic (「アラビア語について」)、Manuscripts (「手書き原稿」)、Arabic Programs (「アラビア語教育プログラム」)、Arabic Software (「アラビア語のソフトウェア」)、General Links (「リンク全般」)。

Brustad, Kristen, et al. *Alif Baa: Introduction to Arabic Letters and Sounds* (Georgetown University Press, 2001).
Brustad, Kristen, et al. *Al-Kitaab fii Ta'allum al-'Arabiyya: A Textbook for Beginning Arabic, Part One* (Georgetown University Press, 1995).
上記の 2 冊は、アメリカのアラビア語初級クラスで最も広く用いられている教科書である。

Nydell, Margaret. *Understanding Arabs: A Guide for Modern Times* (Intercultural Press, 第 4 版 2005)。アラブ人とアラビア語、その文化についてより詳しく知りたい人に最もよく読まれている入門書である。

National Foreign Language Center (NFLC), www.langsource.umd.edu ア

ラビア語およびその文化を学習・教育する際に最も役立つ教材について、簡潔な説明を掲載したデータベース。

60 スワヒリ語は
アフリカで唯一の言語か？

ドナルド・オズボーン（Donald Osborn）

アフリカではどんな言語が話されているのだろうか。
それらはヨーロッパの言語のようにすべて関連しているのだろうか。
また、ヨーロッパの言語より単純で遅れているのだろうか。

　「アフリカ語で何か言ってみて。」アフリカから来た交換留学生と話をしている大学1年生が、こんな質問をしているのを耳にするかもしれない。しかしもちろん、たった1つの「アフリカの言語」など存在しない。『エスノローグ』（*Ethnologue*）（広く引用されている、言語についての参照文献）によれば、アフリカ大陸には2,110の独立した言語があるということである。その中には、もしかしたらたった1つの村だけ、というようなほんの少数グループによってしか話されていない言語もあれば、何百万人もの人々によって話されている言語もある。覚えておいてほしいのは、アフリカ、特にサハラ砂漠以南は、世界で最も多種の言語が話されている地域の1つだということだ。
　しかし、スワヒリ語のような共通の「アフリカの言語」はどうなのだろう？　確かに、たくさんの人々がスワヒリ語を話す。だがそれは、ほとんど東アフリカに限られているのだ。アフリカは広大な大陸なので、最も広く話されている言語でさえも、一部の地域しかカバーしていないのだ。
　このようにアフリカの言語は非常に多いので、われわれが知らないことがまだまだたくさんある。ほとんどの言語が話しことばのみで、口頭伝承はあ

るものの文字による記録がないので、文書化するのが難しいのだ。そして、それらの言語同士はどの程度関連しているのだろうか？　1963 年になってようやく、言語学者ジョーゼフ・グリーンバーグが、ディートリッヒ・ヘルマン・ヴェスターマンが行ったような先行研究をもとに、アフリカの多くの言語は、たった 4 つの独立した語族に分類できるのではないかと提案した。1 つ目は、サハラ砂漠以南のアフリカのほとんどにわたって広がっている、1,300 を超える言語をもつ巨大な語族。2 つ目は、ヘブライ語、アラビア語、アムハラ語を含む、北アフリカの語族。3 つ目は、チャドやウガンダ周辺の中央部に位置するグループ。そして 4 つ目は、コイサン語族と呼ばれる、カラハリ砂漠付近の小さなグループである。

　それでは、これらはどのような言語なのだろうか？　これらは多種多様であるため、すべてを代表するような言語は存在しない。だが例えば、スワヒリ語で「協力」を意味し、ケニアで掛け声として使われていた harambee（えんやこら）のような、特別な場合のためのことばなら、おそらく聞いたことがあるだろう。あるいはもしかしたら、ミリアム・マケバやアリ・ファルカ・トゥーレの歌を聞いたことがあるかもしれない。または、映画『アミスタッド』（Amistad）の会話シーンで、奴隷にされたアフリカ人を演じる俳優たちが、現在のシエラレオネの言語であるメンデ語を話すのを聞いたことがあるかもしれない。しかし、英語話者の耳にとって最もエキゾチックなのは、たぶん、南アフリカの言語の一部で子音として用いられている舌打ち音であろう。それらは、最近の映画版のビゼーのオペラ『カルメン』（すべてコーサ語で話され、歌われている）で聞くことが出来る。

　アフリカの言語の音声や文法はたいてい、われわれ英語話者が、より慣れ親しんでいるものとはかなり異なっている。例えばそれらの多くは、ナイジェリアで話されるヨルバ語のように、中国語とほぼ同様に声調を使って単語の意味を区別する。ちなみに、この地域のかの有名な「トーキング・ドラム」（声調が自由に変えられる両面ドラム）がメッセージを伝えることが出来るのは、この声調のおかげである。

　そしてまた、一部のアフリカの言語は、構造がかなり複雑である。例えばドイツ語は、名詞を分類するのに 3 つのジェンダーがあって複雑だと思う

かもしれない。だが、西アフリカのフラニ語には、何と 20 を超える名詞の分類(名詞類)があるのだ。しかしながら、フラニ語の場合、名詞語尾と名詞類を表す不変化詞が一致しているので、実際のところそれらを学習するのは、例えばヨーロッパ大陸の言語において、物や抽象概念のジェンダーを覚えることよりも簡単である。

　また、コーサ語の舌打ち音のように、ユニークな音声をもつ言語もある。この舌打ち音は、近隣のコイサン語族の言語から借りてきたものではないかと、言語学者たちは考えている。そして舌打ち音とは、われわれ人類の祖先がコミュニケーションを図るために作り出した、最古の音声の名残ではないかと示唆されている。そのため、音声学の観点から見て、これらの言語は分かっている限り最も古いことばの 1 つであると思われる。

　確かに古いことは古いのだが、だからといって決して「原始的」な言語なのではない。多くのアフリカ以外の人々はいまだに、アフリカの言語はヨーロッパの言語ほど複雑な考えを表現できないと思い込んでいる。半世紀前、セネガル人の学者シェイク・アンタ・ディオプが、アインシュタインの相対性理論の説明をセネガルとガンビアの言語であるウォロフ語に翻訳してみせたのは、そのような考え方を受けてのことだった。

　それでは書くことについてはどうだろうか？　アフリカの文化は口承文化であるとよく言われるが、それは単純化し過ぎである。たくさんのアフリカの言語が、長い間文字でも書き表されてきたのだ。例えば、エチオピアやエリトリアのアムハラ語やティグリニャ語で用いられる文字のような、その土地固有の文字で書かれる言語がいくつか。そして西アフリカの数言語、それからスワヒリ語のように、アラビア文字で書かれる言語もある (ただし今日では昔ほど一般的ではないが)。そして多くの言語はラテン・アルファベットで書かれ、これらの言語で用いられるその他の音を表すために文字が追加されることもある。しかしながら、実際に自分の言語を書きことばとして使用している人の数は限られている傾向がある。

　さて、こんなにたくさんのさまざまな言語があって、人々はどうやってコミュニケーションをとっているのだろうか？　その答えはこうだ。「何とかする。」自分の周辺では、アフリカ人はたいてい日常生活で二言語以上を用

いて暮らしている。もっと遠く離れたところでは、主にスワヒリ語や英語、フランス語、あるいはもしかしたらピジン語、といったリンガ・フランカ（共通語）に頼るだろう。

　しかし、この答えには別の一連の疑問が潜んでいる。それはつまり、これらの言語は一体どれほど互いに異なっているのか、言い換えると、実際にはいくつの言語があるのか、という疑問だ。『エスノローグ』が数えた、アフリカの 2,000 を超える言語の多くは、実のところ非常に密接に関連している。それらのうちいくつかのグループは、あるいは 1 つの言語の方言として分類出来るかもしれない。例えば、『ルーツ』の著者アレックス・ヘイリーの祖先クンタ・キンテの話すマンディンカ語は、マリンケ語、バンバラ語、ジュラ語と呼ばれる言語と類似しており、その類似度は、どれか 1 つを流暢に話せる人なら、程度の差はあってもそれ以外の言語も理解できるほどである。これを理由にして、アフリカは実際には見た目ほどバベルの塔ではないと示唆する人もいる。

　そうは言うものの、人口の増加と社会の変化に伴い、すでに複雑であったアフリカの多言語状態は、さらに複雑になっている。アフリカの言語は流動的で、さまざまな民族が集まる都市部では特にその傾向が強まる。もはや学校では教えられなくなった、あるいは一度も教えられたことがない言語の中には、話者が減ってきているものもある。また、経済的誘因によって英語やフランス語の方がより好まれる。しかしそれでもアフリカの言語は、この大陸の日常生活や、文化的アイデンティティー、そして経済活動の一部としてしっかりと根付いているのだ。さて、それでは「アフリカ語で何か言う」ことの未来はどうなるのだろうか？　その答えはおそらく、アフリカにある言語の数と同じぐらいあるに違いない。

著者紹介
ドナルド・オズボーン（Donald Osborn）は、ワシントン DC 地区で研究をしている無所属の学者である。彼はまた、コンピューターやインターネットにおいて、アフリカの言語の使用を促進するための小さな取り組みである、ビシャラト（Bisharat）を運営している。オズボーン博士は、

> 環境と農業、そして開発の専門家で、二か国のアフリカの言語を勉強し、話すことが出来る。そしてそのうちの一方、フルフルデ語の辞書を出版している。また、西アフリカと東アフリカに 12 年間滞在し、研究を行っていた。

さらに知りたい読者のために

●この本のなかで
個々の言語については他にも、52–59 章や 61–65 章で述べられている。言語グループ間での関連については、6 章 (「語族」)、51 章 (「英語の起源」)、52 章 (「アメリカ先住民の言語」) で述べられている。

●この本以外で
Batibo, Herman M. *Language Decline and Death in Africa: Causes, Consequences, and Challenges* (Multilingual Matters, 2005). 消滅の危機にあるアフリカの言語に焦点を当てた入門書。

Childs, G. Tucker. *An Introduction to African Languages* (John Benjamins, 2004). アフリカの言語と言語学の入門書。

Heine, Bernd and Derek Nurse, eds. *African Languages: An Introduction* (Cambridge University Press, 2000). アフリカの言語のさまざまな側面の研究を専門とする、著名な言語学者たちによる 11 の論文が収録された論文集。

Webb, Vic and Kembo-Sure. *African Voices: An Introduction to the Languages and Linguistics of Africa* (Oxford University Press, 2000). アフリカの言語と、アフリカ社会に対してそれらの言語がもつ重要性についての論文集。

Osborn, Donald. *African Languages in a Digital Age: Challenges and Opportunities for Indigenous Language Computing*（HSRC Press / IDRC, 2010）．多言語社会であるアフリカが、情報技術を最大限に活用できるよう援助する取り組みについて、先駆的に調査した書。

61 中国語を勉強するにはマゾヒストにならなければならないのか？

バリー・ヒルトン（Barry Hilton）

中国語は、（西洋の宣教師たちが感じたように）「中国にキリスト教の教えを寄せつけないようにするため」、悪魔によって生み出されたことばなのだろうか？
それは世界で最も難しい言語なのだろうか？
また、それだけ骨を折ってでも勉強する価値があるのだろうか？

　もしこのような質問をプロの言語学者にしたなら、ほとんどの人はおそらくこう言うだろう。「どの言語にも複雑な面もあれば単純な面もあるのです。だから平均したら同じぐらいの複雑さのレベルになりますよ。」、と。しかしそれはおそらく、あなたが求めていたような答えではないはずだ。だが質問を言い換えて、「主要言語のうち、英語を母国語とする人にとって学習が一番難しいのはどれですか。」と尋ねてみると、その通り、中国語が一番難しいということを立証する根拠はたくさんある。（注：背景知識として、「中国語」という名称は少なくとも 6 つの地方言語を指す。それらは密接に関連しているが、フランス語、スペイン語、イタリア語間の違いと同じぐらいの相違がある。私がこれから言うことは、それらの言語全てに当てはまるが、とりわけ外国人から 'Mandarin'（標準中国語）と呼ばれている、最も広く話されている言語に当てはまる。'Mandarin' は、中国本土と台湾の公用語である。）それでは、中国語がなぜそれほど難しいのか、その理由を見ていこう。

1つ目の難題は、中国語と英語が無関係だということだ。例えば、スペイン語やロシア語、ヒンディー語といった、英語と同じインド・ヨーロッパ語族の親類言語を勉強する場合、同語源語（音声や意味が類似した、関連のある単語）がたくさんあって、学習の足がかりに出来ることに気づくだろう。一方、中国語を学習するには、'typhoon'（台風）、'gung ho'（熱血的な）、'coolie'（日雇い労働者）、'kowtow'（叩頭（跪いて頭を地面につけるお辞儀））のような少数の借用語を除いて、全く新しい語彙ばかり習得しなければならない。

　2つ目の障壁は、英語を母国語とする学習者にとって、聞いたり再生したりするのが難しいような音声的特徴が、中国語にはあるということだ。英単語同様、中国語の単語も子音と母音で出来ている。しかし、中国語の音節1つ1つにはさらに高低のパターン（声調）があり、それは語によって決まっている義務的なものなのだ。Mandarinの音節には以下の5つのパターンがある。(1)高い位置で（漫画のオペラ歌手が、ウォーミングアップに「ミーミーミー」と歌っているのを思い浮かべてみよう）。(2)上昇調で（ドアのノックに返事をする時の'Yes?'のように）。(3)下がって上がって（考え込んだ時、引き伸ばして言う'we-e-ll'のように）。(4)急に下降して（'Stop!'と言う時のように）。(5)音調なし、または無強勢で（'cattle'の2つ目の音節のように）。中国語の単語でlyou4（下降調）は「6」を意味し、lyou2（子音と母音は同じだが上昇調）は「留まる」を意味する。ying2mu4は「テント」でying1mu3は「(面積の単位の)エーカー」である。jya4jr5は「価値」でjya3jr1は「義肢」である。英語の学習者が、'fit'（適合する）と'feet'（足）や、'hall'（ホール）と'hull'（殻）のような単語の母音をごちゃ混ぜにした時、ネイティブの英語話者の耳には奇妙、あるいは理解不可能に聞こえるものだが、中国語の学習者が声調を間違えれば、それと同じ感覚をネイティブの中国語話者は抱くのだ。

　さて、それを言うならハンガリー語やアラビア語やインドネシア語といった、他の多くの言語にだって、英語を話す学生が当てにできるような同語源語は存在しない。それに、ベトナム語やタイ語やさまざまなアフリカの言語のように、声調をもつ言語は他にもある。しかし、中国語の難しさを全く別

次元のものにしているもう1つの障壁があるのだ。それは書記体系である。
　もし今までに、読み書きを教える講座のボランティア活動をしたことがある人なら、読み書きができないことが、いかにストレスのたまるハンディキャップであることかお分かりだろう。そして大人の学習者が、聞き慣れた音声と、それらを紙面に表す数十個のくねくねした線とを結びつける「記号体系」をマスターした時、どれほど力を与えられたように感じるかということもご存じだろう。中国語を学習する人は、非常に複雑な「記号体系」をマスターしなければならず、そのことによって読む能力ばかりでなく、語彙を広げたり、他の言語能力を発展させたりする能力までもが妨げられてしまうのだ。
　中国語で文字として用いられるくねくねした線は、通例「表意文字」（'characters'）と呼ばれ、英語の文字のように単純な子音と母音を表しているのではない。それぞれの文字が、1音節の単語全体、または単語の一部を表していて、音声と意味が結びついたものなのだ。例えば、もし中国語のようなシステムを用いて英語を書くとすれば、'unbearable'（耐えられない）という単語は3つのくねくね文字で書かれることになるだろう。1つは'un'（〜でない）を表す文字、もう1つは'bear'（耐える）を表す文字、そして残りの1つは'able'（〜できる）を表す文字だ。そしてその'bear'を表すくねくね文字は、'polar bear'（北極グマ）、'childbearing'（出産）、'the right to bear arms'（武器をもつ権利）における、同じ音を表すくねくね文字とは異なるだろう。'barefoot'（裸足の）や'Bering Strait'（ベーリング海峡）が異なるのは言うまでもない。そうやって結局学習者は、たくさんのくねくね文字——20数個のアルファベットのかわりに数千個の表意文字——を覚えることになるのだ。非識字が中国で主要な問題になっているのも頷ける話である。
　それでは、新しい文字（あるいは音と意味を学習したけれど忘れてしまった文字）に出会った時、どうやって調べればよいのだろうか？　中国語の辞書は何百冊もあって、それと同じぐらいさまざまな文字の並べ方がある。アルファベット順でないので、知らない文字を見つけ出すのは、心の中でABCの歌を唄いながらページをめくるより、はるかに大きな労働力を要する作業となる。たとえその文字を見つけ出せたとしても、さらなる辞書検索

なしには、その文字が単独の単語なのか 'unbearable' のような複合語の一部なのか、必ずしも分かるとは限らないのだ。

　さて、ここまで色々と見解を述べてきたが、これを読んで中国語学習に興味のある方々が、やる気をなくしてしまうのではなく、逆に意欲をかき立てられることを願ってやまない。学習者を励ますために言っておくと、中国語の音声体系は、例の声調以外は非常にシンプルである。それに中国語の文法は、例えばナバホ語の文法とは違って、英語話者にとってそれほど難しいものではない。書記体系にしても、確かに悪魔のように見えるかもしれないが、これまで何世紀にもわたって外国人を魅了してきたのである。書記体系を知ることで、世界の偉大な文明の1つにおける古典文学と、現代の経済的活力を理解する鍵を手に入れることができるのだ。

著者紹介

バリー・ヒルトン（Barry Hilton）は、この本の共同編集者で、本書のもととなったラジオシリーズの審査委員会のメンバーでもあった。彼はフリーライター／編集者で、メイン州に住む無所属の学者でもあり、また小さな出版社で働くマーケティングの専門家でもある。また、ハーバード大学の優等卒業生であり、コーネル大学、エール大学、ジョージ・ワシントン大学、外務職員局で大学院研究を行った後、広範囲にわたって旅行し、ヨーロッパやアジアに住んでいたこともある。また、さまざまなアメリカ合衆国政府の任務で、ベトナム語、中国語、日本語、フランス語、ドイツ語を専門家として使いこなしてきた。彼は自分のことを「フィールドワークをしない文献学者で外国語中毒から回復途中の者」と表現している。

さらに知りたい読者のために

●この本のなかで
個々の言語については他にも、52–60章や62–65章で述べられている。書

記体系については、11章(「文字」)、12章(「文字の歴史」)、58章(「ヘブライ語とイディッシュ語」)、59章(「アラビア語」)、62章(「日本語」)でも述べられている。

●この本以外で
Kratochvil, Paul. *The Chinese Language Today* (Hutchinson University Library, 1968). 語彙例の中には、政治的意味合いを帯びているために大変時代遅れのものもあるが、真面目に取り組む一般読者にとっての中国語の簡潔な入門書としては、まだまだすたれていない本である。

DeFrancis, John. *The Chinese Language: Fact and Fantasy* (University of Hawai'i Press, 1984). アメリカ合衆国における中国語教育の大御所(1911–2009)が、権威をもって多くの中国語に関する俗説(特に書記体系に関して)の誤りを暴く、非常に愉快なスタイルで書かれた本。

McCawley, James D. *The Eater's Guide to Chinese Characters* (University of Chicago Press, 1984). 市場には取るに足りないような「中国語の文字の独習」書が山ほど出回っていて、中には誤解を招く恐れがあるほどうわべだけのものもある。このマコーリーの入門書は、一般読者に、中国語のメニューが何とか読めるようになる方法を教えるという、実用的な目的に限定しながらも、中国語の文字を読んだり調べたりするとき実際に役立つ、信頼のおける練習問題を提供してくれている。

Moser, David. 'Why Chinese Is So Damn Hard', www.pinyin.info/readings/texts/moser.html 中国語の難しさについて、正確に、面白おかしく、そして詳細に説明したエッセーで、筆者にその気はないかもしれないが、潜在的な学習者に対する誘いになっていると言ってもよいだろう。本文中にあるように、「中国語の文字について学べば学ぶほど、興味がそそられ病みつきになっていくのだ。」

62 日本語を学ぶ労力は
　　報われるのだろうか？

ブレイン・エリクソン（Blaine Erickson）

日本語は本当に世界で最も難しい言語なのか？
中国語と関連性があるのだろうか？

「世界一難しい」言語というものはない。しかしどんな言語も母語との共通性が少ないほど学ぶのに時間がかかるものである。その尺度に照らすと、日本語は英語話者にとって最も難解な言語の1つである。

しかし、日本語のすべての側面が難解なわけではない。たとえば音声はそれほど問題にはならない。多くは英語の音とよく似ている。ただしよく知られているように、日本語には英語の"l"と"r"両方に対応する音が1つしかない。そのため、コメディアンが日本語なまりの英語を真似る時には2つの音を入れ替えるだけで低俗な笑いを取れるくらいである。日本語が英語話者にとって不利な側面としては、日本語が英語とは完全に無関係な言語なので、ドイツ語やフランス語などを学ぶときとは異なり、語源を同じくする語彙という最初から「ただ」で与えられるような語彙がないことが挙げられる。日本語は他の言語から多くの語彙をそのまま借入しているのだが、英語母語話者には元がどんな語だったか分からないかもしれない。たとえばSmithという名前はスミス（Sumisu）となり、クルーネック・セーター（kuruunekku seetaa）というのは crew-neck sweater のことなのである。

日本語の文法はそれほど複雑ではないが、明らかに英語の文法とは異なる。たとえば、英語の文の語順は通常、主語−動詞−目的語、である。一方

日本語の文では動詞が最後に置かれ、主語や目的語、特にyouやIに当たる語はしばしば省略される。また日本語の文は短い語で終わることもあり、それによって陳述が疑問に変わったり、文が強調されたり、同意を求める機能を果たしたりするのだ。

　おもしろいのは、こういった短い語の中には男性にのみ使われるものもあれば女性専用の語もあることだ。男女のことばの違いは昔ほど差がなくなっているものの、英語よりは顕著である。実際、男ことばと女ことばの語彙はかなり違うため、日本の小説では男女の対話から「彼は言った」「彼女は言った」という引用表現を削除しても問題なく理解できる。

　女性は「女ことば」を使うことに加え、普通は男性よりも丁寧なことばづかいをする。ここからもまた英語にはない日本語の側面、言い換えると丁寧語、尊敬語、謙譲語という精緻なシステムが示唆される。目上の人や見知らぬ人に話すとき、その相手や相手の行為は「尊敬」語で表現される。たとえばgo（「行く」）にあたる表現は「いらっしゃる」、say（「言う」）に対しては「おっしゃる」などである。また、自分自身が「行っ」たり「言っ」たりするときには、「謙譲」語としての「まいる」「申し上げる」を使う（この表現がある意味助けになって、youやIが省略できるともいえる）。友達や家族と話すときには、誰の行為を指していようとも「中立」語としての「行く」「言う」を使うのだ。このような尊敬語や謙譲語をいつ使うべきかをどのように判断すればよいのだろうか。成長する過程でこういった語にさらされてきたはずの日本人にとっても、この使い分けは決して簡単ではない。日本人で大学を卒業して大企業の新入社員になった場合、まず丁寧表現の研修に送り込まれることが多いほどだ。だから一朝一夕に習得できないからといって心配する必要はない。

　もう1つ外国人にとっての悩みの種がある。それは日本人がことばを最後まで言わずに手抜きをしているようにしばしば感じられることだ。「あれ」という言い方をするわりには「あれ」が何を指しているのか一度も言及することがない。会話の話題がいったん皆に周知のことになれば、文の中から動詞や主語や目的語、時には句全体を省略してしまうことすらある。よそ者からすれば、打ち解けた間柄での会話はマフィアの仲間内の電話のように不可

解になりうる。

　それでも、こういったことはある程度の時間と労力をかければ習熟できるものだ。学習者が困ってしまうのは日本語の文字体系である。一説では、現在使用される中で最も複雑な文字体系ということになっている。

　他の多くのアジア民族と同じく日本も中国から多大な影響を受けている。日本人が自分たちのことばを書きことばで表し始めた頃、もともと中国語とは全く関係がなかった言語であるにも関わらず、中国の漢字を改変して取り入れるようになった。日本人は、それ自体すでに学習者にとって難関である体系（すなわち、何千という暗記すべき漢字）を取り入れただけではなく、更に難易度を上げて、1つの漢字を複数の語(の一部)に使ったのである。もし漢字を使って英語の表現を日本語で書き表したならば、たとえば「馬」を表す同じ漢字が、「騎士道（chivalry）」、「騎士道精神をもった武者（cavalier）」、「馬術家（horseman）」、また（馬とは直接関係のない）「騎士（knight）」にいたるまで、複数の語（や漢字）の1部に使われる。これらの語の意味のうちどれを書き手が意図しているかを推定するには、読み手は（「馬」や「騎」の馬へんがその1部として生じている）語全体という（いわば）文脈を見なければならない。ただこれはそれほど難しいことではない。日本人が日常的に使っている漢字は2,000ほどにすぎないし（中国人は3,000か4,000、あるいはもっと使うとも言われている）、かなり多くの語を（漢字を使わずに）発音通りの音声表記で綴っている。しかし気を抜いてはいけないので忠告しておくが、この音声表記のために日本人は2つの和製の表記体系（ひらがなとカタカナ）、さらにローマ字表記も使っているのだ！　日本で生まれたとしても、この状況は混乱を招きかねないだろう。

　日本語を学習するのにこういった障壁がたくさんあることに、日本人はどうやらひねくれた誇りをもっているらしいふしが時に見られる。しかし日本語は外国人でも習得可能だし、実際に習得しているし、中には日本社会のセレブになっている外国人もいる。日本語を上達させるにはヨーロッパの言語よりもずっと多くの勉強が必要だが、その労力をかける価値はある。日本語を話す母語話者は1億2700万人いて、それゆえ世界で8番目によく話される言語であり、ドイツ語、フランス語、イタリア語より上位にくる。

日本人が帝国主義の強国として恐れられた時代、また「日本製」というラベルが安価な模倣品と解釈された時代は遠い昔へと過ぎ去った。今日では世界中の人たちが日本に大挙して押しかけ、ビジネスを行い、日本製品を買い、ポップ音楽やアニメなどの日本文化、寿司から相撲までのあらゆることを楽しむ気満々である。こういった魅力的な文化を理解しその良さを分かるための入り口を提供するのが日本語なのである。

著者紹介

ブレイン・エリクソン（Blaine Erickson）はカリフォルニア州モントレーのプレシディオ地区にある国防総省防衛言語研究所外国語センターの日本語を専門とする准教授である。オレゴン大学、早稲田大学、香港中文大学、東京大学、ハワイ大学マノア校で教育を受けた。専門は現代および歴史的日本語の音韻論、形態論で、歴史的中国語や現代広東語、そして現代英語および歴史的英語にも興味をもっている。横浜、札幌、金沢、熊本に住んだ経験を持ち、日本の他のあらゆる地域を旅行している。好きな食べ物は鰻だが、熊本名物の馬刺しも二番目の好物である。

さらに知りたい読者のために

●この本のなかで
個別言語についての他の章は 52 章から 61 章および 63 章から 65 章までである。文字体系については 11 章（「文字」）、12 章（「文字の歴史」）、58 章（「ヘブライ語とイディッシュ語」）、59 章（「アラビア語」）、61 章（「中国語」）も参照のこと。

●この本以外で
Miller, Roy Andrew. *The Japanese Language* (University of Chicago Press, 1967). この本は古いが名著である。幅広い話題を扱っていて、一般の読者よりも専門家向きの項目もあるが、それでも総じておもしろく読める。

Shibatani, Masayoshi. *The Languages of Japan* (Cambridge University Press, 1990). Miller の本よりも新しく、日本語だけでなく、北日本で話されているほぼ消滅しているアイヌ語についての記述もある。こちらも、一般の読者にとっては専門的に過ぎる項目もあるが、それでも理解しやすい。

McClain, Yoko Matsuoka. *Handbook of Modern Japanese Grammar* (Hokuseido Press, 1981). 日本語を学ぶ学生にとって優れた参考書であり、文法パターンやタイプにより体系的に話題が細分化されている。

Haig, John H., ed. *The New Nelson: Japanese-English Character Dictionary, based on the classic edition by Andrew N. Nelson* (Tuttle, 1997). 日本語を学んで読めるようになろうと真剣に考えている人にとって最も信頼のおける参考図書の決定版である。

63 インドの言語って何だろう？

ヴィジャイ・ガンビール(Vijay Gambhir)

インドには言語がいくつあるのだろう？
インドでの英語の役割とは？
インドの人は皆ヒンディー語を話すのか？
ヒンディー語とウルドゥー語はどう違うのか？

　インドの言語事情はきわめて複雑だ。言語は国を統合し国を定義するものであり、日本やスウェーデンには、それが1つあるだけだが、インドには何100もの言語や方言がある。2001年の国勢調査では国民に対して、子供のころに母親から習った言語はなにかを問う質問がなされた。一覧表にされた回答結果から、1,635の異なる言語共同体が確認され、そのうち234の共同体には1万人以上の話者がいることが明らかとなった。インドの専門家たちは、その234の共同体で話されているのは、122の言語の方言であると分類している。その122言語のうち、22言語はインドの人口の95パーセントの人が母語として話しており、その役割の重要さはインド憲法でもはっきりと承認されている。
　この22言語は多種多様である。ヒンディー語は国内で最も広く話されている言語で、英語と同様にインド・ヨーロッパ語族に属する。この語族には他にも、アッサム語、ベンガル語、ドグリ語、グジャラート語、カシミール語、コンカニ語、マイティリー語、マラーティー語、ネパール語、オリヤー語、パンジャーブ語、サンスクリット語、シンド語、ウルドゥー語が属する。南インド特有のドラヴィダ語族の代表は、カンナダ語、マラヤーラム

語、タミル語、テルグ語などである。22言語のうちの2語、ボド語とマニプル語は、中国語と同じシナ・チベット語族の言語である。サンタル語という、バングラデシュとネパールとブータン付近の国境地帯で主に話される言語は、カンボジア語と同じくオーストロ・アジア語族に属する。さらに、インドにはまだ、数に入れられていない言語があるようだ。つい最近の2008年には、ナショナル・ジオグラフィックの「Enduring Voices（もちこたえていることば）」プロジェクトによって、ヒマラヤ地方にこれまでに報告されていない「コロ語」と呼ばれる言語があることが発見されている。

　現実的な理由によって、この言語の豊かな多様性は、ヒンディー語と英語という2つの「公用」語に縮小され、そのなかでも、標準ヒンディー語が第1公用語となっている。インドにいる誰もが分かるわけではないが、ヒンディー語は広く用いられており、都市部ではほとんどの人が話せる。ヒンディー語を話さない地域の人々はその実用的な知識をもたないかもしれないが、仕事やビジネスチャンスのために人々が国内を移動することによって、ヒンディー語は急速に広まっている。インドの映画産業、通称ボリウッド(Bollywood)も、ヒンディー語を国中に普及させている。近年ムンバイ（ボンベイ）やコルカタ（カルカッタ）、バンガロール（インドのシリコンバレー）といった国際都市では、使用される言語に大きな変化があった。各地域の言語は、それぞれ、マラーティー語、ベンガル語、カンナダ語だが、3都市すべてでヒンディー語が商売の言語、すなわち共通語の役割を果たしている。

　ヒンディー語が第1公用語ではあるが、インドは世界で2番目に英語話者の多い国であることも覚えておきたい。英語は1800年代初頭に行われたイギリスによる植民地化とともにインド半島に到来し、以来ずっと役割を果たしてきている。英語はインドの独立運動中には、マハトマ・ガンディーら自由を求めて戦う人たちに、植民地支配者の言語として忌避された。しかしインドの多言語間の対立のために、結局は公用語として採択されたのである。1960年代半ばに起きたヒンディー語に対する大きな反対運動の後、政府は英語も無期限に公用語とすることを宣言した。

　英語は高等教育に用いられる言語である。さらにグローバリゼーションにより、あらゆるレベルでの英語教育が急速に求められるようになった。英語

力が高収入の仕事を得る手段とみなされているからだ。生徒がヒンディー語と英語と各地域の言語で教育を受けるよう義務づける、いわゆる「3言語方式」の下、英語はインドの中学校と高校で必修となっている。インドの労働者階級の親の多くは、子供を公立の学校ではなく私立の英語系の学校に通わせる。大学を出た人たちは、英語の会話スキルを磨こうと英会話学校に殺到している。

　それにもかかわらず、実際に実務レベルの英語力をもつインド人はほんのわずかだ。彼らの英語には独特の特徴がよくあり、英語のみを話すアメリカ人の中にはそれを面白がる人もいるようだが、英語としての役目はきちんと果たしている。(そしてコールセンターで働くインド人の英語力は、急速に向上している。)ヒンディー語の話者はよく英語の語句をヒンディー語の話しことばに混ぜて、ヒングリッシュ(Hinglish)として知られる混合ヒンディー語を話す。たとえば、「私はあなたにke vo aayegaa(彼は来るだろう)と言った(I told you ke vo aayegaa)」といった具合だ。ヒングリッシュは若い世代にとって「かっこいい」スタイルとなりつつある。インドのヒンディー語話者でない人にとっても、ヒングリッシュはヒンディー語ほど威圧的ではないらしく、エリートとそうでない人の言語間のギャップを埋めつつあり、インドの消費者に訴えかける手段として、コカコーラやマクドナルドといった多国籍企業に利用されてきている。

　ではウルドゥー語についてはどうだろう? 微妙な政治的問題ではあるが、ヒンディー語について議論するならば、このパキスタンの主要言語も含めなければならない。なぜならヒンディー語とウルドゥー語は同じ言語の方言のようなものであるからだ。共通の起源をもち、ほぼ同じ基本語彙と文法と音韻体系をもつにもかかわらず、それらはインドで別々の言語として扱われ、インド憲法にも別言語として記されている。その要因の1つは、異なる書記体系をもつことにある。ヒンディー語は、サンスクリット文字と同じデーヴァナーガリーという左から右に書く文字を用い、ウルドゥー語は、ペルシャ・アラビア文字であるナスタアリークという右から左に書く書体を用いる。しかし一番の理由は、ヒンディー語とウルドゥー語の話者がそれぞれ、社会的・宗教的なアイデンティティを異にしていて、別々のソースから

文語やフォーマルな語彙を借用していることである。ヒンディー語は主にサンスクリット語から、ウルドゥー語はアラビア語とペルシャ語から借用している。ヒンディー語とウルドゥー語の口語は互いに通じるが、文語やフォーマルなレベルでは大きな隔たりができる。

　かつて、そう遠くない昔、ヒンディー語が地球上の狭い範囲に限られていて、インド以外ではめったに勉強されなかった時代があった。今はもう違う。ヒンディー語を話す人は、スリナムやシンガポール、ドバイ、英国、カナダ、オーストラリア、アメリカといった所で多数見られる。米国各地の大学100校近くで、さらには一部の小学校でも、この言語は教えられている。その影響力は高まっており、「世界的な言語」の仲間入りをしたと言っても過言ではないだろう。

著者紹介

ヴィジャイ・ガンビール（Vijay Gambhir）博士は、ペンシルベニア大学の南アジア諸語・言語学教授（現在は退任）。研究分野はヒンディー語統語論、言語習得と評価、継承語の習得。専門誌で数篇の論文を発表するほか、*The Teaching and Acquisition of South Asian Languages* の編集者を務める。また、オンラインジャーナル *South Asia Language Pedagogy and Technology* の第1巻 'Teaching and Learning Heritage Languages of South Asia' のゲストエディターでもある。ヒンディー語学習のための人気ビデオシリーズ *nayii dishaayen naye log*（新しい方向には新しい人々）の共著者。

さらに知りたい読者のために

●この本のなかで
多言語社会についての議論は9章（「リンガ・フランカ」）と21章（「言語紛争」）にある。39章（「アメリカの言語危機」）はヒンディー語の重要性をテーマにしている。ヒンディー語の文法の例は18章（「言語と思考」）に挙げられ

ている。言語間の関係については 4 章（「方言と言語」）と 6 章（「語族」）で議論されている。個別の言語については 52-62、64、65 章で述べられている。

●この本以外で
www.lib.berkeley.edu/ANTH/emeritus/gumperz/gumptalk.html

Gumperz, John J. *Crosstalk* (broadcast on BBC television, 1979). Multi-Racial Britain（多民族国家イギリス）と題する 10 回連続番組のうちの 1 回で、イギリス人とインド移民の間で起こる職場でのコミュニケーションの齟齬を取り上げている。

www.indiaeducation.net/UsefulResources/Maps　インドの異なる州や連邦直轄領にまたがる主要な言語の分布を示す。

Kachru, Braj, Yamuna Kachru, and S. N. Sridhar, eds. *Language in South Asia* (Cambridge University Press, 2008). 序論はサンスクリット語とペルシャ語と英語が南アジア諸語に与える言語的影響について論じている。第 2 部では南アジアのメジャーな言語やマイナーな言語、部族語の地位が議論されている。

Rai, Amrit. *A House Divided: The Origin and Development of Hindi-Urdu* (Oxford University Press, 1984). ヒンディー語／ウルドゥー語の起源と、現代ヒンディー語とウルドゥー語が 2 つの別々の言語へ分裂していくことに焦点を合わせている。

Schiffman, Harold F. *Bilingualism in South Asia: Friend or Foe?* (www.lingref.com/isb/4/163ISB4.PDF, 2005). インドにおける独立後の時代の言語紛争や、英語の役割について洞察を与えている。

64 エスペラントに一体何があったの？

アリカ・オクレント（Arika Okrent）
E. M. リッカーソン（E. M. Rickerson）

共通言語という考えに一体何があったの？
エスペラントは今でも現役？
もしそうなら、誰が話しているの？

　世界中のみなが同じ言語を話すとしたら、それはすばらしいことではないだろうか？　あるいは、みなが生まれ故郷では自分自身の言語を用いるが、国際的コミュニケーションでは同じ第 2 言語——どの国にも属さない言語、それに数週間で学べる簡単な言語——を学ぶことに合意できるとしたら、それは同じくらい良いことではないだろうか？

　もしこの考え方が気に入ったなら、あなたには良い仲間の一員だ。早くも 17 世紀のベーコン、デカルト、ライプニッツといった哲学者から始まり、国際語に関してはこれまでに何百という提案がなされてきた。そして、今でも人々は新たな国際語をつくろうとしている。しかしさまざまな理由で、継続的に成功したのはエスペラントだけである。エスペラントは 19 世紀末のポーランドで、ことばには統一する力も分裂させる力もあることを知っていた理想主義者、ルドヴィコ・ザメンホフによって考案された。

　エスペラントはどんな種類の言語なのだろう？　それについて聞いたことがあっても、話されるところを聴いたことがない人は、エスペラントがスペイン語をベースにしていると信じてしまうことがあるが、これは誤りである。「エスペラント」という名前はスペイン語のような感じがするが、その

語彙は、ヨーロッパ諸言語のミックスである。スラブ語やゲルマン語の語根や、もちろんラテン語やロマンス語に由来する語根もある。その言語名は、「希望」を表すロマンス語語根（esper-）と -ant- という語尾（動作が進行していることを示す）、それに -o（名詞を作る）でできている。意味は「希望する人」だ。

　エスペラントの単語を作る語尾は完全に規則的である。名詞語尾は常に -o、形容詞は -a、現在時制動詞は -as、過去時制動詞は -is。一度語尾を覚えたら、語根にどのように語尾を付けて単語を作ればよいか分かる。つまり、最小限の記憶量で、あっという間に自由自在に使えるようになるのだ。エスペラントは、やっかいな不規則性や例外がある自然言語よりもずっと学びやすい。しかし、いつも予測通りという訳ではない。ただ覚えるしかない表現やイディオム、フレーズのつなぎ方がある。エスペラントのルールは定義されているとはいえ、あまりにきっちりと定義されている訳ではない。何百ものライバルが何の影響力も残さなかった一方で、エスペラントが成功した理由の1つはこれである。エスペラントには、いつも変化と成長の余裕が、また、話者のコミュニティが使用しながら基準を定められる余裕があるのだ。

　では、エスペラントに一体何があったのだろうか？　エスペラントは1887年に生まれ、1920年代には戦争疲れから急速に人気が高まり、国際連盟の公用語候補として真剣に検討されるほどにさえなり、そして、消えていくように見えた。しかし実際には、消え去った訳ではない。20世紀を通じて浮き沈みがあったが、エスペラントは静かに生き残った。そして21世紀が始まると、エスペラントは再び姿を現した——たくましい姿で、人気を集めて。その理由の一部はインターネットである。以前なら話し相手を見つけるのに会議や学会に旅しなければいけなかったが、今では、エスペランティストは世界のどこにいても、コンピューターの前に座って仲間のエスペランティストとチャットできるのだ。

　とはいえ、未だに会議や学会は、エスペラントが用いられる場面の重要な部分を成す。商業や科学、国際外交の単なる便利な道具として、多くの人工言語が世に問われてきたが、その一方で、エスペラントは、人が言語を用い

て行う幅広い物事に力を入れることで人気を得たのだ。エスペランティストが集まると、彼らはエスペラントの歌を歌い、コメディーの寸劇を演じ、詩を朗読する。エスペラントの小説や雑誌もある。エスペラント訳の聖書も、もちろん『ロード・オブ・ザ・リング』もある。ジョークや地口、ののしりことばもある。サウンドトラックが全てエスペラントの長編映画さえある。*Incubus*（原題 *Inkubo*）というタイトルで、『スタートレック』前の、若き日のウィリアム・シャトナーが主演だ。

　エスペラントが母語の人たちも世界に数百人いる。母語とは幼少期に習得する言語のことだが、エスペラントはすでに母語をもっている人たちのために作られた言語なので、どのようにエスペラントを母語にできるのか、不思議に思うかもしれない。答えはこうだ。両親がエスペラントの学会で出会うが、互いの母語では話さない。それで、家では互いにエスペラントを用いて、エスペラントを話しながら子育てをする。この新しいエスペラント母語話者たちはモノリンガルではない。彼らは、家の外では多数派言語も話すからだ。彼らの言語環境は、両親が移民で、多数派言語とは別の言語を用いる家庭で育った子供たちの環境と、それほど違いはない。

　エスペラント話者は散らばっているので、その正確な人数を知るのは難しい。また、エスペラント話者と呼ばれるために、どの程度の流ちょうさに達しているべきか示すのも難しい。しかし、少なくとも数万人——5万人が妥当な推計だろうか——が、ある程度の会話能力を身につけている。毎年開かれる世界大会——ヨーロッパ開催が最も多いが、中国や韓国、日本、ブラジル、オーストラリア、イスラエルで開催されたこともある——には、大抵数千人が集まるのだ。

　人工言語の長い歴史の中で、エスペラントは群を抜いて最も成功した言語である。世界語ではないし、そうなる可能性もなさそうだが、エスペラントは生きた言語になっている。

著者紹介

アリカ・オクレント（Arika Okrent）はシカゴ大学言語学科と心理学科認知・認知神経科学プログラムからの共同博士号を取得している。*The American Scholar, Tin House, Slate* に言語についての記事を寄稿している。2009 年出版の *In the Land of Invented Languages* を執筆する過程で、クリンゴン語 1 級の資格を得た。

E. M. リッカーソン（E. M. ('Rick') Rickerson）はこの本の監修者。サウスカロライナ州カレッジ・オブ・チャールストンのドイツ語名誉教授、受賞歴のある言語プログラムの名誉会長、アメリカ政府の言語学習推進センターの元副所長、国立言語博物館の準会員である。2005 年、言語に関するラジオのシリーズ番組（*Talkin' about Talk*）を作り、『5 分間で言語学』はその翻案である。今は引退して、ノース・カロライナの山間に住んでいる。メール：rickersone@bellsouth.net

さらに知りたい読者のために

●この本のなかで
人間が意識的につくった言語については他に、26 章（「手話言語」）と 65 章（「人工言語一般」）がある。もしそれがなければコミュニケーションがとれなかったであろうグループ間で、「架け橋」として機能した言語については、9 章（「リンガ・フランカ」）、10 章（「ピジンとクレオール」）、53 章（「ラテン語」）、58 章（「ヘブライ語とイディッシュ語」）で触れられている。

●この本以外で
Okrent, Arika. *In the Land of Invented Languages: Esperanto Rock Stars, Klingon Poets, Loglan Lovers, and the Mad Dreamers Who Tried to Build a Perfect Language* (Spiegel & Grau, 2009). 人工言語を作って「バベル」（言語の氾濫）を乗り越えようという数々の試みについての、平易な歴史。

Richardson, David. *Esperanto—Learning and Using the International Language* (Esperanto League for North America, 第3版 2004). エスペラントの歴史についての章、エスペラント学習の全課程、注釈付き読み物、文献表が収められている。

Jordan, David. *Being Colloquial in Esperanto* (Esperanto League for North America, 第2版 2004). エスペラント文法の全体的概観。

www.Esperanto.net　62言語でエスペラントについての一般的情報を提供。他の関連するサイトへのリンクも。

www.lernu.net　エスペラント学習を支援する多言語サイト。無料。

65 「クリンゴン語」を話す人は いるだろうか？

クリストファー・モーズリー(Christopher Moseley)

人はなぜ人工の言語を作り出そうとするのだろうか？
人工言語は自然言語よりも科学的なのだろうか？

　地球上に約7,000も言語があるのに、なにを思って人は新しい言語を作ろうとするのだろう？　相互理解を深めることで人類を1つに結びつけるために、共通の言語を作ろうという理想主義的な動機をもっている人もいる。しかしこの論理には無理があるだろう。歴史上もっとも血なまぐさい紛争のいくつかは、同じ言語を話す民族の間で起こっている。ベトナム戦争もそうだし、この点では、英国の清教徒革命、アメリカ合衆国の南北戦争、そしてこの2つの間に起こった英米間の2回の独立戦争も同じであることを思い出してもらいたい。

　自分たちだけの秘密の社会を作ろうとすることが動機になる場合もあるようだ。子供達はこのために常に秘密のことばを作ろうとしている。

　さらにフィクションの中の文明の舞台背景として創作される言語がある。例としては、テレビ『宇宙大作戦』(*Star Trek*)シリーズの「クリンゴン語」や、映画『ロード・オブ・ザ・リング』(*The Lord of the Rings*)の作者トールキンが創作した、エルフ族、ドワーフ族、そしてその他「中つ国」(Middle Earth)の住人達が話す言語などが分かりやすいだろう。

　もう1つの理由として、われわれの使う自然言語は現実世界を不十分にしか表現できないと、もどかしく思う人がいるということだ。少なくとも17

世紀にはすでに、何語が母語であろうと理解できる、数学のような記号を使う「論理」言語を作ろうという試みが始まっていた。しかし発明された言語は論理的ではあるが、複雑で恣意的で、創作者以外の誰であれ習得が困難であった。

　19世紀の終わりには、国際共通語を作る試みが盛んになった。1880年に作られたヴォラピュク（Volapük）と呼ばれる言語に始まり、続いてエスペラント（Esperanto）、そしてノヴィアル（Novial）、インターリンガ（Interlingua）等多くの国際語が登場した。ほとんどすべてが、ドイツ語やフランス語、あるいは英語、スペイン語のような西欧語を基に作られていた。そしてほとんどが消えていった。言語の使用という荒海に漕ぎ出してしまうと、いかに工夫されて体系的であろうと、創作者が死んだ後も生き残る言語はまれである。

　この19世紀の理想を求めた試みの中で、エスペラントがもっとも有名で、かつ広範囲に普及した。今ではエスペラント語で書かれた多くの文学作品もあり、世界中に熱心な使用者がいる。しかし、これとは異なり、もっと変わった考え方を反映する人工言語もある。その人工言語の最も興味深い2つの例は、「宇宙」と「音楽」という考えに基づくものである。まず、フィクションではあるが、『宇宙大作戦』のクリンゴン語は言語学の専門家以外にも知られている。そしてエスペラントのように、作者より長く生き続けた希有な言語であろう。もし学びたければ、文法書やオーディオテープ、マルチメディアのクリンゴン語教本、そして英語だけではなくポルトガル語やドイツ語の辞書など、学習の手助けになるものがある。クリンゴン語を保護し、伝えていこうとする国際的な組織もあるくらいである。これらがすべてクリンゴン語のためのものなのである。たかだか2,000語ほどの、テレビのために作られ、凶悪なクリンゴン星人の嫌な性格をうまく表すように、できる限り宇宙人のように荒々しく響くように意図された、単なる人工言語のためにである。

　2番目の例の音楽言語は、19世紀に作り出されたものであるが、私は映画の『未知との遭遇』（*Close Encounters of the Third Kind*）を思い起こしてしまう。宇宙からやってきた円盤が、耳にこびりつくような5つの音程を教え

て、地球人との交信を始めようとしたシーンをおぼえているだろう。人工言語「ソルレソル」(Solresol)もこれとよく似た原理に基づいている。歌を教えるのに使われる、ドレミから始めて、音階の7つの音を個別に組み合わせて語を作るのである。例えば、ファファドファは「医者」で、ファファドラは「歯科医」という具合である。ソルレソルは比較的学びやすかったし、何と言っても他の言語にない特徴は、話すだけではなく、歌ったり、楽器で演奏したり、口笛で吹いたりできる点であった。ソルレソルはかなり長い間使われていた。

「ログラン」(Loglan)のように、科学的な目的のために作られた言語もあった。これは数理論理学に基づいた文法規則によって、使用者がもっと正確にものを考えるようになるかを検証する目的で、1960年に作り出された。そして1962年に発表された'BABM'(「ボアーボム」のように発音する)と呼ばれる言語は、一文字が一音節を表す文字体系をもっていた。また1979年に作られた言語は意味と音を表すのに、文字ではなくアイコンを用いている。このようにリストはずっと続く。

ザメンホフが作ったエスペラントや、19世紀後期にそれと競合したイド(Ido)やノヴィアル等はすべてヨーロッパの自然言語を基にしている。当時、ヨーロッパの帝国が世界を席巻していたので、ラテン語とその子孫となる言語がこれら人工言語の基盤となったのは不思議なことではない。これらは言語学でいう「後天的な」言語で、すでに存在する言語をブレンドして作られた言語である。ソルレソル、クリンゴン語(そしてその他多数)は、よく知られている文字を使ったり、独自のアルファベットを使ったりしているが、すべて1から作られており、いわゆる「先験的な」言語である。

www.langmaker.com というウェブサイトがあるが、そこにはコンピューターの技術的な問題がなければ、最新のものも含めて、非常に多くの人工言語にアクセスすることができる。楽しんでもらってもいいし、さらに理想を高めることもできる。既存のものではなく、もっとすぐれたあなた自身の言語を作ってみたくはないだろうか？　もしそうならばあなたも私たちの仲間だ。言語好きな人達の間では、言語を作りたいという願望は、普遍的な衝動であるようなのだ。

> 著者紹介
>
> クリストファー・モーズリー（Christopher Moseley: Chrismoseley50@yahoo.com）は大学講師、著作家、そしてフリーランスの翻訳家である。彼は *Atlas of the World's Languages*（1993）の共編者であり、*Encyclopedia of the World's Endangered Languages*（2006）や *UNESCO Atlas of the World's Languages in Danger*（2009）の編者である。彼は人工言語に特に関心があり、自分でも制作した経験がある。

さらに知りたい読者のために

●この本のなかで

人間が意図的に作った言語に関する章は、26章（「手話言語」）と64章（「エスペラント語」）がある。

●この本以外で

Large, Andrew. *The Artificial Language Movement*（Blackwell, 1985）． 本章の複雑な話を一冊の本で最も詳細に知るには、本書が一番である。個々の人工言語について知りたい場合は、それを作ったり広めたりした人達の教科書や指導書を探さねばならない。これはほとんどが絶版なので非常に難しい。

Okrent, Arika. *In the Land of Invented Languages: Esperanto Rock Stars, Klingon Poets, Loglan Lovers, and the Mad Dreamers Who Tried to Build a Perfect Language*（Spiegel & Grau, 2009）． 上記 Large の著作ほど事典的ではないが、学問的には信頼できる。また読みやすく面白い。

上で触れたサイト www.langmaker.com は、今日競い合って人工言語が作られているのを見るのにはお薦めである。本書『5分間で言語学』の出版された時点で、主サイトは技術的問題によって閉じられているが、以下のいくつ

かのセクションがアクセス可能である。www.langmaker.com/base.htm、www.langmaker.com/conlang.htm、www.langmaker.com/mlindex.htm や www.langmaker.com/outpost/ido.htm などが主たるものである。

索引

索引の項目は、原著の索引項目名に基づき、原文の意味から作っていますので、以下の項目名と本文で一致しないものもあります。【訳者注】

A-Z

Foundation for Endangered Languages	139
Incubus	331
Indigenous language	143
Terralingua	139

あ

愛犬家クラブの手紙事件（法廷言語学の事例）	253
アイスランド語	264, 293–296
——と古英語	293–294
——と人名	294–295
（現代——）と文学	296
アイスランド人のサガ	295
アイルランド	143
アヴァロンの野生児	126–127
アウター・バンクス諸島	152, 154
アカディア	208
アクセント	215
アサバスカ・イーヤク・トリンギット語族	267
アジアの言語	16, 46–47
アジアの南／東南	46, 192, 197, 264
中央アジアの言語	31, 290
ヒマラヤ語	138, 325
アシュケナジムのユダヤ人	300–301
アダムの言語	35, 37
アパラチア山脈	154, 191, 225, 268
アブギダ	60–61
アブギダ文字体系	56
アブジャド	55, 61
アフマートヴァ、アンナ	289
アフリカの言語	16, 20–21, 40, 49, 51, 66, 144, 308, 311, 308–311
——と口頭伝承と文字による記録	308–309, 310
——におけるポルトガル語	285
——の音調	309, 315
——の混交言語への影響、（——からの借用）	154, 209, 220–221
——の4つの部族	309

アミスタッド 309
アムハラ語 309

アメリカ合衆国 1, 95, 327
　アメリカ英語対イギリス英語 21, 64, 101
　——におけるアラビア語 197–198
　——における言語危機／隔たり 196–199
　——における言語教育 167, 170–173
　——における言語復興 145
　——におけるスペイン語話者 107, 201–204
　——における専門的言語能力のために必要なもの 230–231
　——におけるドイツ語 170, 192, 213–216
　ネイティブアメリカンはネイティブ・アメリカンの言語を見よ
　——における防衛・情報の共同体、地域社会 198
　——における防衛と諜報 196
　——の方言 225–227
　——のユダヤ英語 301

アメリカ合衆国南部 191
　——の英語 152–155
　——のクレオール言語 50

アメリカ手話 127–128, 131–134

アメリカの移民 50, 112–113, 153, 198, 202–203, 258
　ドイツ系の移民 213–216

アメリカ翻訳者協会 244

アラビア語 14, 16, 50, 111, 264, 303–305, 309
　——とウルドゥー語 326
　——のアルファベット 304
　——の重要さ 304
　——の2種の変異形 304
　——の筆記体系 54, 61
　——の響き、音声 303–304
　——の方言 305
　——の文字 55, 304
　——への機械翻訳 249
　——話者の必要性 303–304
　——を習得するうえで骨の折れる（こと） 304–305

アラパホ族（の言語） 143
アラム語 47, 299–300
アラム語のアブジャド 55, 61
アラン・シンガー社 108
アルゴンキン語 170, 173, 264, 267–268
アルジック語族 267
アルゼンチン 280, 283
アルバニア語 30
アルファベット 54, 259
アルメニア語 30
アレックス（アフリカに生息する大型インコ） 81
アングロサクソン人達のことば 262–263
アンゴラ 221, 285

暗示的学習	162–163	イロコイ語族	268
		色を表す語彙	90
い		印刷	10, 263
ESL（第二言語としての英語）プログラム	2, 198	インターネット	167–168, 258, 265
イースター島	138	——上の言語地図	192–193
ETA（バスク独立グループ）	107	——上の辞書	237–238
「いいなずけ」（マンゾーニ）	279	——の翻訳	249
イギリス手話言語	133–134		
イギリス帝国	102, 263–265, 325	インターリンガ（人工言語）	335
異言（グロソラリア）	121–124		
イタール、ジャック	127	インド	106, 117, 137, 265, 285, 324–327
		——におけるウルドゥー語	324, 326
イタリア語	45–46, 149, 170, 201, 264	——における英語	325–326
——での方言	279–281	——における言語や方言	324
——とアルゼンチン	280	——における語族	324–325
——の歴史／発展	278–281	——におけるヒンディー語	324–326
1言語だけを使うこと	106	インド語	30
		ヒンディー語も見よ	
イディッシュ語	193, 264	インドネシア語	16, 315
——とヘブライ語	299–300	インドの文字／筆記体系	55–56, 61, 326
——の起源	299	インド・ヨーロッパ語族	30, 288, 324
		インド・ヨーロッパ祖語	30
イド（人工言語）	336		
イヌイット	90–91	**う**	
イベリア半島の言語	284–285	ヴァージニア（アメリカ合衆国）	152–153
移民	112–113	ヴァイキング	263, 293, 295
イラク	14, 60	ヴァイ語書記システム	57
イラン	15, 30, 30, 47	ヴァインライヒ、マックス	20, 299
イラン語	30	ヴィクトール「アヴェロンの野生児」	126–127
イルカのコミュニケーション	81		

ウイリアム・ジョーンズ卿	30
ウインドトーカーズ	269
ヴェスターマン、ディートリッヒ・ヘルマン	309
ヴェルスパ（アイスランドのエッダ）	295
ヴォラピュク（人工言語）	335
ウォロフ語	310
うさぎどん（ブレアラビット）	153, 221
宇宙大作戦	334
ウラジミール、キエフの大公	291
ウラル語族	31
ウルドゥー語	197, 324, 326
ウルドゥー語の書記体系	326

え

英語	16, 50
アメリカ英語対イギリス英語	21, 64, 101–103
アメリカ合衆国のユダヤ人――	301
イギリス英語の綴り／発音	39–40
（イギリス英語）のはじまり	29, 262–265
機械翻訳と――	247–250
――（の中の）外国語	263–265, 289
――の文法	64–65, 69–72
ラテン語と――	273
リンガ・フランカとしての――	44, 46, 265, 325
エヴァンジェリン（ロングフェロー）	208
エウスカラ（バスク語）	285
エジプトの象形文字	60
エスキモー語	269
エストニア語	31
エスノローグ	16, 308, 311
エスペラント語	329–330, 335–336
――の復活	331
――訳の聖書	331
エッダ、アイスランドの	295
エフライム人	157
エベルの子孫（ヘブライ人）	35
エラード、マイケル	116, 118
えんやこら説	25

お

オウムのコミュニケーション	79, 81
オーストラリアの言語	40, 50, 116, 134, 264
オーストロ・アジア語族	325
オーディオ・リンガルメソッド	171–172
オクラホマ州（アメリカ合衆国）	143–145, 268
恐ろしい津波	138
オハイオ州（アメリカ合衆国）	215, 268
オランダ語	36, 201, 264
オレゴン州（アメリカ合衆国）	145, 202
オロ・ウィン語	149
音韻論	10
音声学	11
音声合成装置	258
音声分析	252–253

音調

 アフリカの言語における―― 309, 315

 中国語における―― 315–317

か

ガーシュウィン、ジョージ 153, 221

カーボベルデ・ポルトガル語系クレオール語 50, 285

外国語教育全米規準 172

隔絶、言語的に 126–128

加算的二言語併用 113

カタロニア語 45, 284

カナダ 90–91, 108, 208–209, 249, 268, 327

カメルーン 49

ガラ語 50, 144, 153, 219–222

 ――の書き言葉の形式 221

 ――の起源 220–221

 ――の保持 221–222

 ――を話す人の人数 219

ガリシア語 45, 285

カリブ海沿岸諸国 51

カリフォルニア州（アメリカ合衆国） 144, 192, 202

韓国語の書記システム（ハングル） 57

カンジ（ボノボ） 82

カンナダ語 324–325

カンボジア 61

書きことば／文字体系 54–61, 253–254, 260

 アラビア語の―― 10, 61

 インドの―― 55–56, 61, 326

 ウルドゥー語の―― 326

 シュメール語の―― 60

 書記の起源 59–61

 中国語の―― 56, 60, 315–316, 321

 チェロキー語の―― 56

 朝鮮語（ハングル）の―― 57

 日本語の―― 56, 60, 321

 ヒンディー語の―― 326

き

機械翻訳 247–250, 254

記号や暗号 259

技術と言語学習 168, 172

規範文法 95–97

ギャローデット大学 131

吸着音（click） 40, 150

ギリシャ言語 30, 90

ギリシャ語アルファベット 54–55, 61

キリスト教 263, 274

キリル文字 54, 61

 キリルアルファベット 55

 （ロシア語の）アルファベット 54–55, 61, 288

ギレアデ 157

く

9月11日の多発テロ 111, 249, 253

クジラのコミュニケーション 81

クッキーモンスター 76

クメール語に使われるアブギダの文字 61

グリーンバーグ、ジョセフ	309
クリオ語	220
クリンゴン語	334–336
クルーゾー警部	158, 167
クレオール語	27, 50–51
クロアチア語	15
グロソラリア（「異言」）	121–124

け

ケイジャン語	207–210
——絶滅の危機	210
——の単語	209
継承語学校	192
形態素	56, 60
形態論	10
ゲール語	143, 264
ケニア	309
ケベック州（カナダ）	108–109, 268
ケルト語	30, 36, 262
ゲルマン語族	29–30, 262–265, 293
健康／衛生と言語	144, 231–232
言語学	9–12, 171–172, 232
心理／神経——	11
——的超越性	79
——的分析	4, 252–255, 259–260
——と関連する諸学問	11, 26
——と消滅の危機に瀕する言語	232–233
——と人類学	12, 232–233
歴史的——	24–25

言語教育	143
海外でことばを学ぶ	168, 175–178
外国へ留学する	197
——が生徒たちが他の教科で学ぶことを強化できる	182
——が有効か	197
第二言語としての英語教育	2, 198
——での投資	198–199
——とアメリカ合衆国の言語的な隔たり	196–199
——におけるラテン語学習	275–276
——の機会と不均衡	197–198
——の方法、歴史的な概観	170–173
バイリンガル／二言語平行（言語教育）	113
没入学習	166, 175, 177

言語サービス産業は翻訳者・翻訳業も見よ

言語習得能力	85–87, 116–119, 181–182
言語地図	192–193, 258
言語転移	158

言語と諸言語	4
最近発見された——	138
——の数／配分	14–17
——の起源	24–32, 44–47, 66
——の語族	29–31
——の思想に対する影響	89–92
——の進化	7, 11, 34–41, 49–50, 65, 96
——の政治的省察	16–17, 19–20, 36, 44–47, 95–97, 106–109
——の「正しさ」についての考え方	

　　　　　　　　　　49, 51, 95–103, 181, 237
　　——私たちを人間たらしめるもの　5–7

言語の職業　　　　　　　　230–233
　言語の技能を使った専門職　230–232
　（言語を）教える——　　　230–231
　政府（機関）における——
　　　　　　　　　　　　　231–232
　（言語の）翻訳／通訳　　　231–232

言語博物館　　　　　　　　257–260
「減算的」二言語使用　　　　　　112
現代標準アラビア語　　　　304–305

こ

ゴア州（インド）　　　　　　　285

語彙　　10, 90–91, 117, 162, 209, 216
　——と語族　　　　　　　　　　29
　ラテン語の——　　　　　　　273

コイサン語　　　　　　　　　　309
合成装置、音声　　　　　　　　258
後天的／先験的な言語　　　　　336
喉頭　　　　　　　　　　　　　26
行動主義　　　　　　　　　171–172
口頭伝承（口承文化）　　　308, 310
古英語　　　　　　262–263, 293–294
声が出る　　　　　　　　　148–149
コーサ（語）　　　　　　20–21, 309
コーラン　　　　　　　　　55, 303
ごーんごーん説　　　　　　　　25

国際化／グローバル化
　　　　　　　196, 226, 244, 294, 325
国際語　　　　　　　　　　　　329
国連　　　　　　　　51, 231, 259, 304
ココ（ゴリラ）　　　　　　　　　82

語族　　　　　　　　　　　　29–31
　アフリカの——　　　　　　　309
　アメリカ先住民の——　　267–268
　インドの——　　　　　　324–325
　マクロ——　　　　　　　　　31

古代ギリシャ語　　46, 170, 275–276
国家主義（英語主義）36, 107–108, 214–215

ことばの音声　4, 122–123, 149–150, 166
　アメリカ合衆国方言における——
　　　　　　　　　　　　　225–227
　アラビア語の——　　　　303–304
　中国語の——　　　　　　　　315
　日本語の——　　　　　　　　319

ことばの年（2005）　　　　　　　1

子供と言語学習　　6, 50, 180–182
　言語から隔離された——　126, 127, 128
　——と危機に瀕した言語　142–144
　——と幼児の言語獲得
　　　25, 74–76, 79, 86, 117, 161, 163, 259
　——の文化的側面　　　　　　181
　バイリンガリズムと——85–86, 111–112

古ノルド語	293, 295
コマツグミのさえずり	80
孤立言語	268, 285
ゴリラのコミュニケーション	82
コロ語	325
コン語	150
コンコーディア言語村	178
ゴンドゥク語	138
コンピューターと言語	7
——と機械翻訳	247–250, 254
——と言語学習	186–189
——と発話分析	253

さ

サイバートランスというソフトウェア	249
サウスカロライナ州（アメリカ合衆国）	50, 144, 152–153, 154, 219–222
ザメンホフ、ルドヴィコ	329, 336
サンスクリット語	30, 45, 56, 264, 324, 326

し

ジアウイ族（ブラジル）	138
シー諸島	153–154
ジーニー（言語的に隔絶された子供）	127
子音	148–149, 269
シェイクスピア、ウイリアム	39, 102, 254, 293
ジェファソン、トマス	170, –172, 201–202, 207
シエラレオネ	220, 309
シカゴ（アメリカ合衆国）	191, 226
思考に影響を与える言語	89–92
辞書	236–239, 259
オンライン——	238–239
クリンゴン語の——	335
中国語の——	316
辞書編纂者	4, 236–238
舌打ち音	309
シナ・チベット語族	31, 325
死にいく言語→消滅危機言語 を参照	
シベリア	90, 144
社会の中のことば	4
宗教と言語	34–36, 47, 121–124
シュメール語の書記（システム）	60
シュラング族	137
手話	128, 131–134
——におけるバリエーション	132–133
シュワルツェネッガー、アーノルド	215
ショインカ、ウォーレ	51
小学校外国語教育（FLES）	180–182
象形文字	60
消滅危機言語	10, 16, 137–145, 232, 259–260, 270
ショー、ジョージ・バーナード	21
ジョージア州（アメリカ合衆国）	50, 144, 153
ジョーンズ、ダニエル	20
ジョンソン、サミュエル	259
神曲	279

人工言語　　　　　　330–331, 334–336
　エスペラント語も見よ
　　後天的と先験的——　　　　　　336
　　数学と——　　　　　　　335–336
　　——のためのウェブサイト　　336

シンハラ語　　　　　　　　46, 107
人名　　　　　　　　　　　　　294

す

スイス　　　　　　　　　　21, 280
スウェーデン人（の言語）
　　　　　　　15, 21, 36, 193, 264
数学　　　　　　　　　　335–336
スー・カトーバ語族　　　　　　268
ズーニー語　　　　　　　　　　268
ズールー語　　　　　20–21, 55, 150
スカンジナビア語　　　　　192, 262
スコットランド方言　　　　　　154
ストーコウ、ウイリアム　　　　131
スパングリッシュ　　　　　203–204

スペイン語
　　　　　16, 29, 45, 66, 139, 149, 167, 264
　アメリカ合衆国における——
　　　　　　　107–108, 192, 201–204
　——とポルトガル語　　　283–285
　——の学習　　　　　　　170, 177

スラブ語　　　　　　　　　30, 330
スリランカ　　　　　　　　46, 107
スロヴェニア語　　　　　　　　280

スワヒリ語　　　　　　　50, 308–311

せ

聖アウグスティヌス　　　　　　　35
聖書　　　　　　　　　　55, 102, 157
成人の言語学習　　　　　2, 4, 161–178
　海外でことばを学ぶ——　168, 175–178
　科学技術のおかげで——　　　　168
　コンピュータによる——　　　　172
　時間がかかる——　　　　　167, 197
　補助器材の助けによる——　　　162
　没入　　　　　　　　　166, 175, 177
　明示的／暗示的（な——）　162–163

声帯　　　　　　　　　　148–149, 259
聖ヒエロニムス　　　　　　　　　35
政府と言語　　　　　232, 259, 263, 304
声紋　　　　　　　　　　252–253, 258
ゼノグロッシア　　　　　　　　123
セム語族　　　　　　　　　　　299
セルビア語　　　　　　　　　　　15
前置詞　　　　　　　　　　　66, 70

そ

早期言語教育　　　　　　　　　180
相対性理論、ウォロフ語に翻訳された　310
ソグド語　　　　　　　　　　　　47
ゾミ語　　　　　　　　　　　　　55
ソルレソル（人工言語）　　　　　336
ソロモン諸島　　　　　　　　50, 61

た

第一次世界大戦	44, 214
タイ語	56
第二言語習得	163
第二言語としての英語（ESL）プログラム	2, 198
第二次世界大戦	171, 214, 269
太平洋の言語	49–50, 66, 138
対立と言語	46, 107
多言語主義	9, 85–87, 106, 111, 116–119, 180, 259
アメリカ合衆国での（多言語使用）	191, 197–198
ターナー、リレンゾ・ダウ	220
タミール語	46, 56, 107, 264, 325
男女のことばの違い	320
ダンテ	279–280

ち

チェコ語	54
チェロキー語	268
チェロキー語音節文字	56–57
地図、言語	192–193, 258
チベット	122
チャーチル、ウィンストン	97
チャールストン（アメリカ合衆国）	153
中英語	262
中国沿岸ピジン英語	49
中国語	15–16, 40, 44, 47, 193, 264, 285, 314–315
アメリカ合衆国での――	197–198
――学習に対する意欲	314–317
――声調	317
――の文字・筆記体系	56, 60, 315–317, 321
中国で英語を学ぶ	103
抽象性	80
抽象的な概念	81
抽象的な文字	60
中東	55
チュルク語族	31
朝鮮語	198
超多言語使用者	118–119
諜報機関	196, 199, 232, 249
チョクトー族の言語	209
チンパンジーのコミュニケーション	81–82

通訳	3, 231, 242–245
――と文化の使い方	243

つ

ツォンガ	20

て

ディオプ、シェイク・アンタ	310
ディートリッヒ、マレーネ	215
デーヴァナーガリーという文字	326
デカルト、レネ	329

テキサス州（アメリカ合衆国）
　　　　　　　　　　　192, 202, 216
テキサス・ドイチェ　　　　　216
テクノロジーと言語　　　　　259
デンマーク語　　　　　36, 193, 264

と

ドイツ語　16, 29, 36, 66, 90, 262, 264
　アメリカ合衆国における――
　　　　　　　　　170, 192, 213–216
　（アメリカ南部の）ドイツ人の痕跡　153
　――における現代的な用語　294
　――のイディッシュ語への影響　299–300
　――の方言　　　　　　　　　21

トウェイン、マーク　　　　　227
ドゥーリトル、イライザ　　　 20
同語源語　　　　　　　29, 31, 315
統語論　　　　　　　　　　10, 79
動詞　　　　　　　　　　　　 71
動物のコミュニケーション　7, 79–83
トーク（ことば）についてトークする　1, 2
トスカナ語　　　　　　　　　 45
トスカーナ州（イタリア）　279–281
トク・ピシン語　　　　　　　 51
ドラヴィダ語族　　　　　　　324
鳥のコミュニケーション　　80–81
トリフォー、フランソワ　　　126
トールキン、J.R.R　　　　123, 334
トルコ語　　　　　　　　31, 264
奴隷　　　　　50, 138, 154, 220, 221

な

ナイジェリア　　　　　　　　309
ナイジェリア（のピジン英語）　49, 51, 106
ナスタアリーク書体　　　　　326
ナバホ語　　　　　　193, 264, 267
訛り　　　　　　　　　　157–159
涙の道　　　　　　　　　　　268

に

ニカラグアの手話　　　　　　128
二言語教育　　　　　　　　　113
二言語使用（バイリンガル）
　　　　　86–87, 108, 111–113, 202
　――と機械翻訳　　　　　　249
　アメリカ合衆国におけるスペイン語との
　――　　　　　　　　192, 201–204
　加算的な――　　　　　　　111
　減算的な――　　　　　　　112
二言語平行教育　　　　　　　113
西ゲルマン祖語　　　　　　　 29
二重否定　　　　　　　　96–97

日本語　　　　　　　　16, 106, 264
　――の男女のことばの違い　320
　――の文法　　　　　69–70, 319–320
　――の文字書記体系　　56, 60, 321
　――の話者（への要求）　　321
　――を学ぶ労力　　　　319–322

ニャールのサガ　　　　　　　295

ニュージーランド	143
ニューブランズウィック州（カナダ）	208
ニューメキシコ州（アメリカ合衆国）	193, 202, 204
ニューヨーク	191
ニューヨーク州（アメリカ合衆国）	50, 143, 268
人間の脳	4

ね

ネイティブ・アメリカンの言語	56–57, 66, 70–71, 122, 154, 267–268
——から借りている英単語	264, 268
——の概観	267–270
——の言語的特徴	268–270
——の語族	267–268
——の孤立言語	268
——の保存への努力	142–145
ネイティブ・アメリカン・ランゲージ・アクト	144

の

ノアの息子ヤペテ	36
ノヴィアル（人工言語）	335–336
ノースカロライナ州（アメリカ合衆国）	152–153
ノバスコシア州（カナダ）	208
ノルウェー人の言語	15, 21, 193, 264
ノルマン人による征服	263, 293
ノルマンディー地方の方言	209, 263
ノンセンスな音節	123

は

ハイチ	27, 122
パキスタン	107
バスク語	31, 36, 107, 285
バチカン	274, 280
発音	39-40, 54, 284
——と技術的な学習支援	186–189
方言も見よ	
バヌアツ	51
パプア・ニューギニア	27, 50–51, 90, 138, 149
BABM（作り出された言語）	336
バベルの塔	16, 35–36, 311
ハリス、ジョーエル・チャンドラー	221
バルト語	30
ハワイ（語）	27, 264
ハワイ人のピジン	50
ハンガリー語	31, 36, 315
バングラデシュ	107
ハングル（朝鮮語の文字）	57
犯罪捜査	4

ひ

東アジア共同体	10, 11, 83, 153
ビリーフ	37
東ティモール	285
ピジン語	26, 46, 49–51, 311
ヒスパニック	201–204
ビスラマ語	51
ビッグバード	76

ピッツバーグ（アメリカ合衆国）	227
ヒマラヤ言語	138, 325
表語的文字体系	56
剽窃	254
ビョーク	293
ヒングリッシュ	326
ヒンディー語	16, 56, 91, 197–198, 264, 325, 326–327
——の書記システム	326
ビンラディン、オサマ	253

ふ

ファシスト党、イタリア	280
フィリピン	51, 265
フィレンツェ（イタリア）	279
フィンランド語	31
プーシキン、アレクサンドル	290
ぷーぷー説	25
フェネキア・アブジャド	55, 60–61
ブエノスアイレス（アルゼンチン）	280
プエルトリコ人	201
不定冠詞	66
普遍文法	10, 69–72
フモング語	192
ブラジル語	138, 149, 284–285
ブラックフット族	143, 268
フラニ語	310
フラマン語	36, 107
フランス語	16, 29, 44, 50, 66, 106, 108, 167, 170
——と英語、起源	263
——とカナダ人	108–109
——とケイジャン語	208–209
——とノルマンディ地方	209, 263, 293
——とパリ方言	20
——の起源	41, 45
——を学ぶ	187
フランス手話言語	133
ブリテン島	262–265
ふるえる音	149
ブルガリア	15
ブログ	188, 239
プロバンス語	45
フロリダ州（アメリカ合衆国）	202, 219
文法	64-67, 69–72, 79, 117, 127, 162
——と手話	134
——と数理論理学	336
日本語の——	319–320
乳児期の——	76
——の進化	26, 31, 40, 64–67
普遍——	69–72
文法化	65–66
米国現代語学文学協会（MLA）言語地図	192–193

へ

ヘイリー、アレックス	311

ヘイル、ケン	145
平和部隊	197, 230
ベーオウルフ	293
ベーコン、フランシス	329
ペッパーバーグ、アイリーン	81
ベトナム語	54, 112, 192, 315
ペトラルカ	279
ヘブライ語	55, 61, 144, 264, 309
——とイディッシュ語	298–301
ラビ・——	299
ヘブライ文字／ユダヤ文字	299
ベルギー	107
ベルギー人	103
ペルシャ語	15, 47, 264, 327
ベンガル語	16, 56, 107, 324–325
ベンジャミン・フランクリン	214
ペンシルベニア州（アメリカ合衆国）	214–215
ペンシルベニア・ダッチ	215
ベンボ、ピエトロ	279

ほ

ボアズ、フランツ	90
ボイジャー宇宙探索機	101
母音	148–149
方言	6, 14, 19–22, 203
アフリカ言語の——	20–21
アメリカ合衆国の——	203
アラビア語の——	305
イタリア語の——	279–280
スペイン語／ポルトガル語の——	283–285
——とアメリカ合衆国	152–155, 225–227
ドイツ語の——	21
——と手話	132–133
——とマスメディア	226
フランス語の——	20
——へのこだわり	225–227
法言語学	252–255
方言連続体	21
法と言語	252, 274
ボウリング、ジョン	118
ホーキング、スティーブン	258
ポーギーとベス（ガーシュイン）	153, 221
ポーランド語	36, 191, 201
ボッカッチョ、ジョヴァンニ	279
没入学習	166, 175, 177
ボノボのコミュニケーション	82
ポリグロットは多言語主義を見よ	
ボリビア	149
ポルトガル語	16, 50, 264
——とスペイン語	283–285
——の話されている国々	285
翻訳家（／翻訳）	3, 231, 242–245
——とインターネット	249
——と機械翻訳	247–249
——として求められるスキル	242
——とプロとしての技能／品質	242–243

――についての情報源　　　　　　244

ま

マイアミ（アメリカ合衆国）　　50, 201
マイフェアレディ　　　　　　　　20
マオリ語　　　　　　　　　　55, 143
マカオ（中国）　　　　　　　　　285
マケドニア　　　　　　　　　　　15
マサチューセット語　　　　　　50, 55
マヤ諸語　　　　　　　　　　　　60
マラーティー語　　　　　　　324–325
マルチメディア　　　　　　　188, 335
マンゾーニ、アレッサンドロ　　　279

み

未知との遭遇　　　　　　　　335–336
ミツバチのコミュニケーション　　80
ミドルベリー語学学校　　　　　　178
南アフリカ　　　　　　　　20–21, 150
南太平洋諸島　　　　　　　　　　50
ミネソタ州（アメリカ合衆国）
　　　　　　　　　　　192, 202, 268
ミューレンバーグ、フレデリック　213
未来時制　　　　　　　　　　64, 65
民族と言語　　12, 46, 106, 153, 215, 260

む

ムババラム（Mbabaram）語　　　　31

め

メイン州（アメリカ合衆国）　　　193
メキシコ人　　　　　　　　　201, 203

メソポタミア　　　　　　　　　　60
メッゾファンティ、カルディナル・ジウセッペ　　　　　　　　　　　　118
メディア／通信媒体
　　　　　19, 107, 187, 226, 259, 294
メンデ語　　　　　　　　　　　309

も

モホーク語　　　　　　　　　70–71
モホーク族　　　　　　　143, 268–269
モンタナ・セーリッシュ語　　　　149
モンティ・パイソン　　　　　　　275

や

野生の少年（トリフォー監督）　　126
ヤノマミ族　　　　　　　　　　144

ゆ

「雪」に相当するエスキモー語　89–91
ユダヤ人の日常言語　　　　　　300
ユダヤ人離散　　　　　　　　　300
ユネスコ（UNESCO）　　　　139, 144
ユピック族　　　　　　　　　90–91

よ

ヨーロッパ連合　　215, 231, 244, 280
読み書きの能力／非識字　6, 143, 316–317
ヨルバ語　　　　　　　　　　　309

ら

ライフ・オブ・ブライアン　　　　275
ライプニッツ、ゴットフリート・ヴィルヘ

ルム	329	歴史言語学	24–25
ラクスネス、ハンドル・キリヤン	296		
ラディフォギッド、ピーター	20	**ろ**	
		ろう唖と言語	127–128, 131–134
ラテン語		ロード・オブ・ザ・リング	331, 334
6, 35, 40–41, 45, 47, 170, 262–263, 273–276		ローマ字アルファベット 54–55, 60–61, 259	
現代英語における――の偏在（ラテン語はあらゆるところにある）	274	ログラン（人工言語）	336
		ロサンゼルス（アメリカ合衆国）	201, 203
――とイタリア語／日常語	278–279		
――と人工言語	330, 336	ロシア語	16, 55, 61, 90, 248, 264
――とスペイン語／ポルトガル語	284–285	――の美しさ	289–290
		――の説明	288–291
――の復活	275–276	――の文字	288
――の役割／使用	273–274	ビジネス／政治における――	290
ラパヌイ語	138		
ランビー族の方言	154	ロシア人	144, 289–290
		ロマンス語族	30
り		ロングフェロー	208
リッカーソン、E. M.	2–3	論理	334–336
リクバツァ族（ブラジル）	138		
リンガ・フランカ	44–47	**わ**	
		ワールドワイドウェブはインターネットを見よ	
る			
ルイジアナ州（アメリカ合衆国）	207–209	ワショー（チンパンジー）	82
類人猿の意思伝達	7, 26, 81–82	ワシントン州（アメリカ合衆国）	192, 202
ルーツ（ヘイリー）	311	「わんわん」説	25
ルネッサンス期のヨーロッパ	36, 279		

れ

冷戦時代	171, 199, 215
レヴァントアラブ方言	305

訳者紹介（*は監訳者、【　】は担当セクション）

上田　功*（うえだ　いさお）
【Introduction、3、15、22、23、25、29、30、31、58、65】
現職　名古屋外国語大学外国語学部教授・大阪大学名誉教授
略歴　大阪外国語大学大学院外国語学研究科博士課程修了、静岡大学助教授、大阪外国語大学教授、大阪大学教授等を経て現職。京都大学博士
主な著作物
『獲得と臨床の音韻論』（ひつじ書房、2023）、The Oxford Handbook of Speech Development in Languages of the World（Oxford University Press, 2025）

大津　智彦*（おおつ　のりひこ）
【4、6、12、20、27、34、44、45、51】
現職　大阪大学大学院人文学研究科教授
略歴　大阪外国語大学大学院外国語学研究科修士課程修了、大阪外国語大学助教授、大阪大学准教授等を経て現職
主な著作物
「後期近代・現代英語における現在完了形の発達について」『コーパスと英語史』（ひつじ書房、2019）、"On the presence or absence of the conjunction þæt in Old English, with special reference to dependent sentences containing a gif-clause." English Language and Linguistics 6.2（Cambridge University Press, 2002）

加藤　正治*（かとう　まさはる）
【1、2、5、7、8、14、19、38、39】
現職　大阪学院大学教授・大阪大学名誉教授
略歴　名古屋大学大学院文学研究科博士前期課程修了
主な著作物
「NegPと英語否定文の変遷」『近代英語研究』第10号（近代英語協会、1994）、「Witkoś (2004) において提案されているthere構文の分析について」『英米研究』第42号（大阪大学英米学会、2018）

早瀬　尚子＊（はやせ　なおこ）

【Foreword、13、18、24、33、35、36、47、49、62】

現職　龍谷大学文学部英語英米文学科教授

略歴　大阪大学大学院文学研究科博士課程中退、大阪外国語大学助教授、大阪大学准教授、教授等を経て現職。大阪大学博士

主な著作物

"The motivation for using English suspended dangling participles: A usage-based development of (inter)subjectivity"（Usage-based Approaches to Language Change, John Benjamins, 2014）、『認知文法と構文文法』（共著、開拓社、2020）

奥藤　里香（おくとう　りか）

【52、54、56、60、61】

現職　関西医科大学助教

略歴　Victoria University of Wellington Honors Course 修了、大阪外国語大学大学院言語社会研究科博士後期課程退学

主な著作物

「医学英語教育におけるメタファー導入の試み」『日本医学英語教育学会会誌』22 巻 2 号（日本医学英語教育学会、2023）、「統合失調症におけるメタファー的理解の役割」『言語文化学会論集』60 号（言語文化学会、2023）

金子　理紗（かねこ　りさ）

【10、21、32、37、63】

現職　名古屋外国語大学外国語担当専任講師

略歴　ヨーク大学（英国）大学院修士課程修了、大阪大学大学院言語文化研究科博士後期課程単位取得退学

主な著作物

『Listening Tips―リスニング力 UP のためのポイント 20』（名古屋外国語大学出版会、2024）

高森　理絵（たかもり　りえ）

【17、46、59】

現職　元大阪市立大学特任講師

略歴　大阪大学大学院言語文化研究科博士課程後期修了　大阪大学博士

主な著作物

"Historical development and metaphorical extensions of surging water expressions :With special reference to Weallan and Wyllan in English works"（大阪大学博士論文　2019）

田中　瑤子（たなか　ようこ）
【9、16、26、28、40】
現職　関西大学非常勤講師
略歴　大阪大学大学院言語文化研究科言語文化専攻博士後期課程単位取得退学
主な著作物
「「ストレスシフト」の音声的特徴―ピッチと持続時間の分析をもとに―」KLS「Proceedings 36」(関西言語学会、2016)、「英語の「句」と「単語」における核アクセントの音声的な実現度合の比較」『音声言語の研究』14 (大阪大学大学院言語文化研究科、2020)

中尾　朋子（なかお　ともこ）
【41、42、43、48、50】
現職　大阪大学非常勤講師
略歴　大阪大学大学院言語文化研究科博士後期課程修了、大阪大学博士
主な著作物
「心理的変化を表す使役移動構文における一考察」JELS 31 巻（日本英語学会、2014）、「使役移動構文と結果構文における心理的変化を表す用法の意味的特性」『JELS』32 巻（日本英語学会、2015）

渡辺　拓人（わたなべ　たくと）
【11、53、55、57、64】
現職　関西学院大学商学部准教授
略歴　大阪大学大学院言語文化研究科博士後期課程退学
主な著作物
"On the treatment of be going to and be about to in early grammars with particular focus on Late Modern English"『言語と文化』27 巻（関西学院大学言語教育研究センター紀要委員会、2024）、「初期近代英語における be ready to の近接未来用法―文法化と定型性の観点から」『英語史における定型表現と定型性』（開拓社、2023）

【編者紹介】

E.M. リッカーソン

バリー・ヒルトン

編者についてはリッカーソンは「7 アダムとイブは何語を話していたのか？」(p.37)、ヒルトンは「5 最初の言語は何であったのか？」(p.27)の紹介文を参照。

【監訳者紹介】

上田功	名古屋外国語大学外国語学部教授・大阪大学名誉教授
大津智彦	大阪大学大学院人文学研究科教授
加藤正治	大阪学院大学教授・大阪大学名誉教授
早瀬尚子	龍谷大学文学部英語英米文学科教授

5分間で言語学——一口サイズのことばへの誘い

発行	2024年11月28日 初版1刷
定価	2400円＋税
編者	E.M. リッカーソン　バリー・ヒルトン
監訳者	上田功　大津智彦　加藤正治　早瀬尚子
発行者	松本功
ブックデザイン	上田真未
印刷・製本所	株式会社 シナノ
発行所	株式会社 ひつじ書房 〒112-0011 東京都文京区千石2-1-2 大和ビル2階 Tel.03-5319-4916 Fax.03-5319-4917 郵便振替 00120-8-142852 toiawase@hituzi.co.jp　https://www.hituzi.co.jp/

ISBN978-4-89476-840-6

造本には充分注意しておりますが、落丁・乱丁などがございましたら、小社かお買上げ書店にておとりかえいたします。ご意見、ご感想など、小社までお寄せ下されば幸いです。

[刊行書籍のご案内]

概説　社会言語学

岩田祐子・重光由加・村田泰美著　　定価 2,200 円 + 税

社会言語学とは何を研究する学問なのか、社会言語学を学ぶことで言語や言語の背景にある社会・文化について何がわかるのかについて、学部生にもわかるように書かれた入門書。入門書とはいえ、英語や日本語の談話データを分析しながら、社会言語学の様々な分野におけるこれまでの代表的な研究成果だけでなく、最新の研究成果も網羅している。社会言語学を学ぶ学生だけでなく、英語教育や日本語教育、異文化コミュニケーションを学ぶ学生にとっても役立つ内容である。